ヴィゴツキー［思考と言語］入門

ヴィゴツキーとの出会いへの道案内

土井捷三 著

三学出版

まえがき

本書は、ヴィゴツキー著『思考と言語』の解説書である。解説とは『広辞苑』をみると「よくわかるように物事を分析して説明すること」とある。果たして本書がこのような意味を叶えているかどうかははなはだ心許ない。むしろ、読解に近くなっているかもしれない。読解は「文章を読んでその意味を理解し、解釈すること」とある。しかし、それだけでなく、やはり、幾分かは解説の目的を果たすようになってほしいという思いはある。

ヴィゴツキー、レフ・セミョウノヴィチは、一八九六年帝政ロシアのモギリョフ県（現在の白ロシア）オルシャで生まれ、一九三四年モスクワで亡くなっている。国名はソ連である。旧ソ連の心理学者と通称されている。ヴィゴツキーの名前が世界的になるのが、一九六二年本書『思考と言語』が英訳されたことによる。それには付録としてピアジェの「若干の意見」がつけられていたことも世界中の心理学者を注目させることになる。しかし、それだけではない。当時、世界中を席捲していた「教育の現代化」運動もそれを後押しし、教育者たちも関心をもち、かれの名声を高める一因になったと思われる。ソ連という制約を越えたよく知られた心理学者のひとりとなったといえよう。

そのように名が広がったヴィゴツキーであるが、それだけではないということがそれ以後のかれの書物の出版で明らかになってきた。一九八二年〜一九八四年に亘り出版された全六巻の著作集をきっかけに、「ヴィゴツキー・ルネサンス」といわれる現象が現れた。日本においても二〇〇〇年頃を境にしてヴィゴツキーの著書の翻訳が飛躍的に伸びたし、ヴィゴツキーと冠した著書も出版されるようになった。また、ヴィゴツキーを冠した博士論文も提出され、アカデミズムでも認められるようになった。そのなかから出版物となって刊行されるようにもなっている（現在、三冊）。着実にヴィゴツキー研究の環境が育っているといえよう。

さて、解説書に必要なことは何だろうか。その書物が、本人の研究史のなかでどのような位置を占めるかということを明確化しておくということではないだろうか。その点での想い出がある。二〇〇二年ヴィゴツキー学第4回大会に出席するため来日していたヴィゴツキーの孫娘のクラフツォーワ教授（現ロシア人文大学附属ヴィゴツキー記念心理学研究所所長）が神戸大学での小講演を行ったあとの質疑で、筆者は「ヴィゴツキーの研究の時期区分についてどう思うか」と質問した。回答は、「お祖父さんは、いくつもの仕事を同時に進行させていたので、時期区分は難しい」というものだった。現在、そのことが思い出されるのである。ヴィゴツキーを読み進めていて、最近余計にそのように思うようになっている。まだまだ浅いがゆえかもしれない。時期区分が無理であれば、その時点での特徴の線引きはできるのではないか。いくつかの仕事の路線わけである。それを行っているのは神谷栄司氏である。『情動の理論』の訳者あとがきで、『思考と言語』の出版当時である一九三四年頃、三つの道が走っていたと仮定している。一つの道は、『思考と言語』に結実する記号による心理的なものの媒介理論、もう一つの道は、「年齢の問題」を基軸にする新形成物発達理論、第三の道は、スピノザ的な心身統一論を基礎にした人間心理学の構想という三つの道の摘出である。

『思考と言語』は第一の道に属する研究の成果である。言いかえると高次精神機能の発達の解明の路線である。この路線のもう一つの成果は『文化的‐歴史的精神発達の理論』である。この書物は一般論を扱っている。では『思考と言語』の狙いは何か。同書の真髄とは何か。高次精神機能のなかでも最頂点をなす思考とことばの関係を明らかにすることが目的であった。そのなかでその関係の分析の単位となるのが意味である。ヴィゴツキーはいう。意味とは一般化である。概念にいたる意味の展開の過程の追求の書こそ『思考と言語』の真髄なのだ。

さて、意味とは一般化である。コミュニケーションは一般化を前提にする。一般化とコミュニケーションの統一。これらをどう理解したらよいのか。『思考と言語』はこの方程式の解が得られなければわかったことにはならない。現在に筆者はこの解答を極めたわけではない。しかし、タイミングというのがある。集中して書物にしておくにはこのタイミングが大事だと思う。その解答が生涯かけても解けないとするなら、現時点で通過点という形で出版しておこうと考えたのが本書である。したがって、筆者にとっての通過点、『思考と言語』探検物語といったところが実際の中身といえるものでなかろうか。しっかりとした入門書は次を待つことにしたい。目次を説明しておこう。本書では、『思考と言語』の章ごとに、そのなかで節ごとに要約してある。章ごとに「はじめに」を設け、読む動機づけのための解説をしている。章名・節名は訳書のままである。それらの番号は括弧内で示している。

一では、『思考と言語』を読むための前提となるヴィゴツキーの理論やその読み方について筆者の考えを述べている。

二では、同書の第一章である。

三では、同書の第二・第三章を合体し、心理学説としてまとめて記述した。付録をつけそれぞれの心理学説をヴィゴツキーの他の文献で補足するようにした。それぞれを説明するというよりはそれを通してヴィゴツキーの心理学説を照射するようにした。ピアジェの哲学批判は省略。

四では、同書の第四章に対応している。

五では、同書の第五章に対応している。比較心理学の部分は省略。付録をつけ、他の文献でこの章を補充してある。

六では、同書の第六章に対応している。この章では、二節と三節を省略した。

七では、同書の第七章に対応している。一節と三節を省略した。

省略した箇所への対応はあとがきで述べているので、それを参照願いたい。

付録に、副題にした道案内になるように一点をつけ加えている。筆者のヴィゴツキー学事始的な文章である（もう一つ主要著作解説を執筆したが、頁数の関係で割愛した）。ヴィゴツキーとの出会いを促進できればという思いである。

本書を執筆するうえで心掛けた三つの特色を述べておきたい。まず一つ目は、基本的データを大切にすること。これについては柴田義松氏が最大の功労者である。ヴィゴツキーの書物の邦訳はほとんど柴田氏に負っているといって過言ではない。それも正確な日本語にするように努力されている。敬服以外にいう言葉はない。英語訳を悪くいうつもりはないが、原書から直接というのは欠かせないと思うのである。本書を書くにあたり、この伝統を引き継ぎ、忠実、実証的に進めることに努めた。再版（一九八二）だけでなく、初版にも当たり、正確な読み取りを試みた。『思考と言語』の英訳には訳者により文章の省略が目立つのである（ロシア語版にないよい情報もあるのだが）。二つ目は、実証的にするということに関連して同書にみられる簡素な記述を裏付けの資料によって補充することである。一九九一年ソ連の崩壊以後それ以前入手できなかったのが、入手できるようになった。サハロフの論文、シフの書物などである。第五章はサハロフ論文、第六章はシフの書物のデータに依拠して書かれている。それらの章を入手できたこれらの資料で補充するということである。これらの章はより理解しやすいものになる。一九六二年頃とは異なり、今だからできることである。情報環境の恩恵を受け第七章もいろいろ補充できた。三つ目は、『思考と言語』をヴィゴツキーの全体像のなかで関連づけるということである。五六年選集だけしかなかったなかでの同書と、八二年『著作集』以降かなりの部分が解明されてきた最近とでは同書の理解の仕方も同じというわけにはいかない。ヴィゴツキーの他の文献との関連づけや補充をして読み進めていこうとしたというのが三つ目である。

『思考と言語』は多方面の方々から読まれている。教育学、心理学、進化学、人類学、生物学に関心をおもちの方々はもちろん、様々な言語や文学、経営学に関心をおもちの方々からも興味を持たれている。これからもこれらの方面の方々に愛読されるものになることは確かである。現代のように変化が激しく持続可能な理論は見つけられないと思われる状況下ではこのような古典への復帰は必要なのかもしれない。これからこのような方面に向かおうと思われている方々の手助けになれば幸いである。特に、現在ことばや言葉に携わる仕事をされている方々にとっても改めて言葉の捉え方の再考に資するといいのだがということを追加しておきたい。

最後に、筆者の解釈は偏っていたり、不十分であることがあるかもしれない。ご助言、ご感想、ご批判をいただけると幸甚である。

凡例

一　『思考と言語』は柴田義松訳『思考と言語』（新読書社、二〇〇一）を使用した。場合によっては旧訳（上、一九六二、下、一九六二）を参考にした。ロシア語版は一九八二『著作集』第2巻（六巻本の第2巻と表記）を基本にし、他の二つのバリアントである一九三四初版本（初版本と表記）、一九五六『心理研究選集』所収（五六年本と表記）を使用した。原書はМышление и Речьで『思考とことば』になるが、訳書名通りに『思考と言語』を使った。

二　引用表記について初出は（思、『思考と言語』の略、以下同様、一〇頁）とし、それ以降は（思、二一頁）と表記。前者で、書名を、後者で頁を示している。邦訳は頁を使い、ロシア語はページで示した。同頁の場合は、以下同様とした(思、二一頁、以下同様)。

他の文献表記もこれと同様。初出は（危機、『心理学の危機』の略、三四 - 三五頁）とし、二回目以降は（危機、三八頁）と表記。同頁の場合は以下同様と簡略化した（危機、三二頁、以下同様）。詳しくは引用文献に記載している。

三　六巻本とは『著作集』全六巻(一九八二〜一九八四)の略。その1巻を示す際には、六巻本の第1巻と表記した。六以降は、六巻本の第2巻を六巻本と略した。引用文献に示している。

ロシア語の文献は和訳して示した。英書はそのままにした。目次の見出し後の括弧内は『思考と言語』の対応する章・節の番号を示している。

四　図や表は、ヴィゴツキー作成以外に、わかりやすくするため、筆者作成のものをつけ加えた。

五　訳語については訳書に準じた。

困難な訳語としてはсловоとречь、значениеとсмыслである。

Словоは言葉、単語

Речьはことば

Значениеは語義、意味

Смыслは意味

訳書通りで、本文中これらの用語について解説を加えておいた。その他、訳し直した文については筆者が訳し直したと記入している。

目次

一　『思考と言語』を読むために

『思考と言語』は論文集である

筆者はこれまで『思考と言語』は書き下ろしと思って読んでいた。同書の序文や第一章をよく読むとそうは書いていないのだが、書き下ろしのようにとれるので、そのように勘違いする。それに出典がしっかり明記されていないこと、第一章が研究問題と方法となっていることもあってそう理解してしまう。すべてが一九三三年頃書かれたものと思っていた。しかし、一九九一年のソ連の崩壊や、それ以降、資料の入手可能により、書き下ろしでないこと（その部分もあるが）や出典が明記できる論文集であることがわかった。それを助けてくれたのは情報公開であり、世界的な検索サイトの充実である。児童学批判政策によりヴィゴツキーの著作は図書館から廃棄されたと聞いていた。しかし、情報公開のおかげで分かったことは、それはモスクワだけのことのようだった。サンクトペテルブルクにあるロシアナショナル図書館は、その政策に抗ってか、その影響を受けなかったのか、図書館が所蔵する図書カードの電子公開から、ヴィゴツキーの公刊した書物を所蔵していることが判明したのである。もちろん、『思考と言語』にかかわる諸文献も所蔵していた。日本の取次店の協力を得ながら、入手した。出典を知り、論文集であることを知りながら、読み進んでいくのが、同書を読むうえでは、より分かりやすいのではないかと思えるのである。そこで、まず、それを記しておくことから始めたいと思う。各章の理解だけでなく、各章の関係もよりよく理解できるのではないであろうか。次にそれを表にしておこう。

各章の出版された年代と出典（執筆はそれよりも一年ほど前と推定される。あくまで仮定）

章　年度　出典

第一章　一九三四年　『思考と言語』第七章と同様書き下ろし。時期は同じ

第二章　一九三二年　ピアジェ著・ヴィゴツキー編『子どものことばと思考』（ロシア語訳）所収、序文

（この訳書は一九九四年復刻され、ヴィゴツキーの序文、ピアジェの序文、ピアジェの意見を付録につけている）

第三章　一九二九年　「シュテルン、Die Kindersprache 一九二八への書評」、『自然科学とマルクス主義』No.３、一九二九年に掲載。（この論文ではシュテルンのピアジェへの扱いに不満を述べているが、第二章のピアジェ批判ではシュテルンの説を利用している）

第四章　一九二九年　「思考とことばの発生的根源」『自然科学とマルクス主義』No.１、一九二九年

（第四章の方が先で、第三章の論文の方が後にでている。本論文にはピアジェの自己中心的ことばがでてくるが、ヴィゴツキーのピアジェへの最初の言及は一九二八年『学童の児童学』における自己中心的ことばの内言への過渡的形式という記述である。この頃までにヴィゴツキーの実験は終了していたということ）

第五章　一九三一年　『思春期の心理学』第二章５〜24を転載

第六章　一九三三年　シフ『学童の科学的概念』一九三五年への序文。シフの学位論文「生活的概念と科学的概念の発達」は一九三三年なのでそれ以降に執筆されたと推定される。しかし、ほとんど書き下ろし。（一九三三年五月二〇日レニングラード教育大学科学・方法会議での報告速記録「生活的概念と科学的概念」が元になっているという説があるが、この章の方がはるかに詳しい）。

第七章　一九三四年　書き下ろし（口述筆記。初版本の編集者序文の中で「最後の章は著者が病気であったため、彼によって口述された」とし、「それによって話しことばで不可避的な長さや文体のあらさが説明される」としている）

このように出典を明確化すると、この『思考と言語』は様々な時期に書かれた論文を収録したものであることが分かるのである。そうなると一つの書物としての観念が欠かせない。ヴィゴツキーはそれを共通の目的と序文で呼んでいる。それを明らかにするため、まず始めに各章を年代の早い順に並べてみてみよう。第四章が一番早く一九二九年、同じく第三章一九二九年、続いて第五章一九三一年、第二章一九三二年、第六章一九三三年、最後に第七章、第一章一九三四年、このようにみてくると、かれが序文で述べている次のことはよくわかるのである。「この本は、著者とその共同研究者たちが思考とことばの研究に従事して以来ほぼ一〇年におよぶたえまない研究活動の結果である」（思、『思考と言語』の略、以下同様、一〇頁）と。一つ目は、同書がヴィゴツキーたちのこの一〇年におよぶ研究活動の結果であるということである。かれが心理学研究所に招聘されるのが一九二四年であるので、研究所に来てからの研究ということになる。研究成果をまとめているということが第一点である。しかし、論文の並び順、つまり章立てはそのようになっていない。読みにくさの要因の一つはここにあるように思う。章立てと研究の歩みとが対応していないので戸惑うのである。特に、第一章と他の章がなかなか繋がらず、最後の第七章になってあー繋がっていると思ったりするのである。

では、このちぐはぐにした並び順の根本にある観念とはなにか。それをヴィゴツキーは序文で以下のように述べている。「全体としてすべての研究活動が、たとえ諸部分に分節化されることはあっても、本質的には一つの研究となっており―われわれは、あえてそう思いたい―研究全体が、そのすべての部分にわたって基本的・中心的課題の解決―思想と言葉との関係の発生論的分析―に向けられることになった」（思、九頁）。つまり、発生論的分析が根本であるということなのだ。一九三四年の時点からみて一〇年を振り返ってまとめ、その論理構造となるのがこの章立てになるというものなのだ。それぞれの章の関連が明らかにされるのである。ヴィゴツキーがいう章立ての理念はこうである。問題の設定と研究方法の探求から始めたとある。これが第一章である。しかし、この内容は同書の内容をはるかに超えているものになっていることは、本書の二をみていただくと明らかになろう。そのつぎにことばと思考の発達に関する理論の批判的分析を試みたとなっている。それが、ピアジェとシュテルンである。さらに思考とことばの発生的根源を明らかにし、研究活動の出発点を定める理論的研究をおいたとする。これまでが、ヴィゴツキーがいう理論的研究の部分で、第二章、第三章、第四章がこれらにあたる。中心的部分は実験的研究であるとしている。その一つは、児童期における言葉の意味の発達の基本的道程を明らかにすること、もう一つは、子どもの科学的概念と自然発生的概念の発達の比較研究であるとしている。これが、第五章、第六章である。最後に、これらの理論的・実験的研究に基づいて言語的思考全体の過程の構造ならびに機能の分析を試みたとしている。これが終章の第七章である。これが、ヴィゴツキーが説明する『思考と言語』の章立ての理念である。これは確かに論理構造を説明したもので、そうかもしれないが、これでは意味づけが明快ではないと思われるので、筆者が想定する意味づけを述べておくことにしたい。

ヴィゴツキーは第二章、第三章、第四章は理論的研究だと言っているが、その通りだといえよう。これらは発生的・歴史理論を浮き上がらせるための章である。そのなかでこの理論を前面に押し出したのは第四章で、これが中心の柱をなしている。その対極が主知的理論なので、それを批判したのが第三章である。シュテルンは発生的見方をしていないと手厳しく批判されているのだ。第二章もピアジェが精神分析学を援用したことへの批判、つまり、発生論的見地の欠如（ヴィゴツキーは無意識は発達しないという精神分析学の手厳しい批判にみられるように発生論的見地の欠如とみなしている）としてみたことからこの部分で取りあげたのであろうが、それ以外はピアジェの学説を換骨奪胎し、ヴィゴツキー理論に取り込んでいる。ピアジェへの関心は第二章で対象になっている書物が出版されてからであろうことからすると当初から強くもっていたとうかがえる。通常なら、第四章を先にもってくることも考えられるが、それよりもピアジェの学説を第二章にもってきたことが、世界の関心を向けさせたことで成功したのかもしれない。ヴィゴツキーが中心的部分としている実験的研究となるのが、第五章、第六章で、意味の生成、意味の発展・展開である概念の形成、実際的概念と科学的概念との関係と役割を論じている。最後に第七章は『思考と言語』の最大の華である思想と言葉の関係が自己展開の形で表した秀作であり、芸術心理学への帰還とも思える最終章になっている。口述筆記といわれるが、口述した人物の教養の高さもうかがえるし、あまりにも素晴らしい見事な章になっていて、ヴィゴツキーの早すぎる死を残念がる理由もわかるのである。第一章は問題の設定と研究方法の探求とあるが、同書の範囲を超えた内容を含んでいて、この研究は「入口」（思、一一頁）であるといっているのも納得できるのである。

読みを進める順序について

大著であり、論文集であり、かつ内容が難解であるということから、全体をなかなか読み終えるということは困難だというのが実際のところではないだろうか。本は買ったが、積読ですということをよく聞く。筆者が勤めていた大学で、ある学生から、N君はヴィゴツキーの『思考と言語』が素晴らしいといっているよと伝えてくれたことがあるが、そのような人は珍しい（啓発書のない頃だった）。途中で積読状態になる。その原因として考えられるのが、この書物の章の並び順にあると思えるのだ。各章の関連が取りにくいからではないかと思われるのである。初めから読むというのが普通の読みで、途中で興味が途絶えると、その場で停止状態に陥るようになる。それが普通の読みである。同書でこのような状態が生じないように、その解決法のため読み順について解説しておこうというのがこの節である。

①年代順に読む

②論理の展開順に読む

以上のような二つの読みが考えられる。以下、この二つの読み順を説明しておく。

①は年代順に読むである。この読み方で進めると、ヴィゴツキーの理論の歩みに沿っているので自然に読むことができる。

第四章 → 第三章 → 第五章 → 第二章 → 第六章 → 第七章 → 第一章

この順で読み進めると、本書一で述べたように、内容の理解もまとまっている。しかし、これだと、『思考と言語』の意図が明確にならないという難点はある。そこで、②の読みの順序が出てくる。②は論理的展開順に進むのである。

第一章 → 第四章 → 第五章 → 第六章 → 第七章 → （第二章、第三章）

第一章を読み、本書の意図を明確化し、第二、第三を飛ばし、それに直接つながる第四章〜第七章と読むというやり方である。この方法でやると、同書の内容がほぼつかめるというものだ。第二、第三は、時には省いてもよい。第二章は他の章と重なる部分があり、それと関連して、そのとき、戻ればよい。第三章はほぼ本書の意図と離れる。反発生的見地として主知主義批判をしているものだからである。主知主義批判は、知性と情動の統一の対極にあるということでもこのなかに挿入されているものであろうから、第七章の最後の部分との関連で戻ってもよいし、省いてもよいと思う。筆者が行っている読み方は大学院生の頃、ゼミで学んだ②の読み順である（付録一を参照）。それ以降、大学の教員となり、学生のゼミ、輪読会などはこのやり方を使っている。

最後に、もちろん、ヴィゴツキーが並べた章立て順に、第一章から始め、第二章と順に読み進めることも排除しないことをつけ加えておこう。一人で読み進めると困難にぶつかることが多いので複数の人たちのグループで読むことを勧めたい。かれがいっている一般化とコミュニケーションの統一の観点にも適っている。

『思考と言語』誕生の背景

『思考と言語』誕生の背景を述べておこう。それはヴィゴツキーにとって意味の問題をなぜ取りあげなければならなくなったのかということと関係している。レオンチェフ、ア・エヌ（以降、ア・エヌと略する。子息レオンチェフ、ア・アと区別のため）が六巻本の第1巻の概説で述べていることなのだ。ア・エヌは一九二七年頃までの研究の概略を次のように行っている。「かくして、決定的な問題が生じてきた。はたして実際に、ヴィゴツキーによって提起された被媒介性の仮説は、精神機能の構造の新しい適切な普遍的単位を抽出することができるのか。もし、それができるとすれば、ヴィゴツキーは歴史‐発生的方法の立場から意識の問題の解決に着手することができるだろう。だが、そのまえにこの一般的仮説を検証しておかねばならない。この検証のモデルとなったのが、最初では記憶であり、後には注意であった（注意の発達、一九二五）。注意に関する実験を進めるなかで、被媒介性の仮説は、いま一度、確証されることになった。つまり、注意過程の構造もやはり、心理的道具によって再構成されていたのである。

さて、ヴィゴツキーとその共同研究者たちの研究のプログラムは、被媒介性の仮説を、今度は、思考のような基本的精神機能の例によって検証することであった。しかし、その研究は、急転して、新たな予期せぬ結果へと導いた」（危機、『心理学の危機』の略、以下同様、三四‐三五頁）これは、重要な研究上の転機の記載である。第一プログラムから第二プログラムへである。続けて、ア・エヌは以下のように総括している。

「だが、仮説は、よりいっそう重要な検証にもたえることができた。それは、一般化などの言語的思考の所産が、子どもにどう形成されるかに関する研究の資料による。問題は、言葉が実際に、子どもにおける一般化や概念形成の過程を媒介する手段、心理的道具であるかどうかを、検証することであった」（危機、三七頁）。ア・エヌはこの研究の成果について以下のものをあげている。「（これらの研究の方法および成果のもっとも詳細な説明を行っているのは、ヴィゴツキーの著書『思考と言語』とサハロフの論文「概念の研究方法について」（一九二八）である」）。ところがとして、転換を以下のようにいう。

「ところが、実験の過程で予期せぬ結果が現れ、研究の方向を転ずることになった。被験者にとって、手段‐刺激の助けによって図形を一般化する問題は、別の問題―当の幾何学的図形の選択をとおしてこれら手段‐刺激の意味を発見するという問題に変わっていくということになった。つまり、これらは、一定の意味の担い手に変わったのである。これらのデータは研究に用いる術語を修正することを可能にした。心理的道具、あるいは手段‐刺激は記号と呼ばれるようになった。ヴィゴツキーは、記号という言葉を《意義をもつもの》という意味で使用し始めた」（危機、三八頁）。サハロフによる実験（一九二七年頃）のなかに第二のプログラムへの転機が生じている。意味の問題への転換である。

この意味の問題の研究の成果をア・エヌは以下のようにまとめている。「しかし、この概念形成の問題、一般化の問題にかんしては、ヴィゴツキーの研究は、旧来の問題に答えたというよりは、多くの新しい問題を提起することになった」（危機、四一頁）。ア・エヌがあげる新しい問題とは何か。それを列挙しておこう。

①擬概念を発見したこと

②概念を二つの種類、すなわち生活的概念と科学的概念に分けたこと

③「発達の最近接領域」という概念を導入したこと

以上をあげている。その上で、さてと、ア・エヌはいう。「さて、心理過程の被媒介性の仮説が、さまざまの精神機能（思考、記憶、注意など）の形成にもとづいて確かめられ、これに照応する心理学研究の新しい方法が築かれたあと、ヴィゴツキーは出発点であった根本問題、文化‐歴史理論がそれへの接近となっていた問題、つまり、意識の問題へと立ち返った。いよいよ最初に立てられた疑問に第一段階の解答を与え、それに続く新たな諸問題を解決するための方途を指定することのできる時がやってきた。だが、この仕事をヴィゴツキーはやり遂げることができなかった。彼の死がそれを中断させた」（危機、四四‐四五頁）。第一段階への解答を与え、次の段階へと移ろうとした時に死んでしまったのである。それでもそれへの一般的輪郭を描き出しており、大きな関心を呼んでいるとしている。その一つが『思考と言語』

第七章となるのである。同書以外にもそれに関わる仕事はしているのだが、なかでも同書はその中継点を占めているといえるのである。それらは同書の範囲を越えるのでこれくらいにして、ヴィゴツキーらの研究の内的発展として意味の問題が浮上してきたということを押さえて、誕生の背景としておきたい。

同じような趣旨ではあるが、少し違ったニュアンスからこの「意味の問題」が前面に出現してきたことの位置づけをしているのが、レオンチェフ、ア・ア（以降、ア・アと略）である。ア・アは次のように分析している。「しかし、実験の過程（サハロフの実験—筆者）でその結果をそのように説明できないことが分かりました。そこでもう一つの仮説を導入しなければならなくなりました。すなわち、記号を純粋な手段だけでもなく、心理学的な道具だけでみないという考えです。調べてみますと記号は、ただ存在するのではなく、その本質において思考や一般化の過程の変化に影響を与えるのです。言いかえれば、被験者に記号の使い方を『たずねる』だけでは不十分で、とりわけその記号の意味を『問い質さ』なければならないのです」（生涯、『ヴィゴツキーの生涯』の略、一七五頁、以下同様）。心理的道具だけではなく、記号の意味という考えが必要になったのだ。そこで転換が生じたという。これはア・エヌと同じである。そして、次のように述べている。「さて、そこで、転換が生じました。ヴィゴツキーと弟子たちは記号の操作を研究する代わりに、記号それ自体をその意味という点から深く研究し始めました。幼児期の子どもに記号の意味はどのように生じ、形成されるのでしょうか。どのように破壊されるのでしょうか。意味は、記憶、思考、言語、想像の過程をどのように媒介するのでしょうか。そもそも意味は人間とどのようなかかわりがあるのでしょうか」。その転換とは記号の意味の追求というものである。ここまではア・エヌと同じ。しかし、それをどう位置づけるのかで微妙な違いをみせている。それは次の文章である。「この点は、ヴィゴツキーの名づけた文化‐歴史理論ではすでに十分ではありませんでした。もちろん主要な考えは保たれました。つまり、人間の心理過程や心理機能、人間の意識や、思考、情動や意志、記憶や知覚、これらすべてには、社会的な性質と社会的な起源があるのです。しかし、そのすべては、当初考えられていた以上に、はるかに複雑であることがわかったのです」(生涯、一七五‐一七六頁)。

この転換を文化‐歴史理論とどう結びつけるかである。ア・アは不十分であったという位置づけをしている。この点ではア・エヌとは違っている。というのは、それについてかれは明確にしていないからである。ア・アはその証拠に「人間の具体心理学」(一九二九、邦訳『ヴィゴツキー学』第一〇巻)をあげ、その不十分さを補うものとしている。かれは以下のように述べている。「基本構想はこれまでどおりでしたが、この構想は人間に、その統一的人格に、全体的で、統一的なシステム形成体としての意識に『回転した』のです。そのシステム性は人によって異なると考えられたのです」(生涯、一七七頁、改訳している―筆者)。人間的人格がそれを補うものだと解釈しているのである。この解釈の是非は『思考と言語』を越えてしまうのであるが。ともあれ、同書は第一ステージの総括であると同時に意識という次のステージへの飛躍の宣言書といえるのではあるまいか(一で述べたようにヴィゴツキーのいう一〇年の成果)。しかし、次の幕は主人公の死によって揚がることはなかったのである。

ヴィゴツキー理論の重要な概念

『思考と言語』を読む上で、その基礎となっているヴィゴツキーの理論のなかの重要な概念を説明しておこう。

（一）心理の文化的 - 歴史的発達理論（ロシア語は культурно - историческая теория развития психики 直訳すると心理発達の文化 - 歴史理論なので、文化 - 歴史理論と略）

ヴィゴツキーの心理学の特徴をいいあらわす学説である。ア・エヌによればヴィゴツキーが名づけたとしている（文献名はない。寡聞につき筆者はヴィゴツキーが名づけているという文献名をつかんでいない）。以下は、ア・エヌが執筆した六巻本の第1巻の概説からの抜き出しである。

（その一）心理的道具についてふれたあと、「では、言葉から『記憶のための結び目』まで - これらさまざまな対象のすべてに共通するものは、いったい何か。それは、何よりもまず、これらすべてが人類によって人工的に創り出されたものであり、文化の諸要素をなしているということである（ここから『文化 - 歴史』理論というヴィゴツキー理論の名称が生まれた）」（危機、三二頁）と述べている。心理的道具に媒介された発達理論においてその心理的道具が、人間の場合には文化 - 歴史的遺産であるということからこの名称が来ているとする。

心理的道具が最初には外部に、仲間に向けられている。そのあと、内面への転回が生じる。外的な手段 - 刺激は（当人にとって）不可欠のものでなくなることを説明したあと、ア・エヌは次のように述べている。「ヴィゴツキーは、この過程の初めから終わりまでの全体を、『精神機能の文化 - 歴史的発達の完全な円環』と名づけた」（危機、三二頁）と記している。通常、内化と呼ばれているものを文化 - 歴史的発達の円環（круг）と呼んだとするのである。心理的道具、媒介、内化という三つの社会的 - 歴史的構成からなる発達理論が

文化 - 歴史的発達理論になる。ア・エヌはこれらの他に歴史 - 発生的方法という術語も使っている。（その二）ヴィゴツキー著『高次精神機能の発達史』（一九三一、邦訳『文化的 - 歴史的精神発達の理論』）からの抜粋である。同書は文化 - 歴史理論の書と呼ばれている。その中には個体発生だけでなく、人類の歴史的発達も含めて文化的発達と呼んでいる。それは以下の記述である。

「文化は特別の行動形態をつくり出す。それは精神機能の活動を変化させ、人間の行動の発展していく体系のなかに新しい層を生み出す、ということである」（精神、『文化的 - 歴史的精神発達の理論』の略、以下同様、四〇頁）。「歴史的発達の過程において社会的人間は、自分の行動の方法や手段を変え、自然的素質や機能を変化させ、行動の新しい形態―特別の文化的形態―をつくり出す」（精神、四〇頁）。

人類の歴史的発達のなかで文化を蓄積し、また、文化を獲得することによって自然的素質や機能を変化させ、社会的人間にさせてきた新しい形態を文化的発達とも呼んでいるのである。

（その三）柴田義松は文化的 - 歴史的発達理論を簡潔に説明しているのでそれを要約しておく。ヴィゴツキーの発達理論は次の二つを基本命題になるとしている。

「第一は、人間に特有な高次の心理過程はつねに『道具』を媒介として間接的性格をもつ」（精神、四〇〇頁）。「第二の命題は、人間の内面的精神過程は外面的な『精神間的』活動から発生する」（精神、四〇〇頁）。「人間の心理発達は『生物進化の法則によってではなく、社会の歴史的発達法則によって規定された発達である』と説くヴィゴツキーの『文化的 - 歴史的発達理論』は人間の心理活動に関する真に科学的な研究の発展に巨大な意義をもつものである」（精神、四〇〇頁）。

筆者によって強調点の違いがあるとしてもヴィゴツキーの心理発達の基本的構想（コンツェプツィア）

をなす学説である。

(二) 心理的道具 (психологическое орудие)

文化 - 歴史理論の構成要因の一つである。この概念が明確化されているのは、「心理学における道具主義的方法」(一九三〇、邦訳『心理学の危機』所収) においてである。一九三〇年クループスカヤ記念共産主義教育アカデミーにおける報告。一九六〇年『高次精神機能の発達』に所収されていたが、邦訳は一九八七年であった。労働過程における技術的な道具にたいして人間の行動の制御に向けられた道具を、「心理的道具」と呼んだ。この論文は箇条書きの形で書かれている。

「(4) 心理的道具およびそれらの複雑な体系としてあげうるのは、言語、記数法や計算のさまざまな形式、記憶術のための諸工夫、代数記号、芸術作品、文字、図式、図表、地図、設計図、そしてあらゆる種類の記号である。

(5) 技術的な道具が労働諸操作の形式を規定することによって、自然的適応の過程を変異させるのと同様に、心理的道具もまた、行動の過程に挿入される場合、自らの諸特性によって新しい道具的な作用の構造を規定し、心理的諸機能の全過程・全構造を変異させる」(危機、五二頁)。

この「道具主義的方法」の論文には、意味の問題は登場しない。思考の機能の研究に「心理的道具」の方法を介入させる実験をしていたとき、意味の問題が発生したとあるのは、心理的道具からの飛躍とみられよう。この論文には歴史 - 発生的方法の説明がある。「道具主義的方法は、その本質そのものからして歴史 - 発生的方法である。この方法は行動の研究のなかに歴史的な観点をもち込む。行動は、行動の歴史としてのみ理解されうる（ブロンスキー）」（危機、五七頁）。

（三）　媒介（опосредование）

文化‐歴史理論を構成する重要な概念の一つである。ヴィゴツキーの言説のいたるところで使われている。媒介的活動という表現が現れているのは、『文化的‐歴史的精神発達の理論』（一九三一）においてである。ア・エヌは論文「子どもの文化的発達の問題」（一九二八）「心理学における道具主義的方法」（一九三〇）から媒介仮説の存在を指摘しているが、媒介という概念を明確にした表現を使ったのは、上述の書物においてである。それは以下のようである。「記号と道具との類似の基礎は、両者に属する媒介的機能である。心理学的側面からは、それらはしたがって一つのカテゴリーに含めることができる。第１図で私たちは、記号の使用と道具の使用の間の関係を図式的に描いてみた。論理的にはこれらはより一般的な概念―媒介的活動―のなかにはいる従属的概念とみなすことができる」（精神、一一三頁）。同書では、このあと、ヘーゲルとマルクスの媒介の利用が引用される。

そのあと、以下の文章となる。

「同じ根拠から記号の使用も媒介的活動に入れなければならないと私たちは考える。この活動の本質は、人間が記号を通してすなわち刺激を通じて行動に働きかけ、それらの心理学的本性に従った作用をさせることにある。いずれの場合において

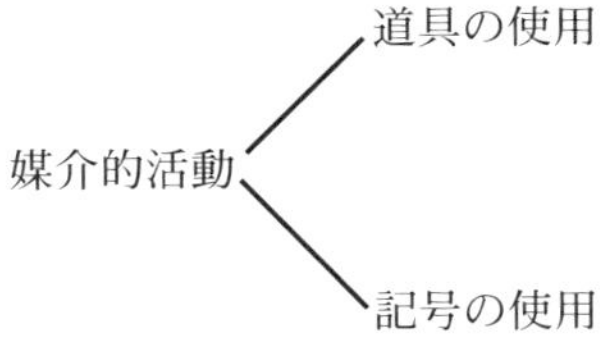

第１図

も媒介的機能がもっとも重要である」（精神、一一四頁）。

記号を手段にしたある目的を実現する活動について媒介的活動、また媒介的機能と呼んでいるといえよう。このような例は『思考と言語』第五、第六章に頻繁に登場している。

（四）心理システム（психологические системы）

一九三〇年以降のヴィゴツキー理論を捉える上で非常に重要な概念である。心理システムの概念が初めて登場するのは、一九三〇年一〇月九日モスクワ附属精神神経病院での講演においてである。その速記録（「心理システムについて」）がヴィゴツキーの個人用書庫から発見され、六巻本の第1巻に所収され、初めて公刊され、われわれの知るところとなった。第1巻に所収のア・エヌの概説のなかで「心理システム」（邦訳では精神体系となっている）を非常に重要な概念と評価し、ヴィゴツキー理論の新しい転機と位置づけた。一九五六年選集に収録の「統合失調症の心理学によせて」（一九三二）はこの心理システムの崩壊の視点で論じているが、この論文を読んではいたが筆者は気づいていなかった。二〇〇八年上述の論文を『ヴィゴツキー学』第9巻に掲載するにあたり、その重要性に気づいた。現在、翻訳はヴィゴツキーの訳書にもあるが、『ヴィゴツキー学』所収のものには注があり、より分かりやすくなっている。この論文のなかで心理システムの定義を与えている。心理システムとは何か。心理機能間の連結を心理システムと呼び、感覚と知覚、知覚と記憶などの結びつきをそう呼んでいるのである。異種の機能間の関係を研究対象にするようになり、新しい概念を導入したものである。ヴィゴツキーは以下のように経緯を説明している。「発達の過程において、特に行動の歴史的発達において変化するのは、わたしたちが以前研究したように（これはわたしたちの誤りでした）機能でも、機能の構造でも、その運動のシステムでもありません。むしろ機能相互の関係、連関が変化し、変形することなのです。そして、以前の段階では未知だったような新しいグルーピングが生じます。それゆえ、ある段階から他の段階への移行に際する本質的な差異は、機能内的変化ではなく、機能間的変化、機能間的連関や機能間的構造の変化であることが多いのです」（9巻、九二頁、以下同様）。このように述べたあと、心理システムの定義を次のように行っている。「機能が相互に設定されるこのような新しい可動的関係の発生を、わたしたちは、心理システムと呼ぶことにします」。

心理システムの概念を創出し、高次精神機能の崩壊や障害について考察を進めたのである。『思考と言語』では第一章において心理システムの一環の術語として「情動と知的過程の統一である動的な意味システム」の導入を行おうとしている。それはかれの急逝により不可能になったが、次の研究への予告であったことは確かである。一九三〇年以降のヴィゴツキーの研究の不可欠な概念といえよう。

ヘーゲルの弁証法の影響

ヴィゴツキーの思索にはヘーゲルの弁証法が流れ込んでいる。マルクス主義心理学を構築しようとしていたから当然だといわれればそうかもしれないが、マルクスの文献から心理学的用語を抜き出し、それらを繋げた心理学には反対したヴィゴツキーであり、心理学の資本論を構築しようとした人物であるので、単純なマルクス主義哲学だけでは満足しなかったのではなかろうか。生涯、スピノザを愛し続けたといわれているほどなのだ。少年時代からヘーゲルを読んでいたと友人のドブキンが証言しているように、ヘーゲルに慣れ親しんだと予想できるのである。ヴィゴツキーとヘーゲルが繋がっていると推測する筆者が、関心をもったその一つは、ヘーゲルの何を読んだのか、文献名を知ることであった。不思議なことにヘーゲルの名前が出てきても、どの箇所にも、ヘーゲルの著作名は記入されていない。その唯一の例外は、「人間の具体心理学」(一九二九、『ヴィゴツキー学』第一〇巻所収、これにはプズレイの注の翻訳が掲載されており、大変参考になる。)にある記述である。それには「デボーリンーヘーゲル、XXVI」とある。そのようなローマ数字が他に三個所ある。これにプズレイが注をつけているのである。それは以下のようだ。「ヴィゴツキーは、ヘーゲルの著作集第1巻へのデボーリンの序文を念頭においている(G・W・F・ヘーゲル、著作集、第1巻、モスクワ、一九二九を参照)」(同、七一頁)。筆者がみつけた唯一のものは、デボーリンの序文のページ数であることをつきとめたプズレイの注のおかげによってである。ここからは筆者が探しあてたことである。グーグルの検索サイトでヘーゲルのロシア語訳全著作集を入手。それによって詳細が判明した。ヘーゲルの著作集第1巻は、エンチクロペディア、つまり、『小論理学』が所収されたものである。それにデボーリンが序文を書き、そのページがローマ数字で表記されており、それを指しているということだった。さらに驚いたことに、その訳者が、ヴィゴツキーの友人であったストルプネルであることだった。ストルプネルについては、ギタ著『レフ・ヴィゴツキー：人生・活動・横顔』(一九九六)のなかに登場し、ヴィゴツキー家に頻繁に訪れ、ヴィゴツキーと話に興じていたこと、ヘーゲルの翻訳家であることが記されている(一九二ページ)。ストルプネルはヘーゲル全集全一六巻のうち一〇巻をロシア語に翻訳しているのである。これで点と点が繋がり、線になった。事の真偽はわからないが、アレキサンドル・エトキントは「文芸学者ヴィゴツキー」（『現代思想』№4、一九九七）のなかでストルプネル、マンデルシュターム、ヴィゴツキーの関係についてふれ、「ヴィゴツキーとマンデルシュタームとストルプネルは、間違いなく、言葉と思想の問題について議論し、その結論は心理学のはるか彼方にひろがっただろう」（同、二二四頁）と記している。これは仮定としてであるが、もし、ヴィゴツキーがドイツ語で『小論理学』を読んでいたとしたら、ストルプネルの翻訳に関わっていたかもしれないし、ストルプネルの翻訳過程でかれから学んだであろうことが、交友関係の深さから十分推測されるのである。前者はどうかわからないが、後者はありうるであろうことなのだ。そこで、翻って、ヴィゴツキーの著作物のなかから、ヘーゲルの用語で重要な位置を占める二つの例をあげておこう。

（その一）即自（в себе）―対他（для других）―対自（для себя）

ヘーゲル研究者によると「即自―対自―即自かつ対自」というトリアーデが普通であるとされる。しかし、そうでない解釈をする研究者もいる。小屋敷琢巳「ヘーゲルの知られざるトリアーデ」では、「即自―対他―対自」を剔出している。ロシアにおいても後者を主張する研究者もいるようだ。筆者はヘーゲル研究者ではないので、これ以上のことは述べられないが、ヴィゴツキーは後者の立場に属している。このトリアーデが生かされた分析を拾い出しておこう。一つは、『文化的‐歴史的精神発達の理論』で「ヘーゲルがいっているように」として適用されている幼児の「指示的身振り」の分析についてである（精神、一八〇頁）。この例はたびたびあげられている。手を伸ばす、母親に指示する、自分で掴む、という一連の動作の発達としてである。二つ目は、「人間の具体心理学」においてことばの使用にそれを活用している。「子どものなかに、ことばの機能における即自、対他、対自の交替を一歩ごとに追跡することができる。最初、語は即自的な意味（事物への関係）を所有せねばならない（客観的連関、それがなければ何も存在しない）。その後、母親はそれを語として機能的に使う。最後に子どもが「機能的に使う」」（前掲、六二頁）。

次は、『思考と言語』からである。このトリアーデは同書の第五章の重要な場面にこれまでの分析を総括するかのように登場している。それは以下の通りである。複合的思考から概念的思考へ移行する間に挟まっているのだ。「概念は『即自』『対他』に、子どもにおいて概念が『対自』に発達するよりも先に発達する。擬概念のなかにすでに含まれている『即自』『対他』の概念は、真の意味の概念が発達するための基本的な発生的前提なのである」（思、一八七頁、筆者が改訳している）。概念へと飛躍するために、その概念の前提となる複合的思考、擬概念の意義を、「即自」「対他」「対自」のトリアーデを使って説明しているなかに、その流れ込みをみるのである。このトリアーデは同書第六章、自然発生的概念—科学的概念—概念の自覚にも働いていると筆者はみるのだが、それは深読みすぎるであろうか。それの考察については本書六をみていただこう。

（その二）有と無の統一（единство бытия и ничто 上記はストルプネルの訳、ヴィゴツキーは ничто ではなく、небытие を使っている）

「有ならびに無の真理は両者の統一であり、この統一が成である」は『小論理学』の有名な命題である（小論理学上、二七〇頁）。これを堂々とヴィゴツキーは『思考と言語』第七章思想と言葉二の冒頭で「われわれの基本的指導的観念」として宣言しているのである。それは次の文章である。「思想は言葉で表現されるのではなく、言葉のなかで遂行される。だから、思想の言葉における生成（有と無の統一）ということを、われわれは語ることができよう」（思、三六六頁）。この文章は多くのヴィゴツキー研究者によって取りあげられた有名な文である。しかし、このなかにヘーゲルが潜んでいることを指摘するものはいない。いずれも括弧内を無視するからだ(コズリンの英訳はこの括弧自体を削除している)。括弧のなかの「有と無の統一」はほかでもないヘーゲルの用語ではないのか。筆者は思想から言葉へ、言葉から思想へをヘーゲル流の運動として捉えなければならないのではないかと解釈している。本書第七章はそのような観点から分析したのである。特に七章結び（七）の前半にそれが反映されている。

以上、二つの例でヘーゲルの弁証法の流入を指摘した。このようにみてみると『思考と言語』の底流にはヘーゲル哲学の単なる適用でない、創造的活用が生き続けているというのが筆者の視点である（ロシアにはマルクス、エンゲルス、レーニンの文献からヘーゲルを学んだという説があるが、そのような面もあるとしても、そんな単純なものでないということ）。このような作業をヴィゴツキー学協会の最初からのメンバーである神谷栄司も行っている（「幼児期における自我の意味について」『京都橘大学研究紀要』第41号）。

二　研究問題と方法（第一章）

はじめに

『思考と言語』の第一章に入る。最初の章は研究問題と方法となっている。ヴィゴツキーが『思考と言語』を著作する際の問題設定と方法を記した章である。実をいえば筆者はこの書物の一番難解な章ではないかと思い、いつも避けている章なのである。執筆もこの章が最後になっている。さて、この章を理解するうえで二つのことを述べておく必要があろう。というのは、研究問題を理解するのに役立つと思えることである。一つ目は、この章がどの時期に書かれたかという点である。これについては五六年本『思考と言語』第一章の注で次のように述べられているのである（六巻本の第2巻にはない）。「『思考と言語』の第一章は、死の直前、この書物の最終章「思想と言葉」と同時に書かれた。それは、この書物の序章であると同時に、この書物の著者が基本とみなした諸命題のまとめである」（五六年本、四九七ページ、以下同様）。この章は、最後に書かれた部分であるということである。それゆえ、最終章とも強く結びついていると予想できるのである。特に、最終章の一は強く結びついている。序章でありながら最終章との関連が切り離せない。つづけて、この注は、次のようにも述べている。「心理過程を、複雑な機能システム（古い伝統的心理学の命題に対立した）としてみる仮説や、これら機能システムの全ての本質的な特徴を保持し、それらをもっとも単純な形式で研究する可能性を与えるものであり、研究にとって相応しい『単位への分析』の方法の特徴づけは、ヴィゴツキーの最後の年代に特に従事してきた諸命題にかかわっている。……ヴィゴツキーの死は研究を中断させることになった。その際、高次精神機能の発達と崩壊の研究へのこれら二つの原理の適用や、人間の感情 - 意志的生活の複雑な心理システムについての学説の構成に従事していたのである」。この部分では、死の直前に従事していた見方、心理過程を、複雑な機能システムとみることと、単位への分析の方法が述べられているのである。これは第一章の内容を述べていて、そこには直近の研究問題が入り込んでいるとしているのだ。このようにみてくると、この第一章は最終章と関係していると同時に、直近の研究問題も含んでいるということになる。初めに読むとわかりにくいのはそのためか。

もう一つは、六巻本の第2巻『思考と言語』序文につけられた注である。それには『思考と言語』の出版に影響を与えたと思われる一九三三年～一九三四年に亘って開催されたヴィゴツキー理論の基本問題についての会議の存在が記されている。一九三三年の終わりには、文化 - 歴史理論の範囲内で研究の第一クールが終わったり、文化 - 歴史理論への批判もあり、「自らの理論の基本命題を明瞭に説明することが必要であるとみなしていた」(六巻本の第2巻、四八〇ページ)。この目的に沿おうとしたのがこの会議だったのだ。この会議は「意識の問題」という名で発表され、その内容をみることができる（六巻本の1巻に所収、邦訳『ヴィゴツキーの心理学論集』所収)。それに加え、『思考と言語』もその影響下にあるとしているのだ。「意識の問題」と『思考と言語』の内容は非常に親和的である。「意識の問題」のねらいの一つは、『思考と言語』であるのではないかと思えるほどである。ところで、「意識の問題」は意味の問題を追求するための方略を述べているのである。そうすると、『思考と言語』のねらいも意味の世界を追求しようとしたものだと捉えることができよう。これについてはレオンチェフ、ア・アも指摘しているところである。彼は以下のように述べている。「さて、そこで、転換が生じました。ヴィゴツキーと彼の弟子たちは、記号の操作を研究する代わりに、記号それ自体をその意味という点から深く研究し始めました」（生涯、一七五頁）。レオンチェフ、ア・エヌは「心理的道具」としての手段から意味をもつ記号への追究に転じていたとみなしている（危機、三八頁）。このようにみてくると、「意識の問題」を他方で資料にすることがこの章を読むうえで参考になる。このような変化やこれから始めようとすることなどいろいろなことが混入しているのだと判断し、大目に見ることにより第一章の読みにくさが少しは緩和されるのではないかと思う。はじめにはこれぐらいにしておこう。

研究問題と方法

一九三〇年一〇月、ヴィゴツキーはモスクワ国立大学神経症クリニックにおいて「心理システム」という報告を行い、これまでの研究の誤りを反省し、機能間結合に見方を変えるとして以下のように述べた。「わたしたちが以前研究していたように（それはわたしたちの誤りであった）機能が変化するというより、またそれらの機能の構造やそれらの運動システムが変化するというより、むしろ諸機能相互の関係、結びつきが変化し、修正され、先行段階では見られなかった新たな組合せが生じるというものである。ある段階から別の段階に移行する場合の本質的な相違は機能内変化ではなく、機能間の変化、機能結合、機能間の構造変化である」（『ヴィゴツキー学』第9巻、九二頁）。このように述べ機能間結合、機能間関係を心理システムと呼ぶとしている。三〇年頃から、ヴィゴツキーは機能間結合の問題が問題意識として中心課題となっているのだ。この観点から第一章の書き出しをみてみよう。

ヴィゴツキーは次のように書き出しを始めている。「思考とことばの問題は、種々の精神機能、異なる意識活動の関係に関する問題がもっとも重きをなす心理学的問題領域に属する。この問題全体の中心的要素は、もちろん、思想と言葉との関係に関する問題である」（思、一二頁、以下同様）。「種々の精神機能」とか、「異なる種類の意識活動」とかは、感覚、知覚、記憶などを指している。これらの機能の関係がもっとも重きをなす心理学的問題が、思考とことばの問題であるとし、この中心的要素が、思想と言葉との関係であるというのである。ここで、ヴィゴツキーが使用する用語にまずつまずくのである。思考とことば、思想と言葉の違いである。まず、思考と思想はどう違うのか。これらを説明することから始めよう。ロシア語では思考は мышление（ムイシレーニエ）、思想は мысль（ムイスリ）であり、前者は思考過程を意味し、後者は思考結果を意味している。単純化していえば、一たす一の計算過程が思考であるとすると、計算結果の二は思想にあたるといったものである。主としてそのように区別する。ヴィゴツキーもほぼこのように使用していると思う。問題はことばと言葉の区別だ。本書は『思考と言語』についての書物なので同書の訳にしたがって述べていく。同書では、ことばは речь（レーチ）、言葉は слово（スローヴォ）であり、一応、前者は言語活動を意味し、後者は語とか単語を意味する。話したり、書いたりするなかでの単語の使用がことばで、言語のなかの構成要因としての単語が言葉である。一応、このように区別するが、ヴィゴツキーは必ずしも区別しているとは言えない箇所がみられる。特にこの用語は頻繁に出現する第七章はあまり区別していないのではという箇所がしばしばみられるのである。注意する必要があろう。参考のため、駒林邦男がヴィゴツキーの弟子であるエリコニンの『児童心理学』を訳した際に речь（レーチ）について つけた説明を引用しておく。「речь とはコミュニケーションの過程における『言語』の使用のことで、話したり書いたりする言語行為である」（児童、七頁）。ややこしいのはどのような日本語をあてるかである。訳者によって様々である。ヴィゴツキーの訳書でも種々である。『思考と言語』の旧訳では「言語」、新訳では「ことば」としている。「言語活動」としている場合もある。駒林は「コトバ」を充てている。言語学者桑野隆はバフチン『マルクス主義と言語哲学』では речь を「ことば」、слово を「言葉」にしている。新訳の訳がほぼ標準になっていると解せよう。英語訳では речь を speech、слово を word にしている。このようにみてくると、ヴィゴツキーの論を明確にすることができるように思う。

思考とことばの問題とは、思考過程と言語活動の関係、つまり個人が行う思考過程と言語活動の関係を示しており、それは心理学的問題領域だというのだ。当然のことであろう。その際、中心的要素は「思想と言葉との関係に関する問題である」という。思想と言葉との関係とは、思考結果と語（単語）の関係である。思考結果とは、社会意識であったり、文化であったりする。語とは社会的言語の要素としての単語である。それらの関係が思考とことばの関係の中心的要素であるというのである。つまり、ここで、ヴィゴツキーは個人的なものは社会的なものの内化であるということ、社会的なものと個人的なものの関係を基にして論じているとみなせるのである。このことを注意しておきたい。その上で、「まさにこの異なる機能間の結合や関係の問題こそが……現代の心理学においてほとんどまったく未解決の新しい問題なのである」（思、一二頁、以下同様）とする。先に進もう。ヴィゴツキーはいう。「思考とことばの問題―この心理学そのものと同様に古い問題―は、まさにこの点において、すなわち思想と言葉との関係に関する問題において、もっとも研究が不足し、はっきりしていない」と。なぜなら、個々の精神機能を孤立した形で研究し、研究方法もそれに合うように作りだされ、完成させてきた。それと同時に、機能相互の関連の問題、「意識の全一的構造のなかにおけるそれらの組織の問題」は研究者の視野の外におかれた。他方で、機能相互の関係はどうなのかというと、孤立した形で明らかになった機能の法則を合体すれば、機能相互の関係が明らかになると想定していたのである。

思考とことばの関係の続きを述べてみよう。心理学において思考とことばの関係はどのように捉えられていたのか。一つには思想と言葉の同一視、完全な融合、それと同時にそれらの断絶・分離であり、この二つを両極にしてゆり動いていたのだ。心理学的言語学は、思想は「ことば引く音」だと説明し、思想とことばの同一視を行い、アメリカの心理学者や反射学者は、思考を「運動器官にあらわれない、制止された反射」とみなし、思考とことばとを同一視する観念をとるのである。この立場は、関係に関する問題についてはヴィゴツキーによると「問題提起する道を閉ざし、この問題ははじめから解決しえないものとしてしまう」（思、一四頁、以下同様）と指摘する。もう一つは、断絶・分離の他の極である。前者より進んでいるようにみえるが、やはり、真の解決にいたらない。ヴィゴツキーはこれらを次のように評している。「これらの研究者たちはことばとは無関係な思考そのものの純粋な本性、および思考とは無関係なことばそのものを研究し、これらの関連については、二つの異なる過程の間の純粋な外的機械的関連としてながめる」と。これらに属するのは、ことばを思想の外的表現として、それらの衣装のようにみる者、ビュルッツブルグ学派の人々であるとするのである。

ここで、ヴィゴツキーは、思考とことばの結合や関係の問題をみるとき、どうしてこのようなことが生じるのかと問う。かれは烱眼にその本質をあばきだすのだ。それは、研究の方法にあると。研究の方法に問題があるからこのようなことが生じる。このようなことから眼を研究の方法に転じて、論じていく。ヴィゴツキーはこれを次のようにまとめている。「問題は**研究の方法**にある。だから、われわれが思考とことばとの関係という問題を最初から提起するのであれば、やはりあらかじめこの問題の研究にさいしてどのような方法をとらねばならないか、どのような方法がこの問題の首尾よき解決を保証し得るのかということを、明らかにしておく必要があると思われる」（思、一五頁、強調はヴィゴツキー、傍点強調を太字体にしている）。それでは、研究の方法にどのようなものがあるのか。ヴィゴツキーはここでかねてより主張していた方法についての見解を展開するのである。方法のなかでマルクス主義的な分析についてすでに『心理学の危機』のなかで析出していた。『芸術心理学』の題材についてその分析方法をあてはめ論述している。ヴィゴツキーにとって方法は『思考と言語』が始めてのことではなく、熟成されたものだった。

思考とことばの関係についてでは分析にどのようなものがあるのか。この際、分析の種類に二つを抽出している。一つは、要素への分解というものであり、もう一つは、単位への分析という二つである。「心理学的分析の第一の方法は、複雑な心理過程全体を要素に分解するものとよぶことができよう」（思、一六頁、以下同様）と述べる。思考とことばの関係でいえば、思考とことばに分解してそれぞれを研究し、そののち合体させるという研究者たちの方法だとする。その例は、すでに述べた研究者たちの、思考とことばの同一視、極端な断絶という結果で示されているのだ。水の具体的性質、水はなぜ火を消すのか、水にはなぜアルキメデスの法則があてはまるのかの説明の際、水素と酸素に分解する化学的分析をあてはめるような場合だと喩えている。化学的分析をしてしまうと、火を消すよりは、よけい燃えることしか説明できず、火を消す説明にはならないというのである。このような分析は具体的性質の説明に導くのではなく、「むしろ一般的なものへの上昇の道である」と述べる。これと同じように、思考とことばへの分解は、「あらゆる性質、そのあらゆる具体的多様性を明らかにしてくれる分析ではない」（思、一七頁）と断言するのだ。現代言語学における音と意味の独立した研究、心理学における子どものことばの発達における音的、音声的側面と意味的側面の発達に分解するという観点もこれに属するとしている。では、ヴィゴツキーが求める分析とは何か。それを「われわれは、複雑な統一的全体を単位に分解する分析と呼ぶ」（思、一八頁、以下同様）とする。つまり、もう一つは、「単位へと分解する分析」なのだ。これに続けて単位についてヴィゴツキーは次のように説明する。「単位ということでわれわれが考えるのは要素とは異なり、全体に固有な基本的特質のすべてをそなえ、それ以上はこの統一体の生きた部分として分解できないような、分析の産物である」と呼んでいる。先の例でいえば水の分子がそのような単位であり、「細胞」が生物学的分析の単位となるというようにである。水が火を消すのは、水が蒸発する時、熱を奪うことから、つまり、水の分子運動から、生物の成長は細胞分裂からそれぞれ説明されるのである。では、思考とことばの関係の単位とは何か。ヴィゴツキーがいうには、「このような単位は、言葉の内的側面、その**意味**のなかに見出すことができる」（思、一九頁、強調はヴィゴツキー、傍点強調を太字体にしている）と。意味を思考とことばの関係の単位とみなすのである。ここで訳語としての意味の使用について補足しておこう。ここでの意味はロシア語の значение（ズナチェーニエ）の訳語である。訳者によって意義という語を充てることがある。第七章に смысл（スムィスル）という語がでてきて、それに意味という訳語を充てるため、その区別に значение を意義にする。柴田訳は両者が出てくる場合は смысл を意味にし、значение を語義にし、その区別を計っている。語義はあまり狭すぎるし、ヴィゴツキーは広く使っていることもあり、意味を充てているのである。英訳では смысл を sense、значение を meaning にしている。いまのところ、標準的なものが定まっているとはいえない。本書は柴田訳を使用しているので、柴田訳にそって述べていくことにしている。

これくらいにして元に戻ることにしよう。それでは意味とは何か。ヴィゴツキーの説明を述べていくことにしよう。これまでの心理学は「言葉の意味の本性について満足すべき解答を与えていない」(思、一九頁)と述べ、それは月の裏側と同じであったとする。ヴィゴツキーのいう意味とは何か。その一つ目は、「言葉の意味は、何よりもまずものごとの一般化であるということになる」(思、二〇頁、以下同様)とする。これはどういうことか。まず、言葉（語）についていう。「言葉は、つねに何かある一つの個々別々な対象にではなく、対象の全グループあるいは対象の全クラスに関係する」(思、一九頁)。イヌ、ネコという言葉は個々別々な対象にではなく、イヌ全体、ネコ全体を示す。だから、対象の全グループなのである。タマ、ミケという名は個々別々な対象を呼ぶ名前ではあるが、イヌ、ネコはそうではないのだ。さらに、哺乳類、動物という言葉になると全グループというよりクラス（階層）になる。それゆえ、「対象の全グループあるいは全クラス」に関係する。このように言葉（語）を規定したあと、それに基づいて言葉の意味を定義する。ヴィゴツキーはいう。「このために、すべての言葉は、それ自身かくれた一般化であり、あらゆる言葉がすでにものごとを一般化しており、心理学的観点からいうと言葉の意味は何よりもまずものごとの一般化であるということになる」。このなかに、心理学的観点からの言葉の意味の定義が導かれている。つまり、「言葉の意味は何よりもまずものごとの一般化である」という規定である。ヴィゴツキー特有の定義といえよう。ここで、辞典における「意味」をみてみよう。二つの一般的なものからである。
「コトバその他のシンボルによって表された内容」（心理学小辞典）
「記号・表現によって表された内容またはメッセージ」（広辞苑）

これらが普通、わが国で使われている意味である。これらに共通すること、それはこれらの背後にあるのは、共通の表象が意味であるというものである。ヴィゴツキーの意味（意義）は、一般と特殊の関係で捉えられたもので、そういうことからすると概念と同じになるのだ。だから、『思考と言語』第六章で「概念は一般化である」（思、三二四頁）といっていることと整合しているといえよう。もう一つは、ヴィゴツキーはこの一般化は思考活動そのものにほかならないともいっていることである。それはどうしてかというと、感覚や知覚は眼の前の現実の反映であるが、思考は、感覚や知覚よりも一歩高次な一般的反映であるからなのだ。これらのことから、ヴィゴツキーによる意味（意義）は、一方で概念、他方で思考活動となる一般化ということになるのである。しかし、言葉はいろいろな側面をもつ。それらにたいしてその一つにすぎないのではないのか。ヴィゴツキーはこれにたいして次のように述べる。「しかし、意味はまさに言葉そのものの不可分の部分であり、それは思想の世界に属するのと同じ程度にことばに属している」（思、二一〇頁、以下同様）。「だから、意味は、同程度において言語的本性の現象としても、思考の全領域に属する現象としても見ることができる」。改めて、ヴィゴツキーは問う。「意味とは何か」と。その答えは「それは、ことばであると同時に思考である」。「なぜなら、それは言語的思考の単位だからである」。このことを他の文献で敷衍しておこう。それは次の記述である。「語の意味は、言語的思考の研究を保障する。そこにおいてことばと思考は統一のなかで表され、すべての意味は、一方では、ことばであり、他方ですべての意味は一般化である。一般化の過程が隠されていない意味はない。すなわち、すべての語の意味は思想の産物としても過程としても生じるのである。これは言語的思考あるいはことばと思考の統一である。つまり、ことばと思考を、既知な統一的過程として属させるあらゆる性質を内に含んだ現実的統一なのである」。(『「発達の最近接領域」の理論』、一五九頁、改訳している)。これが単位としての意味である。

このように思考とことばの関係の単位として意味を抽出したがゆえに、それらの将来の研究の見通しについて次のように述べる。「われわれの問題を研究する方法は、意味論的分析の方法、ことばの意味論的側面の分析の方法、言葉の意味の研究方法以外ではあり得ない」(思、二〇頁、以下同様)。「この路線においてのみ、われわれは、思考とことばの関係に関する問題に対する直接的な解答を期待することができる」。このようにして、意味の分析、つまり、概念の研究へと進むのである。

ヴィゴツキーはこの方法を適用することによって、新しい可能性が拓けるという。「これまであいまいなままにされてきた側面」(思、二一頁、以下同様)であるのだ。それは、ことばにおけるコミュニケーションの機能と思考の機能の統一の問題である。これまで要素に分解する分析ではコミュニケーションの機能と思考の機能の統一は説明されなかった。この分析では二つの機能は平行的に、相互に無関係にことばの属性とされていたのである。ただ、二つの機能を兼任しているというぐらいであった。二つの機能の相互関係とか統一とかは明らかにされないままであったのだ。それにたいして単位に分解する分析ではどうか。ヴィゴツキーはいう。「単語の意味は、思考の単位であると同時に、ことばのこれら二つの機能の単位である」。意味は二つの機能の単位であるというのである。だから、単語の意味は、つまり、一般化が二つの機能の結び目になるということなのだ。したがって、一方では、一般化とコミュニケーションの機能の結合、他方では、一般化と思考の結合が証明されると、コミュニケーションの機能と思考の機能の統一を語ることができるのである。ところが、ヴィゴツキーによると、心理学に支配的な見解は、これらの関係を単純化しているという。コミュニケーションのなかの言葉は、ことばのたんなる外的側面、つまり音声的側面にすぎないと捉え、その音自身が、思考の内容と連合し、内容や体験を他人に伝達すると仮定していたのである。

これにたいして、ヴィゴツキーは「記号なしのコミュニケーションが不可能であるのと全く同様に、意味なしにもコミュニケーションは不可能である」（思、一二頁、以下同様）ということが分かったという。つまり、「何らかの体験あるいは意識内容を他人に伝えるためには、伝えられる内容を一定のクラス、現象の一定のグループに関係づける」必要があるというのである。これはとりもなおさず意味としての一般化である。ヴィゴツキーはこれらをまとめて次のようにいう。「コミュニケーションは一般化および言葉の意味の発達を前提とする」。「一般化はコミュニケーションの発達にともなって可能となる」。コミュニケーションは一般化の発達を前提にするし、一般化はコミュニケーションの発達にともなって可能になる。コミュニケーションと一般化はこのように相互に前提にし合い、統一をなすというのが、ヴィゴツキーの見解である。このような関係の例にヴィゴツキーは、「私が寒いということを伝えたいと思う」（思、一三頁、以下同様）ときのコミュニケーションをあげている。表現運動によって理解できるかもしれないが、本当の理解と伝達を可能にするには、「私の体験していることを一般化し、名づけることができるとき」、「私の相手も知っている一定の種類の状態に関係づけるときにのみ」行われるであろうとする。「まだ一定の一般化をなしえない子ども」はすべてのものが伝達不能となるともいうのだ。結論としてヴィゴツキーはいう。「言葉の意味は、思考とことばの統一としてだけでなく、一般化とコミュニケーションとの統一、コミュニケーションと思考の統一とみることには十分根拠がある」と。

以上が単位に分解する分析によって「あいまいなままにされてきた側面」への解明の利点についての論述である。これらを論じたあと、「単位に分解する分析」は、発生的問題を研究するはかり知れない重要な可能性を予知できるとする。というのはこの単位は全体的なものの「細胞」だからだ。この細胞の成長を追跡することにより、全体があばき出されるのである。ヴィゴツキーの場合、マルクスの資本論が、この際のイメージの元になっているのは確かなことなのだ。ヴィゴツキーはこの方法を因果的‐発生的分析と呼んでいる。発生的に追求することが因果性を明らかにできるという見方がこの用語となっている。この方法を思考とことばの問題にあてはめ、思考と言葉の関係、一般化とコミュニケーションの関係を明らかにするという。この研究がヴィゴツキーたちの研究の中心的問題とするとまとめている。これが研究問題と方法についての説明であり、その成果が『思考と言語』の内容となるものである。

最後のところでは、『思考と言語』から残された課題について二つの点を述べている。簡単に要約しておこう。その一つ目は、言葉の音声的側面とその意味との関係にかんする問題である。伝統的言語学は、ことばの音声的側面をことばの意味的側面から独立した全く自主的な要素として研究していた。ことばの音声的側面と意味的側面を分離し、要素に分解する分析方法を採用していたのだ。そしてことばを二つの要素の連合と捉えていた。ことばの音声的側面の単位は個々の音と考えられた。だから、人間のことばの音は、残りのすべての音の一つとなった。伝統的音声学は、人間のことばの音よりは、主として音響学や生理学に眼を向けていたのである。他方、現代言語学のなかの音韻論学派はこれとは異なり、単位に分解する分析方法を採っている。というのは、ヴィゴツキーはそれを次のように述べている。「人間の音のもっとも本質的な特徴として、記号の一定の機能をおびたこの音が特定の意味と結びついていることを、そして音それ自体、つまり無意味な音は、ことばの諸側面と結びついた真の単位でないことを指摘しているのはまったく正しい」と（思、二四頁、以下同様）。「こういうわけで、ここの音でなく、音素、すなわち、標示の働きをすることばの音声的側面の基本的特質を具えた、それ以上分解しえない音韻の単位の新しい理解が、ことばの単位なのである」と述べている。これについて、ヴィゴツキーは、全研究過程で対象にはなっていなかったが重要だったと述べるに留まっている。この例のごとく単位にことばを分解する方法の利用が、言語学的にもまた心理学的にも有益であるのだとするのである。ヴィゴツキーがあげたこの音韻論学派とはツルベツコイ、ヤコブソンなどによって構成されたプラハ言語サークルのことである。六巻本の『思考と言語』にはこれに、以下のような注を付しているので引用しておくことにする。「音韻論‐音素の構造や機能を研究する言語学の一部門。音声学とは異なり、それは、音素を、生理学的実在としてではなく、形態素、音節の構成要素としてのその役割の観点から考察する。音韻論の発生に影響を与えたのは、ソシュール、クルトネ、ビューラーなどの業績であった。このような傾向としての音韻論は二〇年〜三〇年代、プラハ言語サークルにおいて形成された（ツルベツコイ、ヤコブソンなど）」（六巻本の第2巻、四八一ページ）。ウィキペディアの「プラハ学派」の解説でも「プラハ学派（プラーグ学派）の最大の貢献は、音韻論においてである。プラハ学派の音韻論は音声の機能の体系性を記述することが最大の使命であった。音声の相違は、意味（機能）の相違であるという原理から出発する。その意味の区分を決定するものが、音韻的『対立』であり、これを根本的な概念として研究が進められている」となっている。ヴィゴツキーがプラハ言語サークルの資料を集めていたという理由が理解できるのである。

もう一つは、知性と情動のあいだの関連の問題である。ヴィゴツキーが『思考と言語』を上梓したとき、これから取り組もうとした、いや、取り組んでいた思考と情動の関連についてである。これについても要素に分解する分析と単位に分解する分析の差異が指摘されている。前者のものは、意識の知的側面と情動的側面とに分離して、それぞれを解明し、そのあとでそれらを連合させるものである。思考は、自立した自動的な力に転化させられてしまうのである。他方、情動は制御のきかない力へと転化されるのだ。これにたいして後者の分析方法は、思考の原因の説明への道を拓くことになり、思考を方向づける、思考の動機、欲求や興味、意欲や傾向性から捉えることを可能にする。ヴィゴツキーは決定論的分析が可能になる説明としている。これが、一方で、思考を動機、欲求などとの関連から説明することとすると、他方で、逆に思考が動機や欲求などへ与える逆影響、つまり、情動の主人となる思考の働きを解明することができるのだ。ヴィゴツキーはそのような単位を次のような名称で述べている。「情動過程と知的過程との統一である意味システム（体系）」（思、二六頁、以下同様）と呼んでいるのだ。ヴィゴツキーはこれの意義を次のように説明している。「それは人間の欲求や意欲からかれの思考の一定の方向への運動とともに、思考のダイナミクスから個人の行動や具体的活動のダイナミクスへの逆の運動をも明らかにすることを可能にする」。この時期に以上述べていることについて力を入れていたことは事実であるが、『思考と言語』の直接対象とならないということで外されている。しかし、最後の章（第七章）で将来の見通しを述べる際にふれるとも予告している。この問題については第七章のほか、次の文献でも展開されているので補足しておきたい。本格的展開が待たれるものであった。

1　一九三五「知的障害の問題」『障害児発達・教育論集』所収
人間的意識の一部としての情動と思考の統一体が論じられている。
2　一九三三「遊びに関する摘要」『ヴィゴツキー学』別巻第2号所収
エリコニンに渡されたヴィゴツキーの講義メモ。エリコニンは自著『遊びの心理学』（一九七七）の附録として載せた。そのなかに摘要に存在するスピノザへの言及は、ヴィゴツキーがその当時、情動と知性の相互関係の問題について精力的に作業していたことと結びついていると注釈をつけている。
3　一九三一〜三三「情動にかんする学説」『情動の理論』
情動の問題を取り扱うのに始めた基礎的研究。心身一元論のスピノザの分析の前で止まっているので、未完の作業といわれている。
4　ア・ア・レオンチェフ『ヴィゴツキー』（第八章）『ヴィゴツキーの生涯』（第八章）が参考になる。

このような研究問題と方法のもとで、『思考と言語』の章立てが組み立てられている。ヴィゴツキー自身がまとめていることである。この部分は序文と重なっている。始めには、理論的研究、第二の部分は、思考とことばの発達の出発点を示すこと、研究の中心は、子どもおける概念の発達の実験研究、これは二つの部分に分かれる。最初は、実験的に形成される人為的概念の発達の検討、次は、子どもの実際の概念の発達の研究である。最後の部分では、言語的思考全体の過程の構造ならびに機能の分析である。

そして最後の最後に、個々の研究すべてを結びつける統一的モメントは、発達の観念であるとする。思考とことばの統一の単位としての言葉の意味の分析および研究に発達的観点から臨んだというのが、『思考と言語』の狙いといいたかったのだろう。

三　ピアジェ、シュテルンの心理学説（第二章、第三章）

一　ピアジェの心理学説における子どものことばと思考の問題（第二章）

はじめに

『思考と言語』第二章はその元になった論文があり、その論文の転載である。論文とは、一九三二年にロシア語訳されたピアジェ著『子どものにおけることばと思考』の解説として同書に掲載された「ピアジェの学説におけることばと思考の問題。批判的研究」である。この訳書は、ピアジェの初期の四部作のうち、最初の二部作を所収した書物である。四部作とは以下のものである。

1　『児童におけることばと思考』（一九二三）（邦訳『児童の自己中心性』同文書院、一九五四、本書を中心と略）

2　『児童における判断と推理』（一九二四）（邦訳『判断と推理の発達心理学』国土社、一九六九、本書を推理と略）

3　『児童における世界像』（一九二六）（邦訳『児童の世界観』同文書院、一九五五）

4　『児童における物理的因果』（一九二七）（邦訳『子どもの因果関係の認識』明治図書、一九七一）

このうち、1、2を合本にして上述の書名にして出版したものにヴィゴツキーが解説をつけているのである。一九三二年というと出版されて九年ほど経っており、ピアジェに関心を向ける学者もおり、彼一人ではないであろうが、ヴィゴツキー編となっていることからすると、彼の力で出版されたと考えられる。日本では1の訳書が出るのが、一九五四年（1の第三版から）であることからすると随分早い出版といえるであろう。ロシアではその後、ソ連時代一九六九年ピアジェ『心理選集』までピアジェの訳本はみられない。この解説をみると1、2の著書だけでなく、3、4の著書からの引用や論評がみられることから、ヴィゴツキーはこの解説を書く時点で、全ての著書に眼を通していたことがわかるのである。

ヴィゴツキーはピアジェの学説を考察する際、どのような視点から行おうとしたのであろうか。単に哲学批判のために行ったとは考えられない。ヴィゴツキーが完成し終えていた文化‐歴史的理論の効力を生かせようという視点からであったのではないかと考えられる。それは第三章のシュテルンの学説の批判的考察にも共通するものである。このような視点が目立つようにしながら、本章をみていくようにしようと思う。

翻って、現在この論文を対象にする価値があるかどうかが問われよう。ピアジェ批判ではあっても、最も初期の研究だからである（注）。この研究以降の方がピアジェの生涯からすると長いわけで、そんな研究をいまさらということもあろう。それは尤もなことである。ピアジェの批判ということから現在対象とするのはそういう意味では相応しくない。それではどういう意味をもちうるとよいのか、それを考えておきたい。

その一つ目は、ヴィゴツキーの著作物のなかで、この『思考と言語』がピアジェと強く関係しているといえるので当時のピアジェを知っておくことは、同書を理解する上でも必要だと思えるのだ。『思考と言語』の章・節とピアジェとが関わっているのは以下にみるほど多いのである。漢数字は節を示す。

第二章　ピアジェの心理学説　一～九

第四章　思考とことばの発生的根源　二

第六章　子どもの科学的概念の発達　一、二、三、四、七

第七章　思想と言葉　三

全七章のうち、四章がピアジェの学説と関係しているほどである。これからしてもピアジェの学説をみておく必要があるといえよう。ピアジェの研究成果を拠り所にしながら展開しているともいえるのだ。その二つ目は、ピアジェ批判を対象にするというよりは、ヴィゴツキーはそれを通して何を言おうとしているのか。自己中心性の批判は、当時とすると役立ったかもしれないが、現在では昔の話である。誰も今さらそれを支持する研究者はいないであろう。そのようなことを対象にする意義は見当たらない。それよりもピアジェ批判を通してヴィゴツキー理論を照射すること、そうするなら、現代的意義がみつけられるというものである。ピアジェ批判をみる意義がでてくるというものだ。ヴィゴツキーの著作物のなかでピアジェが初めて出現するのは、一九二八年『学童の児童学』においてである。自己中心的ことばの解釈についてであり、既にその位置づけを内言への移行の過渡形式としていることからすると、実験研究を始めていたであろうことがうかがえる。ピアジェの第一巻目がでるのは一九二三年であることからすると、出版直後から注目し、入手し、自らも実験研究をしていたと予想できる。ヴィゴツキーがそのような環境を得るのは、一九二四年心理学研究所へ招聘されて以降であろうから、一九二四年～一九二八年の間

で試みていたということになる。早い時期から注目していたのだ。それ以前の一九二六年『教育心理学』、一九二七年手稿「心理学の危機の歴史的意味」のなかにはピアジェは登場しない。しかし、一九二九年以降の著作には頻繁に出てくる。児童学との関連でいえば、ブロンスキーが一九二七年『心理学概説』でピアジェの『ことばと思考』を注で子どものことばの研究としてあげている。注目度が高かったということでないだろうか。一九二八年は一つの転換点といえそうだ。

それから一九三二年、ピアジェの二巻が翻訳されるのに挿入されたのがこの論文である。一九二八年からすると四年後である。この論文には四巻全ての書名があがっているわけだから、すべてを読んでいたことを物語っている。評価も決まって、熟考した結果が表れていると解釈できるのである。不思議なことに、本論の中心の一つになっているピアジェの自己中心性の記述は、この文献以外に他にないことである。自己中心的ことばについては多々みられるのだが。心理学的というよりも哲学的というところも異色のものといえるように思う。ところどころ、文学的な言い回しがみられるので、ヴィゴツキー固有のものであるのは確かなことなのだが。引用のある『哲学ノート』（レーニン）が出版されるのが、一九二九年であるので、その後の執筆であることになる。一九三一年『思春期の心理学』の第二章三二にピアジェの実験の引用があることから近い頃と予想できるが、六巻本の第4巻同書のロシア語注によると当該の論文の執筆はこの書物の執筆以降としている（邦訳にはこの文章は削除されている）。ピアジェ批判はヴィゴツキーの熟考の結果であるとするなら、それをみることにより逆にヴィゴツキー理論の照射が可能となるのではないか。

もう一つは、ピアジェの学説に影響を受けたと思われるし、その批判的解釈や自らの実験を踏まえて書かれたとみられる『道具と記号』（一九三〇、邦訳『新児童心理学講義』所収）の存在である。ことばと実際的活動の結びつきを論じた同書第一章は、本論文の六の以下の文章と響き合っている。「活動・実践—まさにここに自己中心的ことばの機能の新しい側面を明らかにし、月の裏側のように、これまではたいてい観察者の視野の外にあった子どもの思考の発達におけるまったく新しい側面を全面的に明らかにすることを可能にする新しいモメントが存在するのである」(思、七四‐七五頁)。同書は仮説と実験の結びつきという点からすると完成度は高い。一九二九年第九回国際心理会議でルリヤとの共著で「自己中心的ことばの機能と運命」を発表したとある(ヴィゴツキーは病気で行けず、ルリヤが発表)。本論文はこれらとの響き合いを読み取るのが可能であると予想できるのだ。

今から八〇年以上も前に書かれたものではあるが、ヴィゴツキーの文化‐歴史理論を照射するうえで意義があると思えるのである。これではじめにを終わり、本論の説明に移ろう。

(本書では二、六、七を省略)

(注) ピアジェの研究史を波多野完治著『ピアジェ児童心理学』(国土社)(三〇‐三四頁)を基に粗述しておこう。

第1期　生物学研究期

第2期　自己中心性研究期

この期の成果がピアジェを世界一線の心理学者に押しあげた。前述した四巻本の他、『児童の道徳判断』(一九三〇)があり、全五巻である。自己中心性という概念が注目をあびる。批判もこれに集中する。それが次の時期の始まりとなる。ヴィゴツキーが批判するのはこの期のものである。

第3期　体系の構築期

自己中心性の脱却から「脱中心化」を提唱し、さらに「シェマ」「同化」「調整」などの概念を追加し、ピアジェ心理学の体系化を企図する。この期の著述は非常に多く、大別すると二つになる。

第一類は赤ん坊および幼児についての研究である。自分自身の子ども三人について詳細な観察を通し、精神発達の基本法則‐六段階の法則‐をたてる。これは『児童における知能の誕生』（一九三六）、『児童における実在の構成』（一九三七）、『児童におけるシンボルの形成』（一九四五）の三著となる。

第二類は、年長児童についての「実験」で数、量、速度など認識論でカテゴリーといわれるもの、および「時間」、「空間」の二つの成立を調べている。

第3期と第4期の中間の巨大なモニュメント『発生的認識論序説』全3巻を完成させる。

第4期

ロックフェラー財団の研究費の支援を受け、「発生的認識論研究センター」をつくり、「発生的認識論研究」を発行し、論理学、科学哲学、数学を含む認識論の問題を科学的に解明しようとする。

ヴィゴツキーは一八九六年生まれ、ピアジェも同年生まれであり、このような多業績のピアジェの没年一九八〇年を思うと、あまりにも若い命を奪った病魔が恨まれる。

ピアジェ心理学説の概要（一）

章名はヴィゴツキーがつけているのであるが、節名は原著にはなく、訳者がつけている。弱冠三〇歳代の若き研究者について学説というのは少々大袈裟とも思えるのだが、ピアジェの初期の研究物からみえてくる初期ピアジェの学説とでも理解しておくのが妥当だろう。ヴィゴツキーは、ここで、なぜ、ピアジェの自己中心性を批判するのかを述べている。批判的研究という副題がつけられているのもそれゆえと思われる。通例の著作紹介と異なる点であろう。なぜ、自己中心性を取りあげるのか、それをみてみよう。まず、ピアジェの学説を、当時の心理学思想が直面している課題のなかでみることから論究を始めている。それはなぜか。その解答は最初の文のなかで表されている。

「ピアジェの研究は、子どものことばと思考にかんする、子どもの論理と世界観にかんする学説の発達のうえに完全な新時代を形成するものであった。それは歴史的意義をもっている」(思、一八頁)。ピアジェの研究は新時代を形成するほど革新的なもの、転換を与えるほどのものであるとみているのであり、また、その研究は歴史的意義をもっていると高い評価を与えているものなのだ。それほど大絶賛の研究なのである。ピアジェ独自で開発した臨床的研究方法を駆使し、子どもの論理の特質を全く新しい断面から、深く広く体系的に研究したものなのである。

他方で、ヴィゴツキーの眼はピアジェの他の面に向けられていた。それは、方法論（哲学）への着目である。というのは、ヴィゴツキーは手稿「心理学の危機の歴史的意味」（一九二七、邦訳『心理学の危機』所収）のなかで当時の心理学の危機について考察していたのである。このような観点からヴィゴツキーはこの新しい心理学の代表者の方法論の考査を試みようとするのである。その危機とは新しい事実材料の発見とその方法論的原理、または理論化との鋭い対立によって生じたものである。新しい事実がどんどん見出される一方、それを体系化する理論が生みだされるが、その理論が勝手に思いつかれたものであったり、他の学問分野から取り入れられたりしたもので、事実と理論との間の乖離、または二元論が生じるというものだ。その代表はフロイトの精神分析で、すべての事象を性欲説で解釈し、理論化しようとする試みである。これらの危機について二元論は避けることのできない宿命的な表れとみなしている。だからこれをヴィゴツキーは、二元論は、「事実的材料の集積において一歩前進を遂げた科学が、それの理論的説明と解釈において二歩の後退をおこなうことから生じる」（思、三〇頁）とも述べているのである。

このようにみてくるとこのピアジェ学説の考査は、一九二七に執筆された「心理学の危機」の路線上の一環に位置づくとみてとれるのである。先回りしていえば、ピアジェについてヴィゴツキーは以下のように評するのだ。

「しかし、ピアジェは、他の研究者とも同様、心理学の危機がその最良の代表者をさえもおとしいれているあの宿命的二元論を避けることはできなかった」（思、三二頁）。二元論がみられるという視点から、この歴史的革新の新しい成果を生み出す新しい研究を解体していこうとする。

ピアジェはすべてを事実によって語らせようとする。しかし、理論は避けられないとヴィゴツキーはいう。事実を解釈したり、体系化する理論は、避けがたい運命だというのだ。ピアジェが取り入れた理論とは何か。ヴィゴツキーは、これはピアジェのあとをつけてみているのではみつからないという。自らの頭でそれを探りあてる。それを事実の鎖の中心環と呼んでいる。「そこから残りのすべての環へと連結線がのび、この構造全体を与えるものとなっている中心環」（思、三三頁）なのである。それを慎重に探りあてる。中心環を見出すためにヴィゴツキーが提供する問題の第一は、「ピアジェの研究によって明らかにされた子どもの思考のあらゆる特質を結びつける客観的関連にかんする問題」（思、三四頁、以下同様）とする。ピアジェはたくさんの新しい特質を見出した。例えば、子どものことばおよび思考の自己中心性(ego-centrism)、子どもの知的実在性（intellectual realism)、混合主義（syncretism)（訳では混同心性となっているが、ピアジェ訳に合わせている—筆者）、関係の無理解、自覚の困難、自己観察の無能力などである。そこで、問いが発生する。これらは関連をもつものか、全くそうでないのかという問いである。ピアジェは、この問いに肯定的に答えることになる。ヴィゴツキーはいう。「当然かれは事実の分析の領域から理論の領域へと移行させることになる」と。こうしてピアジェは理論化へと進むのである。それでは、全体を統一させる中心環は何なのか。ヴィゴツキーは、それを次のものだと分析する。「それはピアジェの基本的理論の観点からすると、子どもの思考の中心性にある」。子どものさまざまな特質をこの自己中心性から説明していくのである。ヴィゴツキーはこの概念をどう理解したか、かれの記述からみてみよう。

「『われわれは、子どもの論理の性格的特徴の大部分を自己中心性に帰せしめることに努めた』（ピアジェ、一九三二、三七一ページ）とかれは語っている」（思、三四頁）。「これらの特徴は子どもの論理を規定する複合体を形成するものだが、この複合体の基礎には子どもの思考や子どもの活動の自己中心的性格が横たわっている」（思、三五頁、以下同様）。「子どもの思考の他のすべての特質は、この基本的特質から流れ出る」。「たとえば、著者は子どもの思考の中心的特質の一つ、混合主義に関しても、それを子どもの自己中心性の直接の結果であると語っている」。

自己中心性を、以上のように中心環と捉えるのである。そこで、この自己中心性について、ヴィゴツキーがピアジェの説明のなかで関心をもつのは、その発生的・機能的・構造的捉え方である。自己中心性はどこから生まれ、どこへいくのかといった歴史的・発生的パースペクティブについてである。ヴィゴツキーは、ピアジェの記述のなかにある精神分析の概念からの借用に注目する。それは精神医学者ブロイラーがいう自閉的思考と理知的・方向づけられた思考という二つの思考形式をピアジェが使用しているからだ（注）。そのうえで、ヴィゴツキーに、ピアジェがこの概念を精神分析から借用したのだと、解釈させるような次のような文章を決定的に述べているからである。

「これら中間形式のうちのもっとも主要なもの、すなわち、私たちの子ども（被験者）たちの思想のように、現実に適応しようと努めはするが、そのようなものとして自己自身を伝達することはできない思想を、私たちは自己中心的思想と呼ぶよう提案する」（思、三六頁、以下同様、中心、五五頁）。「すべての自己中心的思想は、その構造において自閉的思想（これは方向づけられず白昼夢のように気まぐれである）と方向づけられた知性との中間に位置する」（中心、三四四頁）。

ヴィゴツキーが精神分析から借りてきたとするのは、このような理由からなのだ。

（注）ブロイラー「自閉的思考」（『精神分裂病の概念』所収、学樹書院、一九九八）で読むことができる。ピアジェは一九一八年の一年間チューリヒ大学でブロイラーやユングに指導を受けている。『若干の意見』（付録を参照）のなかでブロイラーを私の師とも呼んでいる。

他方で、ヴィゴツキーは自己中心性の構造や機能、発生的関係についてピアジェの捉え方を分析していく。構造とは、先にみた中間の位置というものである。機能については、ヴィゴツキーはモメントという用語を使って整理している。一つは分離のモメント、もう一つは接近のモメントである。自己中心性が中間であるという証しにもなるものである。精神分析からの借用という解釈以降、自己中心性は自己中心的思想という呼び方に変わっている（自己中心的思想と自己中心性は同じ）。

「この思考の機能は、現実に適用するということよりも、自分自身の欲求を満たすことにある。……この機能が自己中心的思想を自閉的思想に近いものとするとともに、これらを区別する本質的特徴ともなっている」（思、三六頁、以下同様）。「自己中心的思想を、現実に向けられた大人の現実的思想に近づける新しい機能的要素がここに含まれており、それがこの思想を、夢、夢想あるいは空想の論理と比較してはるかに進んだものとする」。前者は自閉的思想への接近で、大人の現実的思想との分離のモメントを述べたものだ。後者は自閉的思想との分離で、大人の現実的思想への接近のモメントを述べている。ヴィゴツキーはこれを自己中心的思想の機能の「二重的性格」と呼び、中間的形式であることの機能の特質とみているのだ。しかし、ピアジェは、この二重的性格のなかで、それを自閉性に近づけるモメントの方をいつも強調しているともヴィゴツキーは述べている。「自己中心的思想にとっては、遊びは一般的に、最高の法則である」（思、三七頁、推理、二六二頁）。この例としてヴィゴツキーは、ピアジェのあげている例から「混合主義」がもっとも適しているとしている。

次は、発生的関係であり、これを自己中心性の第三のモメントとして抽出している。発生的関係についてピアジェは筋の通った体系的な形で定式化していないとしながら、これについて精神分析の理論から推し量っている。「子どもの自己中心性の発生論的規定の起源は、かれが精神分析の理論から借りてきた命題、すなわち、子どもの心理学的本性によって規定された最初の思考形式は、自閉的形式であり、現実的思考というのは、子どもにいわば外から、かれのまわりの社会的環境がかれにもたらす長期の組織的強制によって押しつけられた、後の所産だという命題である」（思、三九頁、以下同様）。ヴィゴツキーは、ピアジェが精神分析から借りてきた証しに次の文を引用している。「同じことを、確信をもってフロイトもくりかえし述べている。享楽の原理は、現実性の原理に先行するとかれは言っている。七・八歳の頃まで子どもの思想は、まさに遊戯的傾向に満ちている。いいかえれば、この頃までは、作り話と真理とみなされる思想との区別が、おそらく困難なのである」（推理、二二二頁）。

ヴィゴツキーはこのような点を明らかにした上で、さらに発生的関係について、自己中心性の起源とこの現象の境界、領域について分析を進めている。起源について二つの事態をみているとする。第一は、精神分析学にしたがって子どもの非社会性に、第二に、子どもの実際的活動の独自性においてである。第一はすでに述べている。先行する享楽の原理は非社会的なのだ。第二について、ヴィゴツキーはピアジェの次の文を引用している。「発生的見地からすれば、この思想を説明するためには子どもの活動から出発しなければならないということは明らかである。ところで、この活動というのは、疑いもなく、自己中心的、自我主義的なものである」（思、四〇頁、以下同様、推理、一二九頁）。起源についてこのように、非社会的、活動について自己中心的・自我主義的と捉えているのだ。

次に、この現象の境界、領域についてはどうであろうか。「ピアジェによれば、八歳までは、自己中心性の影響がおよぶ領域は子どもの思考と知覚の全領域に直接に一致することになる」（思、四一頁、以下同様）とする。八歳までは全領域が自己中心性にひたされているのである。八歳以後、自己中心性の影響は、思想のある領域、ある部分に限定されていく。抽象的思考の部分だけにとどまるのだ。「だが、八歳までは、それは無限であり、子どもの全領野を占める」とピアジェの説をまとめている。以上が自己中心的思想の概念の基本的モメントだ。

この節の最後には、ピアジェの心理学説にとって非常に特徴的な特質を二点あげている。その一つは、子どもの経験の不可侵性についてである。それはどういう意味か。子どもは生活のなかで経験をするだろう。しかし、この経験は子どもの心理学的本性に影響を与えるものでない。自己中心的性格に影響をあたえるものでないというのがこれである。未開人の束の間の部分的接触がかれらの思想に影響しないのと同じなのだ。ピアジェはいう。「経験も、このように構成された子どもの知性の迷いを解く力はない。罪あるのはこのような事情なのであって、決して子どもにあるのではない」(思、四二頁、推理、一三二頁)と。もう一つは、ピアジェにとって基本的となる観念についてである。子どもの心理学的実体についてである。心理学的実体とは何か。子どもの思想に固有のその構造と機能をあらわすものである。教育や周りの大人によって子どもは影響を受ける。しかし、影響は写真のフィルムのように焼きつけられるものではない。ピアジェはいう。「これらは、その影響を受け、子ども自身の実体に根づいた生きた存在に同化し、それによって変形する。まさにこの子どもの心理学的実体、いいかえれば子どもの思想に固有のその構造と機能を、われわれは記述し、ある程度、説明しようと試みたのである」(推理、二七三頁、訳文は『思考と言語』を採用)。この心理学的実体を研究するのが、ピアジェの研究全体の方法論的志向であるとみなすのである。ヴィゴツキーは、ピアジェが軽くながしているこの観念に特に注目している。この観念は発達と教育に関係することにもなる。この節の最後にヴィゴツキーは次のように宣言する。「われわれは、……ピアジェの研究全体の哲学の解明、子どもの精神発達における社会的・生物学的法則性の問題、子どもの発達全体の本性に関する問題に本気でとりくんだ(傍線—筆者)」(思、四三頁)と。

児童の自己中心性の根拠(三)

三、四、五、六は、自己中心性と自己中心的ことばに関わる節である。三では、ピアジェの初期の研究の基になっている自己中心性についてその根拠についてヴィゴツキーは、ピアジェの著作からその証を分析しているものであり、一方、四では、自己中心的ことばに焦点をあて、その機能と運命を論述し、ピアジェとは別にヴィゴツキー自身が行った実験結果から自己中心的ことばの新しい機能について記述し、ヴィゴツキーの仮説を提示し、この新しく見出した結果から自己中心的ことばは自己中心性の表現とみる立場は確認されないと結論する。五では、子どもの思考の発達の基本線についてのピアジェの理論にたいしてヴィゴツキーの理論を提示し、自閉的思考を子どもの思考過程の出発点とするピアジェの基本的立場を批判する。そのなかで自己中心的ことばは内言へと移行する過渡的形式とみるという仮説を提示する。六では、ピアジェの自己中心性の観念の批判に充てられる。特にその元になっている観念は、精神分析から借りてきた捉え方であるとし、批判する。他方では、ヴィゴツキーはそれらを修正し、自身の重要なモメントとし、実践や活動の重要性を強調する。自己中心的ことばの捉え方も実践や経験との結合のなかで捉える必要性を述べる。「活動、実践―まさにここに、自己中心的ことばの機能の新しい側面を明らかにし、月の裏側のように、これまではたいてい観察者の視野の外にあった、子どもの思考の発達におけるまったく新しい側面を全面的に明らかにすることを可能にする新しいモメントが存在するのである」（思、七四‐七五頁）と結ぶのである。それでは三についてみてみよう。各節の見出しは訳者がつけている。

まず、ヴィゴツキーは自己中心性にかんする観念をなぜ取りあげるのかを述べる。その理由は、「ピアジェの理論において、あらゆる点から伸びてくる糸が交叉し集中する中心点のような位置を占めている」（思、五〇頁）からだとする。当然のことなのだが、初期のピアジェの理論のなかで、中心点に自己中心性の観念が位置していると捉える。批判的考察は、この自己中心性をぐらつかせることが最大のターゲットになる。そうすれば、それを基礎にして立つ構造全体に疑問符を与えられるとするのだ。そこで、この狙いを果たすために、二つの接近を行う。一つは、「発生心理学と人間の心理の歴史の資料に基づいた理論的考察」

(思、五一頁、以下同様)からの接近である。それは二で行っている(本書では省略)。三では事実的根拠を探り、検討することだとされる。理論的考察と事実的根拠の分析とが合わさって自己中心性の概念の土台の崩壊へと向かわせるのである。それで始めるのは、「できるかぎり、正確に、かれ自身がどこに自分の観念の事実的根拠を求めているかをたしかめてみることにしよう」ということになる。ヴィゴツキーはこのような根拠になっているのは、「子どものことばの機能を明らかにしようとしたかれの研究」であるとする。ピアジェはことばの機能に眼をつけるという画期的な捉え方を行い、より新しい研究を拓くことを可能にしたのだ。

子どものことばの機能に焦点化することによってピアジェが会話における子どものことばを取りあげ、行ったことは、自己中心的ことばと社会的ことばの二つに大別することができるというものである。子どものことばを構造的にみている限りではこのような区別はできなかったであろう。機能に眼を向けたがゆえである。それでは自己中心的ことばとはどのような機能のことばなのか。ピアジェはそれを次のように規定する。「このことばは子どもが自分自身についてのみ語るがゆえに、だが、主としては、かれが対話者の観点に立とうと試みることをしないがゆえに、自己中心的とよばれる」(中心、一一頁)。ピアジェがこのことばで特徴としてあげていることをヴィゴツキーがまとめているのを整理すると以下のようになる。

①自分の言うことを相手が聞いているかどうかに関心がない。②答えを期待することはない。③対話者にはたらきかけたり、何かをかれに伝えようとするような願いをもっていない。④ドラマのなかのモノローグを思い出させるようなモノローグである。

自分自身に向かって語ることばなのだ。ピアジェは、それゆえ、「子どもは、声を出して考えているかのように、自分自身に向かってしゃべる。かれは、決して誰かに向けてしゃべっているのではない」(中心、一一頁）という公式に表現できるとするのである。それを受け取り、ヴィゴツキーは「子どもの活動にともなう言語的伴奏を、ピアジェは、まさに自己中心的ことばという名称によって、子どもの社会的ことばから区別した」（思、五二頁、以下同様）と指摘するのである。他方、社会的ことばとはどのような機能なのか。ヴィゴツキーはそれを次のようにいう。「ここでは、子どもは実際に他人と思想を交換する」。そこで、その表れをかれはまとめる。それを整理すると次のようになる。

①何かをたのむ、②命令したり、③おどかしたり、④伝えたり、⑤非難したり、⑥質問したりである。子どもの社会的ことばの機能とは、実際に他人と思想を交換することなのだ。

自己中心的ことばの機能をこのように明らかにした上で、ヴィゴツキーは論を転じて、自己中心性の問題へと向かう。「子どもの自己中心的ことばの臨床的記述、それの測定とそれの運命の追跡は、ピアジェの大きな功績である」と評した上においてである。ヴィゴツキーはいう。「自己中心的ことばという事実のなかに、ピアジェは、子どもの思想の自己中心性の第一の基本的直接的な証拠をみた」と。自己中心性は、この自己中心的ことばの存在がその証拠になっているとするのだ。この証拠となるピアジェの実験結果をヴィゴツキーは以下のように整理する。

①幼児期において自己中心的ことばの係数はいちじるしく増大する

②六・七歳頃までの子どもの発言の大半は自己中心的である

自己中心的ことばの係数とは何かを説明しておこう。自己中心的ことばの自発的ことばにたいする比で、自己中心的ことば÷自発的ことばの値で表される。詳しくは、ピアジェ著『児童の自己中心性』（四四～四五頁）。この係数が自己中心的ことばの係数であり、同時に自己中心性の係数でもある。これは、ヴィゴツキーが引用するピアジェの記述から明示的となる。ピアジェは次のように述べているのである。「子どものことばの最初の三つのカテゴリー（繰り返し、モノローグ、集団的独語）を自己中心的と考えるならば、六歳半の子どもの言葉に表現された思考もまた四四から四七パーセントの範囲まで自己中心的だと言うことができよう」（中心、五九頁）。自己中心的ことば係数と自己中心性係数を同一とみなしていることがわかろう。この見解からいろいろな推理が拡がっていく。

その一つは、年少の子どもへの拡張である。ピアジェは、年少の子どもは六・七歳の子どもについてよりもこの数値をはるかに大きくする必要があるということ。もう一つは、自己中心的思考は、自己中心的ことばにおいてだけでなく、子どもの社会的ことばにおいても現れるから、この数値ははるかに大きい。このようにして、自己中心性は自己中心的ことば係数よりもはるかに大きいと予想するのだ。さらに、このように推理するのには、もう一つに事情があると述べる。どのような事情なのか。それは、「言葉に表現される思想のほかに子どもには、きわめて多数の言い表わされない自己中心的思想があるという」（思、五三頁）事情であるのだ。ヴィゴツキーはこれについて次のようなピアジェの記述を引用している。「子どもは自分の活動をそれによって律動化する言葉のほかに、疑いもなくかれは、きわめてたくさんの語られざる思想を自分自身のうちにもっている。これらの思想は、子どもがそれらを表現する手段をもたないということもあって、表現されないのである」（推理、二二六頁、『思考と言語』の訳を優先）。このように自己中心的ことば係数よりも自己中心的思考の係数の数値は高いと推測するのである。とはいえ、自己中心性の事実的・資料的証拠となるのは、自己中心的ことばなのだとヴィゴツキーは再確認している。

この事実からピアジェは引き出す結論は、「六・七歳までは子どもは、大人よりも自己中心的に考え、行動し、自分たちの知的発見を相互に伝えあうことは、われわれよりも少ない」（思、五四頁、以下同様、中心、四七頁）ということである。つづいて、その原因についてピアジェなりの考察を行っている。それには二つあるとする。第一は、七・八歳以下の子どもたちにはしっかりとした社会生活が欠けているということである。ジュネーブの幼稚園では七・八歳になってはじめて子どもにはいっしょに仕事をしようとする欲求があらわれるとピアジェはしている。もう一つは、子どもの基本的活動において利用される言葉は、言葉よりもむしろ身振り、運動、表情の言語であるからだとするのである。幼児期においてこのような要因から自己中心的ことばが多くなるとするのである。

ヴィゴツキーはあらためてピアジェの仮説を確認している。つまり、幼児期においてことばの自己中心的形式が支配的であるという事実の確認に基づいてピアジェは自分の基本的作業仮説をたてた。それは「子どもの自己中心的思想を思考の自閉的形式と現実的形式とのあいだの過渡的形式としてみる」というものだ。

最後に、ヴィゴツキーの考察の進め方を表明して終わっている。この理論の基礎そのものを深く検討しようと思うなら、その事実的前提、子どもの自己中心的ことばにかんする学説をさらに仔細に調べなければならないとし、さらに批判的検討は、事実的検討する以外にはありえないとする。しかも、それは臨床的・実験的研究に基づかねばならないとして締めくくっているのである。

自己中心的ことばと自己中心的思考（四）

前項では子どもの自己中心性は、自己中心的ことばを根拠にして設定しているというピアジェの説を分析した。この項では、自己中心的ことばは、外言から内言への過渡的なことばの形式であるというヴィゴツキーの実験結果から、ヴィゴツキーが、自己中心的ことばは自己中心性と結びつくものではない、内言へと進むことばの形式なのであるという理論を展開している項である。始めに、ピアジェの自己中心的ことばにかんする学説をあらためて振り返る。ピアジェは子どものことばの機能に眼をつけている。機能的側面から子どものことばをみているのだ。ピアジェによると幼児のことばは大部分自己中心的であるとする。それはどうしてか。まとめると以下のようになる。

①それは伝達の目的をはたさず

②コミュニケーションの機能を遂行するものでない

③伴奏が基本メロディにともなうのと同じように、たんに子どもの活動や体験に抑揚をつけ、それを律動化するにすぎない

④子どもの活動にせよ、かれの心的体験にせよ、そのなかの本質的なものに変化を加えるものではけっしてない

⑤内的関連というよりも、調和がある

これらをまとめてヴィゴツキーは、「子どもの自己中心的ことばは、子どもの活動の副産物、子どもの思考の自己中心性のあらわれのようにみえる」（思、五六頁、以下同様）としている。ピアジェはこのように子どもの思考の自己中心性の表現が子どもの自己中心的ことばであるとヴィゴツキーは捉えるのだ。

このように振り返ったあと、「われわれの考察のきわめて重要な命題」とよんで、考察の対象を明確化する。それには二つある。その一つ目の命題は、「自己中心的ことばは、行動において何らの客観的に有

用な、必要な機能を果たすものでない」ということについてである。客観的に有用な必要な機能、つまり現実的思考の論理をもたない。それに対立する論理、つまり、想像や夢の論理に近い心意の産物であるということについてである。本当に現実的な機能をもたないのかどうか。その二つ目の命題は、「自己中心的ことばの運命にかんする命題」である。発生的観点に立つヴィゴツキーの自己中心的ことばへの独特のアプローチといえるものだ。自己中心的ことばは何から発生し、どこへ移行するのかという視点からそれを把握しようするのである。この観点からみるとピアジェの捉え方は、子どもの白昼夢的思想が消えていくように、自己中心的ことばも「消えていくことを期待する」ものという運命にあるというものだ。事実、自己中心的ことばは、七・八歳ごろにはゼロに近づく。その結果、ピアジェは自己中心的ことばが、「学齢期においてかんたんに死滅し、転覆し、消えさる」と主張するのである。以上のような機能と運命についての命題がヴィゴツキーの批判のターゲットにされるのである。

ヴィゴツキーは「自己中心的ことばの機能と運命についての実験的・臨床的研究を行った」（思、五七頁、以下同様）と述べている。「この研究は、われわれに関心のある過程を特徴づけるいくつかのきわめて重要なモメントの確認にわれわれを導き、子どもの自己中心的ことばの心理学的本性についてのピアジェが展開したのとは異なる理解にわれわれを導いた」とも述べている。この研究では「きわめて重要なモメント」の確認がされたこと、「ピアジェの展開したのとは異なる理解」を可能にしたというものなのだ。この研究は一九二九年ニューヘブン（アメリカ）で開催された第九回国際心理会議で報告されているという注がつけられている。ここで、ヴィゴツキーは重要なモメントを指摘していく。それは基本命題にかかわったモメントなのだ。もう一度確認すると、自己中心的ことばは子どもの行動においてなんらの機能を果たさないということ、これが機能。運命は学齢期に消え去るということだ。

ヴィゴツキーたちが見出した結果はどうだったのか。かれはピアジェとは異なり、このことばは「きわめて早くからかれの活動においてきわめて特有の役割をはたしはじめるという結論にわれわれを導いた」（思、五八頁）というものである。ピアジェはなんら機能を果たさないとする。ヴィゴツキーはそれに対してどういう機能を見出しているのか。彼の記述から引用することにする。実験状況は省略して進める。自由に絵を画かせるなかで、色鉛筆・絵・絵具など手もとにないようにして困らせるようにした場面の設定である。そうすると自己中心的ことばが増大したという事実がみられた。「われわれの自己中心的ことば、すなわち、言葉で状況を意味づけ、やり方をきめ、すぐつぎの動作を計画化する試みは、わずかでもいままでとくらべてやや複雑な性質の状況における困難に対する応答として生じる」（思、五九頁）と述べる。困難な場面に直面すると、動作を計画化するようなことば、つまり、自己中心的ことばが出現するというのだ。これらのことから、ヴィゴツキーは自己中心的ことばの機能に思考の手段、すなわち、行動のなかで生じた問題解決のプランを形成するという機能を遂行すると記述している。だから、ヴィゴツキーは描画の際に生じた自己中心的ことばを総括するように、「偶然によび起された子どもの自己中心的発言は、それを基本的メロディの進行には介入することのないたんなる伴奏、子どもの活動のたんなる副産物と考えることをまったく不可能とするほどに、子どもの活動の全行程ときわめて明瞭に結びついており、かれの絵画活動の転換点をはっきり示したり、状況や困難の自覚・出口の探求・その行動の全工程を決めるプランや新しい目的の作成を明瞭に語っていた」（思、六〇頁）と述べるのである。単なる伴奏ではなく、しっかり問題解決のプランの機能を果たすというのがヴィゴツキーの見解なのだ。ピアジェのいう機能とは異なる機能を見出したというのがヴィゴツキーである。

次に運命についてである。ヴィゴツキーは、機能を再検討することと、自己中心的ことばが学齢期に消滅するという事実の解釈にかんする問題とは相互に依存していると述べる。機能と運命とは結びついているというのだ。そこでヴィゴツキーは仮説を立てる。『思考と言語』のなかで頻繁に繰り返される仮説である。それは、「自己中心的ことばを外言から内言へのことばの発達における過渡的段階にあるものと考える仮説」（思、六一頁）なのだ。これについてヴィゴツキーは自分自身以下のように評価を与える。「ピアジェ自身の理論的見解はともかく、かれの研究した多くの実験的資料、それにわれわれ自身の研究は、われわれが述べた仮定―それはもちろん、仮説にしかすぎないのではあるけれど、子どものことばの発達にかんしてわれわれが今日知っていることから全体を見て、科学的にもっとも根拠のあると思われる仮説である―に有利なことを物語っている」（思、六二頁）。このあと、大人の内言と子どもの自己中心的ことばとの共通性、構造的特質、内言への進行が述べられる。これらはこれ以上触れないでおこう。

この上に立ち、ヴィゴツキーは、重要な結論へと移行する。それらを引用しておこう。「事実的研究が示している基本的結果を総合してみるならば、……ピアジェの、子どもの自己中心的ことばを子どもの自己中心性の直接的表現として見る立場を、決して確認するものではないということができよう」（思、六三頁）。「内言およびその機能的特質の発達と、多分、直接に関連している自己中心的ことばの知的機能は、決して子どもの思想の自己中心性の直接の反映ではなく、適当な条件のもとでは、きわめて早くから子どもの現実的思考の手段となるということを示している」（思、六四頁、以下同様）。「しかし、われわれの実験は、自己中心的ことばと思考の自己中心性的性格とのあいだには、なんらの関連も存在しないの

自閉性 ――――――→社会化されたことばへ
白昼夢的想像 ――――――→諸関係の論理へ

図 3-1

かもしれないことを示したのである」。このように述べながら、最後の結論は、「このようなわけで、自己中心的ことばの事実とこの事実から出発した子どもの思考の自己中心性の承認とのあいだの直接的結合は、実験的批判に耐ええないものである」。つまり、自己中心的ことばは、思想の自己中心性の表現とは認められないというのが、結論なのだ。このようにして、自己中心的ことばの機能と運命を述べ、四は終わる。

自己中心的ことばと内言の発達（五）

見出しは訳者がつけているので、内容と異なることを断って始めよう。この項では、子どもの思考の発達の基本線についてピアジェの理論にたいしてヴィゴツキーの理論を対置し、特に、思考の発達の出発点にたいするピアジェの学説を無根拠であると主張しながら、子どもの思考の発達の見通しを間違って描いてしまったという結論を導いて終わる。ヴィゴツキーのこの考察の背景には文化 - 歴史理論が反映していることがうかがえる。

まず、ピアジェによる子どもの思考の発達の基本線をみてみることにしよう。それを図化すると上のようになる（図３ - １）。

「子どもの思想の歴史は個人的・自閉的モメントがじょじょに社会化していく歴史であった」（思、六六頁、以下同様）。「社会的なことばさえその発達史においては自己中心的ことばに先行するのではなくて、後を追う」。

社会的ことば ──────→ 自己中心的ことば ──────→内言

図 3-2

これがピアジェの基本線である。これに対置してヴィゴツキーはいう。「われわれが出した仮説の見地にたてば、子どもの思考発達の基本線は、これと異なった方向に進む」。ヴィゴツキーの仮説はどのようなものか。図化しておこう（図３‐２）。

この図については以下のような説明を引用しておこう。まずは、ことばの最初の機能についてである。「ことばの最初の機能はコミュニケーション・社会的結合の機能であり、大人の側からせよ、子どもの側からにせよまわりに働きかける機能である。だから子どもの最初のことばの機能は純粋に社会的なものである」（思、六七頁、以下同様）。「成長の過程でのみ、多様な機能をもった子どもの社会的ことばは、個々の機能の分化という原則にしたがって発達し、ある一定の年齢で、自己中心的ことばとコミュニケーション的ことばにかなりはっきりと分化するようになる」。次は内言の発生についてである。「これら二つのことばの形式は、われわれの仮説の見地からするとともに社会的なものであり、ただ異なる方向に向いたことばの機能にすぎない」。「自己中心的ことばは、この仮説にしたがえば行動の社会的形式・集団的協同の形式が子どもによって個人的精神機能の領域へ運び移されるという社会的過程を基礎にして発生するのである」（思、六七‐六八頁）。「子どもの社会的ことばからむしり取られた自己中心的ことばを基礎にして、その後、ときには自閉的であり、ときには論理的でもあるかれの思考の基礎となる内言が発生する」（思、六八頁、以下同様）。「したがって、ピアジェの記述した子どものことばの自己中心性のなかに、われわれは、発生的関係からいって外言から内言への移行のきわめて重要なモメントをみるように思う」。以上の引用から図化が理解できよう。ヴィ

①外言――→ささやき――→内言
②外言的自閉的思考――→自己中心的ことばと自己中心的思考――→社会化されたことばと論理的思考

図 3-3

ゴツキーは文化 - 歴史理論の立場から子どものことばは、最初は社会的、そのあと、分化し、自己中心的ことばとコミュニケーション的ことばとなり、さらに、この自己中心的ことばが内化して内言になるとしているのである。だから、ヴィゴツキーはいう。「自己中心的ことばは外言から内言への過渡的形式である」と。

そこで、前述の図を上の二つの図化と対峙させる。①はワトソンの図化であり、②はピアジェの図化である（図3 - 3）。

ヴィゴツキーはこのように思考の発達路線の二つの図化を提示するが、本項では考察の対象にするのは②だけである。①については『思考と言語』第四章で取り上げられている。この場面では、これらに共通するもの、つまり、媒介項の設定、ワトソンにおいては、外言と内言を媒介するささやき、ピアジェにおいては、自閉的思考と社会化されたことばを媒介する自己中心的ことばのような媒介項の設定という方法論の共通性を指摘するだけである。ヴィゴツキーはこの媒介を介して移行するというかれらの方法論を高く評価しているのである。ヴィゴツキーにも共通する方法論でもある。

このあと、自己中心的ことばはピアジェにあっては個人的なものから社会的なものへの過渡的段階、ヴィゴツキーにあっては社会的ことばから個人的ことば（そのなかに自閉的言語的思考も含む）への過渡的段階という違いがみられると対比し、自己中心的ことばの位置づけの違いを明確化するのだ。これらの考察からそれらを総括するかのように二つの点を指摘している。

一つは、出発点に何を置くかである。それによって全光景が違ってみえるということ。二つ目は、それの具体例としてピアジェの思考の発達路線とヴィゴツキーの路線との違いによってみえてくる光景の違いである。

ピアジェの思考の発達路線もヴィゴツキーの路線も既に記述しているので、これくらいにしておく。また、著書『思考と言語』のなかで繰返し述べられるのであるのだ。このように整理した上で、ヴィゴツキーはピアジェに最後の判決を言いわたす。思想の発達史における最初の段階は自閉的思考であるという基本命題は、一ピアジェ心理学説の概要のなかでその無根拠性を明らかにした。そうすると、前頁上の図の②も無力になる。このようになると「子どもの思考の見通しおよび基本的方向」（思、七〇頁、以下同様）も間違って描かれているという結論に到達せざるを得ないとするのである。その上で、最後に「子どもの思考の発達過程の真の運動」はとして以下のようにいう。「個人的なものから社会化されたものへではなく、社会的なものから個人的なものへと進む」。そして「これがこの問題に関する理論的ならびに実験的研究の基本的総括なのである」とするのだ。

ピアジェの自己中心性理論の批判（六）

この項の始めでは、ピアジェの理論における子どもの自己中心性にかんする観念についての検討の結果、つまり、一～五の要点を総括する。これは重なるので省略する。この総括の最後の文章で重要なことが述べられる。「われわれが到達した結果をいくらか一般化してみる」（思、七一頁、以下同様）という目的が述べられるのである。この一般化とは何か。それはヴィゴツキーがいうには、「われわれの批判の指導的観念」に相当するものなのだ。この指導的観念という表現を時々使用している（第七章、一参照）。原語は руководящая идея である。個別的問題を検討する際に、それを主導するための観念または理念というようなものであろうか。この場合、ピアジェ理論における自己中心性批判を主導する理念となるものである。それで、ヴィゴツキーが提出するそのようなものを基本命題と呼び、それに二つをあげている。第一の基本命題となるものをかれは定式化している。それは次のものである。欲求の満足の概念と現実への適応を対立させるのでなく、発達理論の観点に立って欲求の満足と現実への適応を統一させて捉えるというものである。ヴィゴツキーはそれを次のようにまとめる。

①われわれは精神分析およびピアジェの理論における思考の二つの異なる形式にかんする問題の立てかたそのものが間違っている

②欲求の満足を現実への適応に対立させてはならない

③子どもの思考を動かすものは自分の内的欲求を満足させようとする衝動かそれとも客観的現実に適応しようとする衝動かと問うようなことはしてはならない

④欲求の概念そのものが、その内容を発達理論の観点から解明するときにはそれ自身のなかに、欲求は現実への一定の適応を通じて充たされるという考え方をふくんでいる

ヴィゴツキーの指導的観念とは何か。それは④に述べられていることだ。欲求の概念と現実への適応を対立させるのではなく、欲求は現実への一定の適応を通して充たされるという考え方をとることである。だから、ヴィゴツキーは次のようにも述べる。「内的欲求の充足の機能を遂行する思考のある形式と、現

実への適応を遂行する他の形式とを対立させることは、それ自体まったく意味のないことだからである。欲求と適応とはそれらの統一において眺めなければならない」（思、七二頁、以下同様）。欲求と適応との統一という第一の基本命題からみたとき、ピアジェの理論はどう映るのか。それに向かうため、ヴィゴツキーはピアジェの二つの指摘を取りあげている。その一つは、フロイトから充足の原理を借り、それに「第一動因―あらゆる精神発達の主導力―にまで転化した充足の原理の形而上的全体を借りた」とみなすものである。現実性の原理に先行するものとして充足の原理を借りただけでなく、それに自主的生命力をもつ根源も一緒に借りたというのである。それは、ピアジェが二巻目の著作で述べているとして示している。それは以下の記述である。「精神分析の功績の一つは、それが〝自我〟にとって充足が唯一の原動力であるがゆえに、自閉性は現実への適応を知らないということを示した点にある。自我的思想の唯一の機能は、要求や興味にたいしてただちに（無統制に）充足を与えようとする志向、現実を〝自我〟に適合させるために現実の変形をおこなうことである」（推理、二六二頁、『思考と言語』の訳を優先）。満足や欲求を現実への適応から切り離し、それを形而上学的原理の高位にまで高めたとピアジェを評するのだ。他方で、このことは、思考の他の形態―現実的思考―を現実的欲求や興味・願望から完全に切り離されたものとして、純粋思考として考えざるを得なくしたともいう。

ヴィゴツキーにとって念頭にあるのは、現実の子どもの思考過程である。彼にとって子どもの思考は欲求・願望・興味と結びついた思考である。それが現実の子どもの思考なのだとするのがヴィゴツキーのいう欲求と適応の統一から捉えた思考なのだ。だから、ピアジェがいう現実的思想とは異なる自閉的思想の特徴をあげながら、「それは、真理の確立にではなく、欲望の満足につとめようとする」（思、七三頁、中心、五三頁）というとき、ヴィゴツキーは、現実の子どもの思考を念頭に浮かべ、「果たして実際的欲求とは絶対に無関係に真理そのもののために真理を確立することにのみつとめるような思想（ここでは、子どもの思想を問題にしているのだということを考えてもらいたい）があるだろうか」（思、七三頁、以下同様）と疑問を呈するのである。ヴィゴツキーには、常に「子どもには、俗世的なもの、欲求・願望・興味などから切り離された、純粋な真理のための思考は存在しない」という捉え方が根底に根づいているのだ。以上が一つ目である。

もう一つは、自己中心的ことばの機能の新しい側面を明らかにする上での指導的観念となるものである。ヴィゴツキーは「きわめて重要なモメント」（思、七四頁、以下同様）という言い方をしているものである。モメントという言い方をしているが、指導的観念となるものと思われる。それは何か。活動、実践なのだ。活動、実践の意義については、かれの「心理学の危機の歴史的意味」のなかのエピグラフで「建築家に一瞥もされなかった石が重要視されることになった」（危機、九三頁）と福音書の一文を使って強調した（第二章の最後の文にも使われている）。自己中心的ことばの実験の際にもこの観念が使われている。「われわれは子どもの自己中心的ことばが、現実から、子どもの実際活動から、現実的適応から遊離したものではないことを知った」とヴィゴツキーがいうなかにそれが表れている。自己中心的ことばは子どもの行動の企図や計画の形成の役割を果たしていた。実際的活動のなかでこのことばは知的機能を果たしていることを明らかにしている。ことばと現実、ことばと実践の結びつきのなかでことばをみていくことで新しい側面を明らかにできるというのだ。次の文を引用して六を終えることにしよう。「活動、実践―まさにここに、自己中心的ことばの機能の新しい側面を明らかにし、月の裏側のように、これまではたいてい観察者の視野の外にあった、子どもの思考の発達におけるまったく新しい側面を全面的に明らかにすることを可能にする新しいモメントが存在するのである」（思、七四 - 七五頁）。活動、実践の強調が二つ目なのだ。この二つ目の路線上で著されるのが『道具と記号』の第一章（邦訳『新児童心理学講義』所収）なのである。

結論（九）……ヴィゴツキー心理学の創造への道

九は、初期ピアジェの心理学および哲学の批判の総括になっている。しかし、単なる総括ではない。ピアジェ心理学の弱点をあげつらうのでなく、その理論に対比するかのようにヴィゴツキー心理学の創造への道を述べているようにとれる。筆者はこの部分をそのように読み解くものである。一九三二年頃、ヴィゴツキー心理学は出来上がっていただろうし、さらに先に歩み出そうとしたとも思える時期なのだ。

結論は二つの部分からなっている。前半と後半である。前半は基本的な理論であり、後半はピアジェ理論の有効性への制限についてである。前半から述べていこう。前半では二つの事柄が述べられる。一つ目は、ピアジェの思想全体は、自己中心的ことばの検討の際に述べた二つのモメントの欠如が、それにもあてはまるということだ。二つのモメントの欠如とは、現実性の欠如と、子どもの現実にたいする関係の欠如、つまり、子どもの実際的活動の欠如である。ヴィゴツキーには子どもは現実のなかで生きているという思想が根底にある。だから、ピアジェにおいては「子どもの思考の社会化そのものが、実践のそとで、現実と切り離して、思想の発達をもたらす精神の純粋な交流として検討されている」（思、九〇頁、以下同様）

とするのである。これを一般的に定式化したのが次の文章である。「このように論理的思考ならびにその発達を、現実から完全に切り離された純粋な意識の交流のなかから、子どもの現実の獲得に向けられた社会的実践をぜんぜん考慮することなしに導き出そうとする試みこそが、ピアジェ理論構成全体の中心点を構成するものなのである」。思考が、実践と全く切り離されているというのがヴィゴツキーの主張である。子どもの場合でいえば、実際的活動と切り離されているのだ。ここでは交流と活動の統一を根底において述べられている。ピアジェは、子どもがいっしょに何かの物を手でもって遊んでいるときにはかれらはお互いに理解する。身振り、表情などをそれがともなうから理解する。では行動することなく話しているときお互いを理解するだろうかと問う。これは重要な問題だという。というのは大人の思想への適応と論理的思想の学習が必要だからだ。そしてピアジェはこの問いに否定的な解答を与えるとヴィゴツキーはしている。「特別の調査に基づいてかれは子どもたちは、言語的思考やことばそのものはお互いに理解しえないと述べている」（思、九一頁）と。ここにこそヴィゴツキーはピアジェの弱点を見出すのである。行動と言葉の分離、思考が行動から派生するという事実の無視を指摘するのだ。ピアジェは自らの著書で、行動の論理が思考の論理に先行するということを度々述べながら、しかし、やはり、思考と行動が切り離されているという。こういう見方からは子どもの現実的な内容のある思考は見失われてしまう。行動から思考の派生を一貫せずにいたピアジェにたいして、ヴィゴツキーは一貫しようとするのである。

もう一つは、原文では二〇数行しか書かれていないのだが、極めて重要なことなのである。それはピアジェの研究において発達の観念そのものが姿を消しているとヴィゴツキーが指摘する点である。「それゆえ、因果性の法則を発達の法則におきかえようとするピアジェの研究において発達の観念そのものが姿を消している」（思、九二頁、以下同様）。ヴィゴツキーがいうには、ピアジェにあっては、論理的思想が子どもの思想からどのように発生し、発達するかをみるような形で、論理的思考と子どもの思考を結びつけようとはしないという。子どもの思考がどのように発生し、発達して論理的思考になるかという発達をみようとはしないというのだ。では、それにたいしてどのような見方をとるのか。発達的な見方に代えて因果関係をみようとするのだ。原因‐結果の単純な関係としてみるのである。そこから導き出されるのは、有用でないのが有用ものに変わるという関係である。子どもの思考の特質、自己中心的思考はいらない。有用な論理的思考が不必要な子どもの思考を押し出し、子どもの精神的実体に根づき、変形していくことだけなのだ。子どもの思考のあらゆる特質は無関係な全体か、それとも独特の論理を構成するものかという問いにたいしてピアジェは「おそらく、真理は中間にある。子どもは自己の独創的な知的構造をあらわす。しかし、その発達は偶然的な事情にしたがうのである」（推理、二二〇頁）と答えるのである。これについてヴィゴツキーは、「知的構造の独創性は、子どもの本質そのものに根ざし、発達の過程で発生するものでないという思想を、これ以上簡潔に率直に表現することはできないだろう」と断定する。そして、続けて、ヴィゴツキーの真骨頂が表現される。「発達は（ピアジェにとって―筆者）自己運動ではなく、偶然的事情の論理なのである。だが、自己運動のないところには、深い真の意味の発達は存在しない」。ここにヴィゴツキーの発達観が表現されているのだ。かれの見解は、あるものが他のものから発生するという論理であって、あるものが他のものを押しのけるという論理ではないのである。それが発達の観念を根底にするというものだ。ヴィゴツキーの心理学を創造する原理になっていることの表明とみることができよう。以上が前半である。

後半はピアジェ理論にたいする有効性の制限についてである。二つの本質的修正が必要であるとする。その一つは、ピアジェの見出した子どもの特質の影響のおよぶ範囲を限定する必要性である。ヴィゴツキーがいうには大人でも、経験が及ぶところでは論理的に考えることができるとしても、経験の及ばないところでは混合主義的に思考することがあると推量する。子どもも当然そのようになる。月はどうして地球に落ちてこないのかとたずねるとピアジェが見出したような答えになる。しかし、石につまずいた子どもになぜころんだのとたずねると、当然に混合主義的な解答はない。このようなことからヴィゴツキーは決定的な判断を下す。「子どもの混合主義の範囲は、子どもの経験によって厳密に規定される」（思、九三頁、以下同様）と。この混合主義は普遍的ではなく、制限されるものなのだ。これは経験の及ばない領域ではたらく思考であり、経験のなかでは生じないといえるのだ。だから、経験によって規定されるとみなすのである。ヴィゴツキーはピアジェと異なり、この混合主義そのもののなかにも将来の因果結合の萌芽の存在の承認の必要性を主張するのである。これが一つ目の修正である。次に二つ目の修正では、「子どもには経験が不浸透であるという命題がドグマになっている」というものである。子どもには経験は不浸透とはどのような意味か。子どもの経験は真の実践ではないということを意味している。これをピアジェは原始人の思考を例にして説明している。原始人は特殊な技術的分野、つまり、農業・狩猟・生産の分野でのみ、合理的に思考する。しかし、他の分野にまでそれは及ばない。ピアジェはいう。「このような現実との束の間の、部分的接触では、かれの思想の全体的方向に影響をおよぼすことはない。同じことは子どもにもいえるのではないだろうか」（思、九三頁、推理、一二三頁、『思考と言語』の訳を優先）。だから、子どもについてもピアジェはいう。「子どもは実際、決して事物とは真の接触をたもつことはない。なぜなら、子どもは労働しないからである。子どもは物をもてあそんだり、信じたりするが、それを研究することはない」（思、九四頁、前掲書、一二三頁）。子どもの経験は真の実践ではないというのがピアジェの理論の中心点になっているのだ。ヴィゴツキーはそれにたいして、原始人の例をとり、農業・狩猟・生産は束の間の部分的接触ではない。それらは「まさに原始人の生存の根底そのもの」（思、九四頁、以下同様）だという。生活を支える実践活動だからであるがゆえに、合理的に思考するのだとする。それと同じように、子どもも「物をもてあそんだり、信じたりする」なかに実践活動をみ、経験の不浸透を否定するのである。実践的活動と合理的に思考することとが結合するという見方を取らねばならないという修正である。これは六のなかでも述べられている。

最後には、ピアジェの心理学説を通して現代の児童心理学の課題とでもいえる問題を述べて終わっている。それをまとめてこの項を終わることにしたい。一つには、子どもの特質の法則性と社会環境の関係の問題である。ピアジェが明らかにした法則性、かれが発見した事実は、普遍的意義をもつものではなく、ある限られた意義しかもたない。それらはこれこれのところでは、ある一定の社会的環境では真実となる。「自然の永久の法則ではなく、歴史的・社会的法則である」というものである。ピアジェもそのことは理解していたのであろう。ロシア語版への序文（ヴィゴツキーのこの論文が掲載されている訳書に所収された）でも「ジュネーヴの子どもの社会的環境というようなただ一つの社会的環境のなかでのみしごとをするときには子どもの思考における個人的なものと社会的なものとの役割を正確に確かめることは不可能である。それをするためには、きわめてさまざまの、できるかぎり多様な社会的環境で子どもを研究することがどうしても必要である。」（思、九五頁）と述べているのである。二つ目には「ピアジェの子どもとは異なり、労働している子どもにおける思考の発達を研究することは、そこここだけで意義をもつ法則を樹立するのみでなく、一般化をも可能にするような重要な法則性の確認に導く」（思、九六頁、以下同様）だろうとする。「労働している」子どもとは、どういうことなのだろうか。これは先にみた子どもには経験は不浸透であるというピアジェの思想への反論にあたるものであろう。「子どもは物をもてあそんだり、信じたりするが、それを研究することはない」として事物との接触を拒否したピアジェとは異なり、このような子どもの活動も、実際的活動の一つであると捉え、経験が不浸透であるという命題を拒否しているのだ。子どものこのような活動のなかからことばが発達し、思考が形成されるというのがヴィゴツキーの捉え方といえよう。子どもには経験が不浸透というのではなく、経験を通して、言葉の役割、思考の形成をみていこうとするのがヴィゴツキーであるといえるのだ。

そこでヴィゴツキーは結論として述べることは、このような見方をするためには「児童心理学は根本的にその基本的方法論を変えなければならない」ということである。ここでヴィゴツキー心理学が、ヴィゴツキーの得意の詩的表現で表されている。最近の児童心理学はフォルケルトの言葉によれば、「永遠の子どもの原始的統一性」を讃美している（注）。フォルケルトだけでない。現代の児童心理学の基本的傾向は永遠の子どもを明らかにする願望に貫かれているようだと。これにたいしてヴィゴツキーの心理学は、永遠の子どもではなく、「歴史的な子ども、あるいはゲーテの詩的な言葉を使用すれば、束の間の子どもを明らかにすることにある」。永遠の子どもではなく、現実の子ども、現実に生活する子どもの事実こそ明らかにすることが課題なのだとするのである。その際、「心理学の危機の歴史的意味」のエピグラフにある「建築家がものともしなかったような石を重要視しなければならないのだ」（危機、九三頁）と。

（注）ヴィゴツキーは、ゲーテが『ファウスト』の最後で、われわれを引き上げる永遠なる女性を讃美すると述べているが、それは以下の通りである。
「神秘の合唱　移ろうものはみなたとえにすぎない。地上で力およばなかったことがこの天上でできごととなり、名状しがたいものがここに成しとげられた。

永遠の女性がわれわれを引きあげて行く。」（ファウスト）

付録『思考と言語』英訳（一九六二）に際してのピアジェの「若干の意見」について

ピアジェの「若干の意見」（以降、意見と略）は一九六二年英訳されるに際して訳者から求められた際に書かれたものである。英訳書に付録として挿入された。当時世界的な心理学者であるピアジェの「意見」が付いているということで一躍ヴィゴツキーを世界の学者が注目するという出来事であった。それにはこの「意見」にもあるルリヤの役割も大きいようである。この「意見」以外にも、『言語と思考』の第三版（邦訳『児童の自己中心性』）で新しく追加した第二章に、ルリヤの説（それはヴィゴツキーの説）としてルリヤの名があげられているぐらいであるからだ。この無名の一心理学者であるヴィゴツキーへの著書にはこの「意見」は異例というほかない。この「意見」はフランス語版、英語版、ロシア語版がある。日本では、柴田義松訳『思考と言語下』（一九六二）の訳者解説のなかでこの「意見」について触れ、「英訳が出版されたとき、それの附録として出されたピアジェ自身のヴィゴツキーの批判にたいする『意見』は大変参考になる」と記し、これを詳しく紹介している。勝田守一も『能力と発達と学習』（一九六四、雑誌『教育』に掲載した論文をまとめたもの）のなかで、この「意見」に注目し、ピアジェとヴィゴツキーの説の違いを論じている。これらは英文からであり、日本語への全訳はされていなかったが、一九八七年、平光昭久「ヴィゴツキーのピアジェ批判（一九三四）に対するピアジェの『若干の意見』」（金沢大学教育学部紀要第三六号）という論文のなかで、ほぼ全訳を行っている（注）。平光はヴィゴツキー寄りになるより、ピアジェの立場を擁護するという立場からこの「意見」をみたいということが趣旨になっている。

（注）ヴィゴツキー学協会主催の研究集会参加の横関さん（滋賀県）から送信を受け、全訳のあることを知った。

九〇年代になり、アメリカでヴィゴツキーの再評価が勃興し、日本でもヴィゴツキーに関係する書物や翻訳が続々出版されるようになる。その主流は社会文化的アプローチ、外国語教育や情動理論になり、ピアジェは陰にかすんでいた。二〇〇六年、柴田義松が『ヴィゴツキー入門』を出し、前掲の論文を元に「意見」に触れ、ヴィゴツキー解釈の一助にするのに復活させている。神戸を拠点にしてヴィゴツキー学協会が一九九九年発足し、ヴィゴツキー研究を専門に活動を続けている。一九六〇年代のヴィゴツキー研究にはあまりにも資料不足であった。一九八〇年代六巻本が出版され、当時欠けていた不足を埋め合わせる翻訳や、ヴィゴツキー像を深めてきている。そのなかで二〇一二年神谷栄司がこの「意見」を復活させている（「ピアジェのヴィゴツキー理解について、あるいはコメンテールのコメンテール」『京都橘大学研究紀要』第三八号）。六〇年代と同じでは、進歩がないわけで、深まったヴィゴツキー像からピアジェに納得させていけるかどうかということからこの「意見」に接するのがこれからの立場ではないかと思う。

本章との関係でこの「意見」をみるとき、関係するのはⅠ、Ⅱのうち、Ⅰ「自己中心性」と「自己中心的ことば」である。自己中心的ことばでは、ほぼ両者では合意しているわけであるので、ここでは触れないことにする。両者の違いは自己中心性である。ピアジェは「意見」のなかで誤解を生む表現であったといいながらも、自己の主張は正しいと述べ、「中心性」といった方がよかったと自己の主張を擁護している。本付録では自己中心性についてのみ、ヴィゴツキーがなぜピアジェの説を批判しなければならなかったのかを、前述の本章と重なる部分があるが、ピアジェの「意見」の訳をみながら述べていきたい。その際、平光訳、英訳、ロシア語訳（Ⅰの訳は存在するが、Ⅱは未訳）を対照し使用する。その前に二つのことを先に述べておきたい。その一つは、ヴィゴツキーの「ピアジェの心理学説における子どものことばと思考 - 批判的研究」（以降、研究と略）はヴィゴツキー編によるピアジェの二巻本の翻訳に所収されたことと関係しているものである。この「研究」は一九三二年頃書かれている。その時点でのヴィゴツキーの学説の完成度についてである。一九九四年ヴィゴツキー編のピアジェの復刻本である『子どものことばと思考』（ルーコヴ他編）のこの「研究」への注では「一九三二年の時期ではヴィゴツキーの構想は基本的に完成しており、ヴィゴツキーの指導のもと弟子たちと行った実験結果が、ピアジェの実験結果やかれの結論への興味をかりたてた」とし、「『思考と言語』の出版に際して、著しい変更を加えることなく、一つの章として挿入し、使用した」とも説明している。これにつけ加えるなら、かれの一九二八年『学童の児童学』の著作の時点からピアジェの自己中心的ことばに注目し、この頃から、内言への過渡的形式であるとみなしているので、ピアジェへの関心ははるか以前から、関心をもっていたことがうかがえるのである。とはいえ、完成度については編者の指摘通りと思える。もう一つは、ピアジェがつけたロシア語版への序文についてである。一九三二年ロシア語訳『子どものことばと思考』の序文として書かれている。この序文は、出版に当たって付した序文とは別に、ロシア語訳につけられた序文である。ルーコヴラによる復刻本に付録として挿入されている。編者がヴィゴツキーであることを知らずに書いたとすると、一九六二年、約三〇年後「研究」とともに、それを知ることになるのは誠に歴史のいたずらとしかいいようがない。

ヴィゴツキーは自らの実験から自己中心的ことばは内言への過渡的形態であるという仮説をこの時点で検証していた。「研究」のなかにおいて一九二九年ニューヘブンで開催された第九回国際心理学会議で報告したと注記されている（ヴィゴツキーは健康上の理由から出席せず、ルリヤが報告したとヤロシェフスキーが記している）。ヴィゴツキーが子どものことばに眼を向けるのは、児童学にかかわるようになってからであろうと予想できる。それ以前、『芸術心理学』を完成させるに際して、言葉を対象にしていたであろうが、それは芸術の対象としての言葉で、子どものことばではなかった。『思考と言語』第五章はサハロフの実験、第六章はシフの実験と年度が明確にできるのだが、自己中心的ことばの実験については今のところ年度や人物がしるされた記述は見当たらない。一九二八年の『学童の児童学』（『ヴィゴツキー学』別巻第3号に訳がある）にはこの仮説が明確化されているので、それ以前ということになる。一九二六年の『教育心理学』には登場しないことからすると、一九二四年心理学研究所に招聘されてから一九二八年の間で実験されたであろうことが予想できる。

さて、この仮説が検証されたとすると、ピアジェの自己中心性は一掃される必要がある。ヴィゴツキーは、比較心理学の分析から系統発生において知能とことばは分離していて、それらが人間の発生になり統合し、言語的知能、知能的言語に転化してきたこと、個体発生において始めは分離していて、その後統合することを突きつめていた。ピアジェにおいてはどうか。思考とことばの統合はよいとしても、自己中心的ことばと自己中心的思考が統合するという捉え方はヴィゴツキーにとって決して許容できるものではない。自己中心的思考、つまり、自己中心性はどこから生まれ、どこへ行くのかの分析を試みたのが自己中心性批判になったと考えられる。そこで、ヴィゴツキーは、ピアジェが影響を受けたかれの師ブロイラーの自閉的思考、精神分析学の祖フロイトの快楽の原則にさかのぼり、自己中心性の出処を究明し、その正体の解明に努めた。これらは本章の（一）、（三）、（六）で説明したことである。これだけ説明しておいて「意見」に戻ることにしよう。この精神分析学からの影響についてピアジェは、共通性を強調しすぎたと、ヴィゴツキーに同調する。そうするなら、自己中心性を破棄するかというと、そうではない。ピアジェは、精神分析学の殻を脱ぎ捨てるだけで、自己の主張を「認識の自己中心性」を指していて、それはある視点に固定されて、全体がみられない状態―中心化で、子どもが絵を画くとき、自分の視点から画いて、人形の視点で画けない状態を、つまり、脱中心化できない状態をさしているのだということで自分の主張を擁護している。ヴィゴツキーが行った白昼夢的、自閉的思考と社会的思考との間に位置づく自己中心的思考とするピアジェの思考論の発生的分析の意味は通じずじまいで終わっている。この点でいうと、ピアジェは精神分析的殻から脱してはいてもヴィゴツキーの発生的分析とピアジェの操作主義は平行線のままである。「類似を強調した理由としては」としてピアジェは述べている。「私はそれを強調した理由は、そうした類似点は、子どもの象徴あそびの発生的起源に光を投げるように思えるからなのである。この象徴あそびの中には人はしばしば『対象をもたない自閉的思考』をみることができるし、この思考をブロイラーは語っているのである」（平光訳、九一頁）。やはり、ピアジェのなかには精神分析学の影響から脱しられえないようだ。ヴィゴツキーの洞察は確かなのかもしれない。

ピアジェは、ヴィゴツキーと解釈を異にするというもう一つの重要な点があるとする。それは上述した解釈の自己中心性（中心性）に関係しているところだ。ピアジェは、初期のことばの機能は、未分化な全体としてコミュニケーション機能であり、のちになって自己中心的ことばと本来のコミュニケーションことばとに分化するというとき、ヴィゴツキーと一致するとしている。「これら二つの形のことばは、ひとしく社会化されており、ちがいはただ機能のちがいにすぎない、とヴィゴツキーが主張するとき、私はかれの考えに賛成していくことはできない」（平光訳、九四頁）とする。つまり自己中心的ことばは本来の社会化されたことばとはいえない。ピアジェの「社会化されたことば」とは脱中心化したという意味で、自分に向いていることばは脱中心化していない。自己中心的ことばも社会的であるというのには同意できないというのである。ヴィゴツキーの子どものことばの発達論はそもそも未分化な社会的ことばの時期があり、それから分化が始まり、自己中心的ことばの時期を介して、本来のコミュニケーションのための外言と、自分自身のためのことばとしての内言が分化していくというものである。つまり、ピアジェとは違い、社会的なことばから出発し、内化していくのがヴィゴツキーのことばの発達論である。自己中心的ことばはその途中段階にあることばなので社会的なものと個人的なものの融合体であるのでその点からすると社会的でないというのはおかしいのだ。だから、接触は社会的でないというのは「社会的な」をあまりにも狭く解釈し過ぎるのである。ヴィゴツキーはピアジェが「社会化」というが、それは事実にあわないとも本文で指摘していることである。操作主義の立場にたち、操作に還元するピアジェとは平行線である。ヴィゴツキーの場合、ことばの発達の概念段階になって自己と他者が分化する。複合的段階では自己と他者はまだ未分化である。この未分化は発生的視点から社会的という他にはいいようがない。

「意見」はこのように、ピアジェがいうように「イエス」でもあり、「ノー」であるというのは本当のところだ。しかし、大学者ピアジェが尊敬の念をもってこのような真摯な「意見」を示したことは、ブルーナーなどの力添えがあったとしてもヴィゴツキーを世界的な学者に認めさせることになったのは間違いがない。

二　シュテルンの心理学説におけることばの発達の問題（第三章）

はじめに

本節は『思考と言語』第三章シュテルンの心理学説におけることばの発達の問題を説明することに充てたい。第三章はその元になった論文がある。このことは著者序文では触れられていないことである。それはシュテルンの著書『子どものことば Die Kidersprache』（一九二八）への書評である（原題「クララ・ウイリアム、シュテルン『子どものことば』」第四版、ライプチヒ、一九二八）。『自然科学とマルクス主義』一九二九、第三号に掲載されている。この雑誌の同年の第一号には『思考と言語』第四章の元になった論文が掲載されている。本書評の注に第一号の論文を参照とある。そういう意味ではこれらは理論的に同系列の論文ということになるであろう。

日本ではシュテルンについてよく知られているとはいえないので辞典の解説をみることから始めよう。「シュテルン（一八七一 - 一九三八）、ドイツの心理学者。心理学と哲学の両方に関心をもち、これらを統一しようと努力した。『個体的差異の心理学、一九〇〇』という本を出版し、それまでの心理学はすべて「一般心理学」であって、だれにも通ずる法則を求めようとしたのに対して、個人の差異を研究する必要を主張した。彼は「差異心理学」の方法によっても、ほんとうのパーソナリティ（人格）、すなわち分かつことのできない（ひと）（person）を直接に理解することはできないと考えた。彼の「人格主義」、《人格主義心理学》は、この考えを土台にして発展したものである。……中略……彼は児童心理学にも関心を示したが、彼の夫人クララ＝シュテルンは児童心理学者として彼の協力者であった。なお、個性の発達が遺伝と環境の両方の協合によるという「協合説」または「輻輳説」はかれによるものである。」（心理学小辞典、一〇八‐一〇九頁）

日本では昭和六年、かれの『批判的人格主義の体系、人および物』の第二巻『人間的人格』（初版一九一二、一九二三）の翻訳が、『人格学概論』（渡辺徹、中興館）として出版されている。ことばの発達についてはみられない。

ヴィゴツキーに戻ることにしよう。シュテルンについて種々な論文でヴィゴツキーは論じている。代表的な文献である「心理学の危機の歴史的意味」（一九二七）、『高次精神機能の発達史』（一九三一）などにみられる。そんななかで、ことばの発達に関して速記録「一歳の危機」（一九三三〜一九三四）でシュテルンの理論について記述した箇所で次のようなことが書かれている。「このように、シュテルンの理論には、子どもの生活に実際に生じるある何らかの現実的なものを探り出したということを物語る一連のデータがあります。しかし、この理論は……まったく誤って解釈しているという反論があります。シュテルン自身に、私のこのような意見を述べなければならなかったことがありました。私はその答えとして、彼がすでにこの理論の構築以来、すなわち『子どものことば』（Die Kidersprache）という本を書いたときから、一連の思想がほかならぬ彼自身を動揺させてきたということを聞きました。反論の一部は、他の批評家によっても行われています。それゆえ、シュテルンは、自分の理論の修正に取り組んでいますが、私の反論で指示した方向ではなく、別の方向に向かっております。この点については後で述べましょう」（『新児童心理学講義』、七五頁)。この記述に出ている「シュテルン自身に、私のこのような意見を述べなければならなかったことがありました。」からかれとの交流がわかるのである。

『子どものことば』は一九〇七年に初版がでており、ヴィゴツキーの書評は一九二八年の第四版についてのものである。その間、二〇年あり、上述の交流の場面はその間のことであろう。この場面のことかどうかはわからないが、シュテルンに意見を述べたというのは事実であることを示すものがある。六巻本の第4巻『思春期の心理学』のなかのシュテルンにつけられた注においてである。それには次のように記されている。「……略……シュテルンは知覚の発達の問題を研究した。子どもによる絵画にもとづいて彼によって知覚(対象、行為、特徴、関係)の発達の段階が決定されている。ヴィゴツキーは、この問題の批判の実験研究を行った(『思春期の心理学』、一四九頁―筆者)。ザポロジェツの記憶によれば実験はモスクワへの訪問の時のシュテルンに示され、彼は批判に同意した」(六巻本の第4巻の注二七、四〇六-四〇七ページ、邦訳ではその部分が訳されていない)。「意見を述べるは」このような交流の一こまかもしれない。また、「私の反論で指示した方向ではなく、別の方向に向かっております」とある。この別の方向についての論評がシュテルンの書物への書評であったと推量できるのである。このような経緯のなかでこれが書き上げられたとして先に進もう。

第三章は本書評を元にしていると述べたが、『思考と言語』に入れるにあたり削除された前文がある。それを粗訳しておこう。

「新しい、ことごとく改訂された書物『子どものことば』の出版は、昨年中心理学者によって期待され、大きな興味をもたれた。これまでの出版は、初版の機械的な再版であったし、書物は、それが二〇年以上前に組み立てられ、構成された形で残された。一方、この書物は今まで、本質上、唯一のモノグラフであり、そのなかでは幼児期のことばの発達の過程が開始から完成まで連続的に追跡されているのである。過大評価を恐れずにいうとすれば、児童期のことばの発達の現代の学説は、何らかの程度でシュテルンの研究に支えられているということだ。しかし、書物は、年代的・共時的叙述のなかで二人の子どもの言語発達の歴史だけでなく、「子どものことばの言語学」、最も重要なこと、子どものことばの心理学を含んでいるということである。……略……

この書物の新しい出版は、それが、一方で、二〇年間の《科学の総括》を表しているということ、他方では、この二〇年間に子どもの科学において発生した変化の生きた直観的な尺度であるという状況を考慮するならば、全く独特な意味をもっているというのは、よく理解できることである。一九〇七年と一九二八年で同じ形式で同じ著者によって行われた総括を比較するものは、子どもの心理学の歴史的歩みについて生き生きした表象を得るのである。

序文で著者たちが述べていることは、新版は二〇年間の問題のすべての発達を考慮する可能性やこの間に蓄積された広大な文献をテキストで有機的に再改造する可能性を与えたということだ。人格主義の思想と発生的心理学の深化の方向における著者たち自身の理論的・方法論的見解の発達が書物の内的改造へ、時代遅れとなった場所の廃棄へとみちびいたのである。あれこれの結果として著者たちが期待を表すのだが、それは書物が、この問題の解決の現代の科学的知識の頂点、問題の現代的状態の頂点になる期待なのである。

書物の研究部分、事実的資料、大きな価値をもったその経験的基礎は、全然変更されていない。この資料は、新しい観察や交流などで部分的に補充されているだけである。新しい出版において外的補充は《子どものことばの特殊的言語学》をきわだたしている。これらすべての変更や補充は、本質的関心を示さないし、われわれは、それに留まらない。なぜなら、この経験的、事実的基礎は、すでに評価されているし、子どものことばの科学に与えた貢献は承認されているからだ。

はるかに大きな関心を示すものは、子どものことばの過程にたいする著者たちの理論的見解である。それらが変更や発達を受けた部分でも、二〇年間に不変のままである部分についてもである。この間、古い見解や理論が現在新しい光のなかで復活し、執拗に再評価を要求するほど、子どものことばのすべての学説を深く変更させたことであろう。（以下、第三章の本文になる。）シュテルンの体系のなかでもっとも不変のままであり、強化され、強固にされ、一層の発展を受けたのは—それは、子どものことばやこの発達にたいする純粋に主知的な見解である」（書評、一八五‐一八六ページ）。

以上が本論に入る前の部分で削除されたところで、経緯が述べられている。この部分に続いて本論が始まるのである。第三章はシュテルンの研究の発生論的見解が対象で、その発生論は主知的理論から出たもので、真の発生論的見解にはならず、反発生論的になっているというのが、本筋となっている。最終的には、かれの人格主義とも結びついているとされるのである。まず、本論の説明に入る前に主知的理論を簡単に説明しておこう。

『思考と言語』では интеллектуалистическая теория と интеллектуализм が使われている。前者は主知的理論と訳され、後者は主知主義と訳されている。ヴィゴツキーの他の文献では前者を主知主義的理論と訳している場合もある。主知主義批判はヴィゴツキーの見解の一つで、子どものことばや遊び理論においてみられる。

辞典からみておこう。

①主知主義（広辞苑）

【哲】（intellectualism）知性的・合理的、理論的なものを重んじる立場。主知説↔主意説

②主知主義（intellectualism）（心理学小辞典）

知的事実や表象に注目し、感情や意志や欲求を無視し軽視する学説

③主知主義（интеллектуализм）（オックスフォード心理学詳解辞典、ロシア語）

あらゆる説の意味づけのために適用される用語で、その中心になるのはもっぱら知的機能である。時には観念論または合理論と同義語として利用されるが、そこでは知性が普遍的現実性であるという観点（観念論）か、それによって知識が獲得される基本的過程（合理論）に適用されることに依存して変化する。

ヴィゴツキーにおいては、①、②、③にみられる過程の意味で主知主義または主知的理論といっているようである。シュテルンにおいては、本当の発生過程をみないで、もっぱら知性から発生をみているということで主知主義は反発生的となるということになる。これではじめには終わり、本文に進もう。

シュテルンの心理学説におけることばの発達の問題

シュテルンの学説を最初にまとめる。それは次のようになる。「シュテルンの体系のなかでもっとも不変だったもの、後にさらに発展させられ強化されさえしたものは、子どものことばおよびその発達に関する純粋に主知的な見解である。そして、シュテルンの人格主義哲学および心理学の限界、内部矛盾、学問

的破産、それの観念論的本質が、このようにはっきりあらわれているところはまさにこの点においてはない」（思、九七頁）。シュテルンの体系で強化されたのは、子どものことばおよびその発達に関する純粋に主知的な見解であるとし、シュテルンの人格主義的哲学の内部矛盾がはっきりあらわれているとしている（これは『子どものことば』の第四版の書物を念頭においてのことである。はじめにで粗訳した続き）。

シュテルンの人格主義については、六巻本の第1巻で以下のような解説をしている。「人格主義（パーソナリズム）―心理学の学派で、それは個性的システムとしての人格（ペルソナ）概念から出発するものであり、その能動的原因がそれ自身のなかにかくされている。この学派の主要な代表はシュテルンである」（六巻本の第1巻、四六九ページ）。ヴィゴツキーはシュテルンの人格主義について「心理学の危機の歴史的意味」で検討している。これについては本節付録で扱うのでそれに廻すことにする。

ここで、まず始めに対象になるのは、子どものことばの発達に関する主知的見解についてである。「シュテルンは自らの基本的観点を、人格主義 - 発生論的観点とよんでいる。われわれは、後で人格主義の基本思想を読者に思い出させることになろう。はじめに、すべての主知的理論と同様、その本質において反発生論的なこの理論のなかで、どのように発生論的観点が実現されるのかを明らかにしよう」（思、九七頁、以下同様）。このようにして、子どものことば理解についての主知的観点をあばき出す。その際、ヴィゴツキーの念頭にあるのは、主知的見解がもたらすシュテルンの誤謬である。

そこで、ヴィゴツキーが眼に留めるのは、ことばの根源についてである。シュテルンは三つの根源を区別しているのである。表現的傾向、伝達への社会的傾向、「意図的」傾向の三つである。ヴィゴツキーは、始めの二つは人間のことば特有のものではなく、動物の「ことば」の萌芽にも存在するとする。しかし、第三のモメントは、人間のことば固有の特徴である。この第三のモメントをヴィゴツキーは、問題視する。「意図的」傾向はことばの根源といえるのかどうかである。シュテルンは、意図を一定の意味に向けられた方向性と定義しているのだ。シュテルンはいう。「人間は、その精神発達の一定の段階で、発音し、〝何かを考え〟〝何か客観的なもの〟—それはどんな名称の物・内容・事実・問題であろうとかまわない—を標示する能力を獲得する」。意図的行為とは〝何か客観的なもの〟を標示する能力なのである。だから、ヴィゴツキーは、「この意図的行為は、本質的に思考行為であり、意図の表現は、ことばの知性化・客観化を意味する」（思、九八頁、以下同様）とするのである。その上に立脚し、「この意図的モメントがあらわれ、ことばに人間固有の特徴を付与する」時期を示そうとするとしている。

ヴィゴツキーが批判する主知的説明とは、単純化していえば、意味づけは人間の発達したことばにみられるもので、始めからあるものではないのに、最初から意味づけの傾向が存在していると仮定し、元々意味づけの傾向があるから意味づけをするのだとすることなのだ。だから、主知的説明は循環論、結果が前提になっているという主客転倒が行われている。発生的に説明しなければならないところを主知的説明にすり替えているということから反発生主義と述べるのである。ヴィゴツキーはこれらの状況を次のようにまとめている。「ここにあらゆる主知的理論の基本的誤謬がひそんでいる。それはとくにこの理論が説明を行うさいに、それ自身が説明されなければならないようなものから出発しようとすることにある。ここにそれの反発生主義（ことばの発達の高次の形式を特徴づける特質を、ことばの発達の最初にもってくる）がある」。「ここに、それの内部的破産、空虚さ、無意味さがある。どのような根源からどのような道を通って人間のことばの意味が発生したのか、という問いに、意図的傾向、意味づけからだと答えるという、循環論を描いているからである」（思、九九頁、以下同様）。シュテルンは率直に語っているという。「人間は精神的成長の一定の段階において発音し、何かを考え、何か客観的なものを標示する能力を獲得する」と。そもそも人間は能力として獲得しているとするのである。

では、子どもの発達でこのような能力が発現するのはどんな時期なのか。シュテルンが関心をもつのはこのことである。シュテルンの最大の功績が語られる。かれはいう。「ひとつひとつの物にたえず、それを象徴し、それの標示と音声的複合の伝達に役立つあるものが対応する。すなわち物が名前をもつ」と。すなわち、物が名前をもつという発見である。この時期は、一歳六か月から満二歳のあいだで、子どもの人生における最大の発見の一つとシュテルンは述べる。このようにして、かれによると二歳の子どもに「シンボルの意識とそれへの欲求の覚醒」が認められるとするのである。

ヴィゴツキーの論評は、満二歳の子どもに記号の意味の発見といえるような現象が生じるといえるのかどうかという事実の解釈について行われるのだ。ヴィゴツキーの結論を先回りしていうと、①たんなる子どもの一回の発見や発明の結果ではなく、決して一度に一挙に行われるようなものでない②それは極めて複雑な発生過程、すなわち、「記号の自然史」と「記号の文化史」の統合という過程をもつとするのである。このような見解をもつヴィゴツキーからすると、シュテルンの見解とははなはだしく距離がある。だから、ヴィゴツキーはいう。「だが、このような容認にはたして事実的・理論的根拠があるであろうか」（思、一〇〇頁、以下同様）。「われわれをして、このような問いに対する否定的解答に導いていると考える」。「多くの実験的研究や観察は、記号と意味とのあいだの関係の把握、記号の機能的使用は、ずっと後の子どもにあらわれ、この年齢の子どもにはまったく不可能であることを示している」。このように、シュテルンの解釈を、つまり記号の意味の発見を、事実的・理論的根拠はないと否定するのである。

そこで、シュテルンはどうしてこのような解釈をしたのか、というシュテルンの捉え方の根拠を追求する。その一つの理由は、ことばの発達過程についての単純化である。それは、意味づけの過程が複雑な過程であるのに、それを無視し、複雑さをみないというものなのだ。第二の理由は、このような結果になるのは複雑性のなかで、発達過程を考慮するかわりに、論理的説明をもってするという主知的理論の所為であるとする。つまり、主知的理論から来ているのだとするのだ。このように追求したあと、子どものことばの発達における主知的理論は有効かと問う。この問いにたいしてもヴィゴツキーは否定する。多くの研究者の研究からもこのように答えることができるとしている。（シュテルンにたいするヴィゴツキーの実験研究からの解釈は『思考と言語』第五章が対応すると思われる。）

では、かといってシュテルンが見出した事実的側面は意味がないのかというとそうではない。ヴィゴツキーはいう。「子どもの言語的・文化的・知的発達全体にとって決定的な変革的モメントがシュテルンに正しく見出されたことは疑いえない」（思、一〇一頁）と。このように承認するのである。その事実的側面とは、①このモメントの到来と同時に発生する、いわゆる名前の質問（これ、なに）と、②子どもの語彙のはげしい飛躍的増大というものなのである。ヴィゴツキーはこの二点を明らかにしたことはシュテルンの大きな功績とする。事実の観察は見事なものなのだ。しかし、その説明に欠陥が表れているのである。ヴィゴツキーはそれを次のように述べている。「『意図的傾向』をことばの本源的根源、ある種の能力と認めることに帰するその説明を、……ことばの他の二つの根源について知ることと比較するだけで十分われわれは、この説明の主知的性質を確認することができよう」（思、一〇二頁）。他の研究者たちも、この事実は否定しない。説明が異なるのだ。ワロンはこの事実を、他の性質と並ぶ属性、コフカは特性を習得しただけなのだとする。シュテルンだけが、記号の意味の発見、それを意図的傾向の能力の発現により生じたものだとしている。意味づけは、高度なことばには特有なことで、否定するものではないが、そもそものはじめから発生するというのは反発生主義なのだ。ヴィゴツキーはこのような見解を自身の歴史主義の立場からいう。「かかる『発見』がなされるのではなく、反対にことばの発達におけるこのような変革期をしだいにもたらすような一連の長い複雑な「分子的」変化が進行する」(思、一〇一頁)と。

次にヴィゴツキーはシュテルンの理論における思考とことばの関係の捉え方に向ける。ヴィゴツキーにおいてはこの関係は相互作用とみるのにたいして、その関係が一面的なのだ。だからかれにおいては弱い部分、内的矛盾をきたしているところだとする。「およそ著者(『子どものことば』の著者—筆者)は、ことばの発達との関連において思考の複雑な機能的・構造的変化をたどるようなことはどこにもしていない」(思、一〇四頁、以下同様)と指摘する。その場面を明瞭に示すのは、「子どもの最初の言葉の大人の言語への『翻訳』(ペレボード)」であるとし、この問題は、「一般に、子どものことばに関するあらゆる理論にとっての試金石である」とも述べているのである。

そこで、ヴィゴツキーは子どものことばにおける最初の言葉の翻訳を分析する。それをみていくことにしよう。シュテルンは述べている。(ヴィゴツキーの引用から)「子どもの言うママは、発達したことばに翻訳する〝母〟という単語を意味するのではなく、「ママ、こちらへいらっしゃい」、「ママ、ちょうだい」、「ママ、椅子にすわらせてちょうだい」、「ママ、助けて」などの文を意味する」(思、一〇五頁)と。単語を意味するのではなく、大人の言語の文を意味するのだとしている。

これにたいしてヴィゴツキーは事実に眼を向けると、大人の言語、たとえば「ママ、椅子にすわらせてちょうだい」に翻訳されるのではない。その場面の子どもの行動全体が翻訳されるべきであるとする。かれは椅子の方に伸びあがったり、手で椅子をつかもうとしている行動全体である。この場合、「事物への『情動的‐意志的』方向性は、まだことばの一定の意味への『意図的方向性』と絶対的に不可分の状態にある」（思、一〇六頁、以下同様）とみなすからである。これらは分離するのではなく、不可分の統一体として結びついている。だから、「子どものママ、一般に子どもの最初の言葉の唯一の正しい翻訳は、指示的身振りであり、言葉は、最初はそれと等価のもの、それの代理者なのである」とヴィゴツキーは捉えるのだ。子どもの最初のことばの翻訳で両者の立場が異なっているのである。ヴィゴツキーは発生論的見解から捉えようとしているのにたいして、シュテルンは主知的見解からという違いが明らかにされているといえよう。これまでが、子どものことばの発達についてのシュテルンの学説への批判である。これはヴィゴツキーの文化‐歴史理論の構築への一つのステップとして位置づけられているとみなせよう。

本論は最後に、シュテルンの発達説として有名な輻輳説、シュテルン心理学の根本思想となる人格主義を取り上げているが、それらは本論自身や付録を参照していただくことにしたい。はじめにも述べたが、本論はシュテルン著『子どものことば』一九二七という書物にたいして執筆された書評が元になって構成されている。『思考と言語』第二章に挿入される時、削除された最終分がある。それをみると心理学の危機との関連で終わっている。それを粗訳しておこう。

「現代心理学のより多くの領域を一つの観点で把握しようとする時、例えばシュテルンの書物によって二〇年間の子どものことばの学説の発展について行った時のような領域について、心理学的危機が、増大し、一般的問題の領域から心理学的組織のすべての細胞へと移行しているという印象からまぬがれ得ない。事実データの迅速な蓄積は、経験的基礎を拡大しながら、この基礎に詰め込まれた心理学的システムの方法論的枠組みとの不一致のなかで進行している。この不一致は―もし、それを力動的に検討するならば―全体としてのすべての心理学のみならず、その個々の領域、部門、問題も、袋小路に入れ、危機を体験させている。それと同時に、年々明瞭になっていることは、心理学は、内的発達の力によって弁証法的方法の適用だけが袋小路からの脱出の道へとなりうるという観点へとみちびいているということである。シュテルンの著書はさらにもう一度このことを確認させているのである」（書評、一九二二ページ）。

付録　ヴィゴツキーのシュテルンとのかかわり

日本ではシュテルンに触れられることがほとんどないが、ヴィゴツキーは頻繁にシュテルンの研究に言及している。ヴィゴツキーは、『思考と言語』以外でもシュテルンの学説について論究している。付録として本項では他の著書からシュテルンの学説について論じているところを抜き出しておきたい。

（1）まず人格主義についてである。人格主義について「心理学の危機の歴史的意味」（一九二七、邦訳『心理学の危機』所収、危機と略）のなかで論じられている。一般心理学への要求が生じた状況の分析のあと、「四つの心理学の思想」の一つとしてである。四つの思想とは、精神分析、反射学、ゲシュタルト心理学、そして人格主義である。これらは、心理学の一般思想の発達に影響力のあった思想としてあげられているのである。ヴィゴツキーの考察をみていくことにしよう。

「さて、最後に、人格主義は、はじめには差異心理学についての研究から生まれた。心理測定に関する学説とか有用性についての学説といったものにおける非常に価値ある人格の原理は、最初、心理学の全領域に居を移したが、その後、心理学の枠を越えていった。批判的人格主義の形で、それは人格の概念のなかに人間のみならず動物や植物まで含め込んだ。精神分析や反射学の歴史において、われわれが見たような前述の結果、世界のすべてが人格となった。人格と物質との対比から始まり、物質の支配下から人格をとりもどすことをもって始まった哲学は、あらゆる物質を人格として認めることで決着がついた。人間の足でも机の脚でも変わりはない。しかし、その一部もさらにいくつかの部分から成るというぐあいで、無限であるがゆえに、それ―足または脚―は自らの部分との関係で人格であり、全体との関係においてのみ部分なのである。太陽系とアリ、運転手とヒンデンブルグ、机とヒョウ―すべてが同じように人格である（シュテルン、一九二四）」（危機、一一三‐一一四頁）。

「シュテルンの人格は、ベヒテレフによれば反射の複合体であるし、ウエルトハイマーによればゲシュタルトであり、フロイトに従えば性欲なのである」（危機、一一三頁）。

以上は心理学の枠を越え、世界のあらゆるものに広げているという分析で、他の三つの心理学と同じ道を進んだというものである。

（シュテルン、一九二四とは Methodensammlung zur Intelligentprüfung von Kinder und Jungend-lichen 知能検査法）

（2）心理学の危機を体感している心理学はどのような道を取るかというなかで、シュテルンの人格主義が辿った道について分析しているところである。

「シュテルン（一九二四）が人格主義の理論において逆の発達路線をたどったことを示すのは容易である。どちらの行程も避けて、第三の道に立とうとしながら、彼は事実上二つのうちの一方に—観念論心理学の道に—立つことになってしまった。われわれは一つの心理学ではなく、たくさんの心理学をもつというこことが彼の持論である。あれこれの思潮の位相に心理学の対象をつなぎとめようとして、彼は精神物理的に中立的な活動や機能の概念を導入し、……。精神的なものと物理的なものとは同一の発達段階をあゆむ。この区分は、第二次的な事実であり、それは人格がそれ自身でも他のものでもあり得るということから生じている。基本的事実は、精神物理的に中立の人格が存在し、精神物理的に中立の活動が存在するということである。このように統一は、精神物理的な中立的活動の概念を導入することによって達せられる。

この公式の背後には実際に隠れているものをみてみよう。ゲシュタルト理論でわれわれが知ったのと逆の道筋をシュテルンがたどっているのがわかる。彼にとっては有機体、さらに無機的な体系すらが、精神物理的中立的人格であった。植物、太陽系、そして人間が、原理的には同じように解決されるべきで、それも目的論の原理を非心理的な世界に敷衍することによってである。われわれの前にあるのは目的論的心理学である。第三の道というのが、またもやおなじみの三つの道のうちの一つであったことになる。再び問題となるのが人格主義の方法論である。この原理にもとづいて理想的に構築された心理学とはいかなるものか。実際にシュテルンは、……因果的心理学の支持者であることを余儀なくされている。実際に彼は意識を唯物論的に考えたりもしている。つまり、彼の体系の内部では、われわれにおなじみのせめぎあいが—彼はその一方に与しようとして徒労に終わったのだが—生じているのである」（危機、一二九頁）

シュテルンはかれの主なる研究分野であり、成果の多い差異心理学では因果的心理学の支持者となっていながら、人格主義心理学では、目的論心理学の支持者、形而上学的観念論的心理学の道を歩んでいると内部矛盾に陥っているというのである。人格主義のこの観念論的・形而上学的性格は、『思考と言語』第三章の次の最後の文章とつながっている。

「人格の社会的本性を知らないこの極端な人格主義が、ことば、この社会行動のメカニズムに関する学説におけるほどに、無意味さを現すところはない」（思、一〇七‐一〇八頁）。「人格そのものの発達の歴史のかわりに、自分自身のうちから、自分の目的志向性から、ことばを生み出す人格の形而上学が創り出されるのである」（思、一〇八頁）。

シュテルンの人格主義心理学は社会性を欠いた人格主義なのである。

（3）次は差異心理学からである。ヴィゴツキーは論文「現代障害学の基本問題」（一九二九、邦訳『障害児発達・教育論集』所収、障害と略）のなかで、アドラーとともにシュテルンの補償の概念を論じている。統一的人格のなかで欠けた機能は他の機能によって補償され、全体として健常な行動が出来るという捉え方である。

「シュテルンは、ずっと前に、障害の二面的役割を指摘した。盲人の触覚による識別能力が補償的に高まるのは、神経興奮が実際に強まるためではなく、相違点の観察、評価および熟考の訓練によるものであるのと同じように、精神的機能の領域においてもある能力の低さが、完全にあるいは部分的に別の能力のより強力な発達によって埋め合わされるのである。例えば、弱い記憶力は、観察力や理解力の訓練によって補われ、意志の弱さや自発性の不足は、感受性や模倣の傾向によって補償される。このように、人格の諸機能は独占的ではないので、あるなんらかの特性の発達が異常に悪いとき、必ずどんな状況でもその特性の遂行する課題が困難を来すようにはならない。人格の有機的統一のおかげで、別の能力がその課題の遂行を受けもつのである（シュテルン、差異心理学の方法論の基礎、一九二一）」（障害、一四頁）。

「補償説は、その路線に沿った発達の創造的性格を明らかにする。シュテルンやアドラーのような心理学者たちが、才能の起源を、部分的にはこの説を根拠にしているのは理由のあってのことである。シュテルンはこの思想を次のように定式化している。『私を破滅させないものは、私をより強くする』。補償のおかげで弱点から力が湧き、欠陥から能力が生じるのである（シュテルン、人間的人格、一九二三）」（障害、一七頁）。

「シュテルンは、次のような命題を立てている。個別的機能は、基準からの逸脱を示すことがあるが、それにもかかわらず、人格や生体は全体としてまったく正常なタイプに属する人がいる。障害をもっている子どもが必ずしも障害児とはならないのである。その子どもの障害や正常さの程度は、社会的補償、すなわち子どもの人格全体の究極的形成の結果次第で決まる。盲、ろう、その他の個々の障害それ自体は、まだその担い手を障害者とはしない。諸機能の代償や補償はたまたま生じるだけでなく、ときに巨大な規模で障害から才能を創り出すだけでなく、障害があるところに志向や傾向の形で、決まって法則として生じる。シュテルンの命題は、直接的補償が不可能なところで社会的な補償は原則的に可能であるという主張、すなわち、障害児を健常児タイプに社会的に完全な価値の獲得に原則として十分に近づけることが可能であるという命題である」（傍線―ヴィゴツキー、障害、一二二頁）。

その他、ヴィゴツキー「障害と超補償」（一九二七）のなかにも同じ引用が行われている（ヴィゴツキー障害児発達論集、大井清吉他訳、九三頁）。シュテルンの補償説をヴィゴツキーは支持していたことをうかがわせるものである。

四　思考とことばの発生的根源（第四章）

はじめに

本章は『思考と言語』第四章思考とことばの発生的根源を説明することに充てたい。まずこの章の位置づけであるが、それについて同書の著者序文から知ることができよう。それによると、第五章、第六章の前に「思考とことばの発生的根源を明らかにし、それによって……われわれの独自の研究活動の出発点を定める理論的研究をおかねばならなかった」からである。第五章、第六章のための理論的研究が本章であるということだ。第五章と第六章は実験的研究であるが、その出発点となるための理論的研究ということになる。それが思考とことばの発生的根源にかんする一般的学説についてである。なぜ、発生的根源の理論的研究が必要であったのか。思考とことばは動的に関係していることをみたかったからである。

第四章について、最終の第七章の冒頭で若干の記述がある。それをまとめると以下のようになる。

①系統発生および個体発生のもっとも極限の段階において思想と言葉のあいだに存在する内面的関係を明らかにする。

②思想とことばの存在における先史時代は、思想と言葉の発生的根源のあいだに明確な関係はない。

③言葉と思想とのあいだの内面的関係は前以ってあたえられた、当初からの……量ではなく、それ自身、

人間の歴史的発達の過程でのみ発生し形成されるものであり、人間の生成の前提ではなく、産物である。結論となるのは、

④思想と言葉は、はじめからの結びつきで相互に結びついているのではない。この結びつきは、思想と言葉の発達そのものの過程で発生し、拡大する。

それは系統発生にも個体発生にもあてはまるのである。このようなことが第四章のねらいである。

ところで、第四章は、一九二九年雑誌論文として掲載されたものである（序文にはこの記載はないが）。雑誌『マルクス主義と自然科学』No.1、一九二九年の掲載論文「思考とことばの発生的根源」である。第四章は、この論文のはじめの部分をカット。それ以外はすべて本章になっている。一九二九年掲載の論文であったが、本書の目的の位置づけと合致したから第四章になったのだ。

ヴィゴツキーには、この発生的根源の考察の系列として、この論文以外にも若干のものがある。本章を理解する上で参考になるのであげておく。

一九二九年

「ケーラーの研究との関連で類人猿の知能の問題について」『マルクス主義と自然科学』No.2

したがって、この論文は前掲論文の続編になる。この論文については中村和夫『ヴィゴーツキーの発達論』（東京大学出版会、一九九八）のなかで言及されている。

一九三〇年

『行動の歴史試論―猿・原始人・子ども』（ルリヤとの共著）（邦訳『人間行動の発達過程』明治図書、一九八七）

一九二九年～一九三〇年

『動物と人間の行動』（『高次精神機能の発達』所収、一九六〇）

高次精神機能の解明を目指していた関係で、動物と人間の歴史的発達の解明を求めて系統発生をあつかう比較心理学、動物心理学の比較対照しようとしたと考えられる。精神発達の歴史‐文化理論もこのなかから創り出された。理論は一九三一年『高次精神機能の発達史』で完成するが、それ以降この系列の心理学をあつかった論文はみられない。

では、元に戻ることにしよう。各節順に説明していくことにしたい。見出しは訳者がつけている。本節の解説もそれに従う。

類人猿における思考とことば（一）

ヴィゴツキーは本論を系統発生から開始する。進化論的観点が背景にある。思考とことばの根源を探求しようとするわけだから、自然な展開というべきだろう。この分野の心理学は動物心理学といわれるものである。動物心理学は心理学辞典で以下のように解説されている。

「人間以外の動物の行動を研究する心理学の領域。ふつうは比較心理学と同じ意味。感覚・知覚という方面、反射・トロピズム・感情・習慣的行動など運動的側面があつかわれ、また動物の社会心理学や動物の神経症も対象になった。動物心理学の研究は人間の心理学に貢献することが多く、人間心理学の研究方法の一つになっている。とくに、学習や知能の研究、〈動機づけ〉の研究など動物の研究に負う所が多い」（心理学小辞典、一八〇頁）。

このような研究を始めたのはソーンダイクといわれる。学習や知能の研究からである。ヴィゴツキーが思考とことばの発生的根源の探求のために眼をつけるのはドイツの心理学者ケーラーの類人猿の知能の研究である。根源を捉えるのには最適な研究、知能の画期的な研究をしていたからだ。ヴィゴツキーが取り上げたケーラーの研究は日本でも翻訳があり、『類人猿の知恵試験』（類人猿と略）という書名で出版されている。訳者の宮孝一は同書について以下のように述べている。

「彼の主著と目すべきものは、ここに訳出したチンパンジーの知性研究であろう。動物心理学における最も重要な著作であるばかりでなく、発展と変化の激しい心理学の中にあって、これはすでに古典の位置を占めるべき一冊である。一九二〇年代に行われた心理学の反省と転回とを印しづけるばかりでなく、問題の取り扱い方、実験の企画と操作について後学の者に限りない示唆を与えるものである」（類人猿、三二七‐三二八頁）。

本論に戻ろう。系統発生における思考とことばの発生的根源の考察に充てられている本論の結論が本節の最後にまとめられている。ケーラーの知能研究の概観の前にそれを述べておこう。それは以下のようになる。

一　思考とことばは異なる発生的根源をもつ。
二　思考とことばの発達は異なる線にそって進み、たがいに無関係である。
三　思考とことばのあいだの関係は系統発生の全期間を通じて幾らかでも一定の大きさをもつものではな

い。

四　類人猿は、ある点では、人間に似た知能（道具の使用の萌芽）をあらわし、それとはまったく別の点で人間に似た言語（ことばの音声面、情動的ことば、ことばの社会的機能の萌芽）をあらわす。

五　類人猿は、人間に特徴的な関係―思考とことばのあいだの緊密な関連―をあらわしはしない。これらはチンパンジーにおいてはすこしも結びついていない。

六　思考とことばの系統発生においては、われわれは明らかに、知能発達における前言語的段階およびことばの発達における前知能的段階を確認することができる。

系統発生とはそれぞれの種が進化の過程で経てきた変化をさす言葉であるが、思考とことばの発生的根源を系統発生のなかでみた場合の結論である。このなかで本節において結論となっているのは、四、五、六である。本論ではあらゆる生物種を対象にしてその根源を考察しているのではない。しかし、動物の進化を考察し、四、五、六の結論が得られると、自然的に、一、二、三も結論づけられるというものである。本論ではケーラーの実験が考察の対象となっているが、それは類人猿である。系統発生からはその他の動物も沢山いる。それらすべてを対象にしなくても人間に一番近い類人猿の知能研究を取り上げれば、犬、猫、にわとり、ミツバチの知能とことばの研究も包含できるとされているのである。それでは、ケーラーの類人猿の実験についての考察からみていこう。

ケーラーは一九一四年から一九二〇年にわたり、アフリカのカナリア諸島のなかのテネリファ島の類人猿研究所でチンパンジーの知能にかんする実験を行い、その結果を一九一七年『類人猿の知恵試験』として出版した。ヴィゴツキーはこのあとの版、一九二一年出版のこの書物を利用している。『心理学小辞典』

ではこの研究について次のように解説している。「一九一三年大西洋のテネリファ島で類人猿の知能について研究した。その結果が有名な Intelligenzprüfung an Menschen-Affen（類人猿の知恵試験、一九一七）である。この研究によってチンパンジーは盲目的な試行錯誤法によらず、〈見通し〉と呼ぶ課題解決の方法を用いることを見出した」（「ケーラー」から抜粋、心理学小辞典、六四頁）。

ヴィゴツキーにとってケーラーの研究はいかなる意味をもつのか。少し長くなるが引用する。「発達の問題にもどると、まず第一に思考とことばはそれぞれ発生的にまったく異なる根源をもつということを言わねばならない。この事実は動物心理学の分野における多数の研究によってしっかり確かめられていると考えることができる。二つの機能の発達は、異なる根源をもつだけでなく、動物界全域にわたり異なる線にそって進む。このきわめて重要な事実の確認に決定的な意義をもつのは、類人猿の知能とことばにかんする最近の研究、とくにケーラーとヤーキスの研究である」（思、一〇九‐一一〇頁）。このように記して、この二つの機能の根源についてケーラーとヤーキスの実験を主として考察する。

最初にケーラーの研究が検討される。ヴィゴツキーにとって関心となるのは思考とことばの根源についてであるので、ケーラーの研究を、チンパンジーの知能を、正面からというよりか、別の角度から知能とことばの関連の側面から接近する。すると、ケーラーの次の表現が取り出される。ケーラーはいう。「この無限に価値ある技術的補助的手段（言語）と、いわゆる〝表象〟の原理的限界は、それゆえ、チンパンジーが文化的発達のたんなる入口にさえたつことのできない原因である」（思、一一〇頁、以下同様）。このことからヴィゴツキーは何を読み取るのか。「ことばの欠如と『痕跡的刺激』、いわゆる『表象』の限界は、類人猿ともっとも原始的な人間とのあいだにも存在する大きな相違の基本原因であるということである。他方で、ケーラーの基本的結論は、チンパンジーが、人間と同じ種類の知的行動の萌芽をあらわすという事実の確認であるとする。前者はチンパンジーにはことばが欠如していること、後者からはチンパンジーには知能の萌芽が存在しているということ、この二つのことが確認できるとするのである。だから、ヴィゴツキーの関心は次のようなことになる。「人間に似た知能がいくらかでも人間に似たことばの欠如するなかで存在し、知的操作が「ことば」から独立していること―ケーラーの研究から、われわれに関心のある問題にかんして導き出すことのできる基本的結論を簡潔に表現すれば、このようになるであろう」。または、同じことであるが、ケーラーの実験は「知能の萌芽、すなわち、真の意味の思考の萌芽は、動物においてことばの発達とは無関係に、ことばの進歩とはまったく関連なしにあらわれるということを明瞭に証明している」と。

ヴィゴツキーの論述は、ここで、ケーラーが見出したチンパンジーの行動を知的反応とみる捉え方についての種々な見解が存在することを概説し、ケーラーがそれらの見解にたいして述べた論評を支持している。「私は、偶然か超経験的動因かというような二者択一は、決して存在しないということを断固として強調しなければならない」（思、一一一頁）。これはどういう意味か。チンパンジーの行動について使用されている説明にたいするケーラーの見解なのだ。ケーラーは一方で、試行錯誤を否定し、偶然性の理論に反駁し、他方で、説明に公然とかあるいは隠れて超感覚的動因や奇跡をもたらす諸理論、例えば、ハルトマンの観念論的生物学思想、ベルグソンの「生の飛躍」、生命ある物質に「目的志向力」の存在を認める新生気論者や精神生気論者を拒否することの表明なのである。

さまざまな意見や解釈があるなかで、共通したこともみられる。それは次の二点であるとする。第一はケーラーの観察の事実的側面、第二にチンパンジーの行動がことばとは無関係であるということ。この二点についてはどのような心理学者も承認しているのだ。しかし、そこで、ヴィゴツキーは疑問を提示する。もし、猿にことばの萌芽も、発生的にそれと同系のものを見出さないとしたら、話しは簡単である。だが、チンパンジーの研究では、比較的高度な「ことば」、ある点では人間のものに近いことばが見出されているのだ。では、チンパンジーの「ことば」はどのようなものか。ケーラーの観察からみてみよう（思、一一二‐一一四頁）。

A　ケーラーがチンパンジーで観察したことば

。かれらの音声表現はかれらの衝動や主観的状態をあらわす。情動的表現である。何かある〝客観的なもの〟の記号ではない。（ケーラー『チンパンジーの心理学』一九二一）

ケーラーはチンパンジーのあいだの「言語的コミュニケーション」の多様な形式を記述

。情動的表現（表情や身振り、音声的反応）がみられる。

。社会的感情の表現運動（あいさつのさいの身振りなど）がみられる。

。かれらの身振りは表現的音声とも同様、何か客観的なものを意味したり、あらわしたりしない。

。身振りは行動そのものと直接に結びついた身振りである（「よびかける」時、軽くおしたり、歩行の最初の運動をする。バナナをもらいたいと思う時、捕捉運動をする）。

。ヴントのチンパンジーの身振りの位置づけを支持する（ヴントは、猿の身振りは、人間の捕捉運動と指示的運動とのあいだの過渡的段階であるという説）。

B　記号創造の有無について、ケーラーの観察。遊びながら、唇と舌をブラシとして、のちに本当のブラシを使って色粘土で「絵を描いた」。
。真剣な状態のとき（実験のとき）、行動方法（道具の使用）を遊びに使用。しかし、「生活」のなかで遊戯的方法を使っている動物が、絵画のとき、記号創造の痕跡らしきものはまったくない。

ビューラーは次のようにいう。

「しみのなかにいつか図解的記号を見出すことは、信じられない」。「何かを表現する言語、すなわち名前と等価の音は存在しない。これらは内部的根拠をもつにちがいない」（ビューラー、『幼児の精神発達』の略、以下同様、二一頁）。

ケーラーの観察したチンパンジーのことばから、ヴィゴツキーは結論する。それはケーラーの観察の事実を確認するということだ。一つには比較的高度に発達した「ことば」が存在するということ、二つ目は記号創造と結びつきそうもないということである。ビューラーは「チンパンジーの行動は、ことばとは無関係」とまで結論づける。このことばは思考（知能）と結びついているといえるのかどうか。

次に検討の対象に取りあげられるのはヤーキスの研究である。ヤーキスはアメリカの動物心理学者（一八七六 - 一九五六）である。現在、フロリダのヤーキーズ霊長類研究所はこのヤーキスによって創られている。ヴィゴツキーが対象とするのはヤーキスの次の二つの問題提起についてである。一つ目は、かれのショウジョウの知能の研究は、全体としてはケーラーに類似した結果であるが、その解釈はケーラーよりはるかに先に進んでいて、ショウジョウは三歳の子どもの思考にもおよびはしないが、「高度の観念化」を確認することができたと解釈（これはヤーキスの論文「猿と類人猿の精神生活」一九一六より）。二つ目は、ヤーキスとラーネッドにより発表された論文で述べられている「オウムの模倣傾向が、チンパンジーのもっている知能と結びついたならば、チンパンジーはきっと言語を習得しただろう。なぜなら、人間のそれとならび得るような発声機構をもち、音を言語の目的に実際に十分使用し得るようなタイプと水準の知能をもっているからである」（思、一一七頁）という仮説（ヤーキス・ラーネッド「チンパンジーの知能と音声表現」一九二五）。

さて、一つ目についてのヴィゴツキーの見解からみていこう。ヴィゴツキーはヤーキスの解釈に批判的態度をとっている。ヤーキスは類似に基づく類推をしたのである。人間の行動とショウジョウの行動の類似性からこう結論するのは正しいのだろうか。ヴィゴツキーによると、これは受け入れられないという。表面的で内部的分析をしていないからだ。逆に、その結論は外的な類似性からだとすると、ケーラーの方が正確な実験分析をしているとケーラーを評価する。どのような分析なのか。それは次のような行動場面の分析である。

（一）一つの視野のなかに棒（道具）と果物（目標）が存在しないようにちょっと棒を動かす（果物が柵の外にある）。

問題解決が困難になるか、以前に果物を棒でとっていた行動ができなくなる。

（二）二つの棒をチンパンジーの手に十文字におくだけで、二つの棒をつないで一つの棒にして果物をとれていたものが、とれなくなる。

このチンパンジーの行動の分析からケーラーが与えた結論は次の二つだ。

（一）その場の視覚的 - 実際的な、十分に単純な状況が、チンパンジーの知能をはたらかせる条件である。

（二）「表象」（「観念化」）の原理的限界こそが、チンパンジーの基本的特徴である。

ケーラーの結論は、以上のような科学的客観性の範囲内で与えられたものとみなせる。そうすると、外的類似性から与えたヤーキスの解釈、「高度の観念化」の存在の解釈はとても科学的根拠をもったものとはいえないというのが一つ目の結論だ。二つ目の仮説についてはどうか。二つ目はオウムのような聴覚模倣の能力があれば、もっと言語を習得しただろうという仮説についてである。ここでヴィゴツキーが展開する論理には二つの観点から捉えることができる。第一は、ヤーキスの行ったチンパンジーに音の人間的使用を教えるための実験方法についてであり、第二は、言葉を利用する状況についての条件にたいするヴィゴツキーの指摘である。第一から述べていこう。実験方法の批判である。

ヤーキスが実施した四つの方法による実験はすべて失敗した。この失敗からかならずしもチンパンジーの音の人間的使用は不可能であるということにはいかないとしながら、ヴィゴツキーが実験で得意としている方法を提起する。つまり聴覚的模倣の影響を排除する方法である。それはどのような方法か。聾唖の子ども、原始民族の言語にみられる身振りことばを使えばよいのだ。つまり、「指の使用を教える」方法である。もし、「観念化」が存在するなら、この方法を使えば、「記号言語」を教えることができたかもしれないのだ。ヴィゴツキーはいう。「ヤーキスが使ったワーワ、パーパという音にかわりに、チンパンジーの言語反応は手の一定の運動にあらわされることになっただろう」（思、一一九頁、以下同様）と。「たとえば、その運動は聾唖者の手のアルファベットで、あるいは他の任意の運動によって、それらと同じ音をあらわしたであろう」と。もちろん、このような実験は、実際におこなわれなかった。だから、実験方法を変更して成功すれば、ヤーキスの仮説は実証されるのだ。まさに、このような実験がおこなわれなかったのだから、何ともいえないかもしれないが、およそ成功するとも思えないほど、つまりことばを使用できる条件はチンパンジーには欠けているというのがヴィゴツキーの見解である。

　では、ヴィゴツキーのいうことばを利用する条件とは何か。それは第二である。次にそれをみていくことにしたい。その条件とは、記号の機能的利用ということである。それはどういうことか。チンパンジーは果物をとるため道具を利用する。棒でも、ヒモでも道具として利用する。それが機能的利用である。棒は建材のために使用するのが直接利用（目的）である。果物をとるためにあるのではない。したがって、チンパンジーが果物を引き寄せたり、遠ざけたりするのは間接的利用で、それをヴィゴツキーは機能的利用と呼んでいる。ヴィゴツキーはいう。「チンパンジーには記号を使うような片鱗は一つもみられない」と。数を数えるために指を使うといったことはみられないのだ。数への反応はするかもしれないが、数の代理に指を使うことはない。記号の機能的利用はみられないのだ。この記号の機能的利用こそが、人間のことばを利用する条件なのである。この条件は視覚的‐実際的な状況にしばられた知的操作では達成できないものなのだ。このようにしてヤーキスが立てた仮説（オウムのような聴覚模倣の能力）に反駁し、チンパンジーが人間のようなことばを使用できない原因を別のところにみるのである。

　ヴィゴツキーはいう。「これら二つの命題からの論理的必然として、チンパンジーに人間のことばの使用を習得させることができるという仮定は、心理学的側面からいうと、まったくありそうにないことだという結論が出てくる」（思、一一二頁）。引用中のこれら二つの命題とは、第一に、ことばの理性的使用は、どのような条件にあっても、直接的な視覚的構造によって決定されることのない知的機能であるということ、第二に、視覚的‐実際的構造にではなく、他の種類の構造（たとえば、機械的構造）にかかわるような問題のなかではつねにチンパンジーは知的タイプの行動から純粋な試行錯誤法に移行するということ、これが二つの命題である。このようにして、ヤーキスの提示した二つの解釈はありそうにないのである。これがヴィゴツキーが下した結論である。このゆえ、最初に記述した結論の四、五が導き出されるのである。

それでは、ケーラーがいうチンパンジーの知的操作をあらわす「洞察」という用語はどう解釈したらよいのか。ことばの使用につながる知的操作ではないのか。これについてはカフカ、ケーラー、ビューラー、ボロフスキーの解釈を述べるにとどまり、この問題には触れないことにするとしている。十分な事実的資料に欠けるからだとする。とはいえ、洞察をどう解釈しようと、ことばの使用を可能にする知能とはみなせないのだ。というのはチンパンジーの知能は視覚的‐実際的状況の下にしばられたものであるからである。洞察をどう解釈しようとも、この条件から出ることはない。つまり、現実に規定されたもので、痕跡に規定されたものでない知能の枠内のことなのである。このようにして、前述の五が導き出されるのである。

だが、とヴィゴツキーはいう。このことが問題全体のなかでもっとも重要なことだといって以下のことを指摘する。「チンパンジーには、それ自身の豊かな、ある点では人間に似たことばがある。しかし、この比較的高度に発達したことばは、それの比較的高度に発達した知能と直接に共通なものはほとんどもっていないのである」（思、一二一‐一二三頁）。この比較的高度なことばの分析が研究者によってなされている。ヤーキスの共同研究者ラーネッドはチンパンジーの言語の辞典を作っているほどである。これらの言語は情動的ことばである。

ヴィゴツキーもチンパンジーのことばについての性格づけを与えている。

第一に、チンパンジーの特徴となる情動的ことばは、発声器官をもった動物に一般的である。

第二に、チンパンジーにとってことばが豊かにあらわれる行動圏である情動的状態は、知的反応が機能するには都合の悪い行動圏である。チンパンジーのことばは客観的なものを示すものはない。

第三に、情動的側面だけがチンパンジーのことばの機能ではない。ことばは自分と同類のものとの心理的接触（コンタクト）の手段でもある。これは類人猿のことばにのみ特有な性質ではなく、他の多くの動物のことばにも共通する。フリッシュのミツバチの言語など。

結論の六はこれらからの類推である。ケーラー、ヤーキスなど一九二〇年代の動物心理学（比較心理学）の成果を考察し、ヴィゴツキーの系統発生における知能と言語の発生的根源についての結論が導き出されたのである。それから九〇年余りが過ぎたが、この結論は生き続けているのである。

子どもにおける思考とことばの発達（二）

系統発生における考察を終え、次に個体発生における思考とことばの発生的根源の考察を行う。人間の子どもの発達が対象になる。本章の他の節と同様、本節もその結論が最後にまとめられている。それをまず記しておこう。

一　思考およびことばの個体発生においても、われわれはこれらの過程に別々の根源を見出す。

二　思考の発達に「前言語的段階」があるのと同じように、子どものことばの発達にも明確に「前知能的段階」を確かめることができる。

三　一定の時期までは、思考とことばは、相互に独立した異なる発達路線に沿って進む。

四　一定の時点で二つの路線は交叉し、それ以後は思考は言語的となり、ことばは知能的となる。人間は文化を創り出し、高度に発達させ、高度な科学技術社会を打ち立て、現在にいたっている。現在の人間の人生は大体八〇から九〇年と長くなっているが、通常の生活をすればその大半は、言語的思考に囲まれた人生である。だから、ことばと思考とが別々の通路を辿るといったことなど思いもよらない。自分の幼児の頃を振り返っても、その時の記憶が不確かなため、どうだったか思い出せない。だから、言語的思考は当たり前と思う。ヴィゴツキーのような発生的視点を加えられると少し分析的にみることになる。

さて、人間の思考とことばの発達を発生的にみようというのが、本節である。発生的にみると、ことばと思考は別々の路線を進んできて、それらが、ある時点で合流し、種々な合流をへたあと、概念的思考にたどりつくというのがヴィゴツキーの主張である。では、本節を説明していこう。

まず、まとめで記述されている二、三についてである。まず、一について。思考はその発達において前言語的段階を進むということについてである。ケーラーがチンパンジーにおこなった実験を子どもに適当な修正をおこなって確かめている。客観的・実証的証拠を得ていることである。ビューラーも自分の実験でこのことを確かめている。ビューラーはこの段階の子どもをチンパンジー的段階と命名するぐらいだ。「それはチンパンジーの動作にまったく似た動作であった。それゆえ、子どもの生活におけるこの段階はチンパンジー的年齢段階とよんだらよいだろう。この子どもではそれが一〇・一一・一二ヶ月をふくんだ」（ビューラー、四二頁）。

誕生後一年ぐらいをチンパンジー的年齢段階と命名しているのである。ビューラーはこの前言語的思考を道具的思考と呼び、人間の一生のなかでも重要視した。「チンパンジーの行動は、言語とはまったく無関係である。そして人間の晩年の生活でも技術的、道具的思考は、思考の他の形態とくらべ、言語や概念とはきわめてわずかしか結びついていない」（ビューラー、五四頁）。人間の一生のなかでも道具的思考が続いていることを認めているのである。

他方で、子どもの発達におけることばの前知能的段階が確認されている。叫び声、かたこと、子どもの最初の単語さえ、前知能的段階である。思考の発達と関係がないと認められている。この段階の子どものことばの研究は二つの形式を見出している。一つの形式は、情動的な形式である。叫び声など。もう一つの形式は社会的接触の機能の形式である。すでに生後三週間に人間の声にたいする一義的な反応。二ヶ月目には人間の声にたいする最初の社会的反応。数か月目には、子どもの笑い、片言、表示、身振りによる社会的接触の発達。生後一年目には以上の二つの機能の表現がみられるのである。

以上がまとめの二、三である。次にまとめの四を述べていこう。ヴィゴツキーはこのように二つの別の路線を進んでいたものが、「一致するようになり、人間に固有のまったく新しい行動形式」（思、一一七頁、以下同様）が出発するようになるとする。早い頃（ほぼ二歳頃）である（括弧内はあとで論議の対象になる。ここでは合流する頃があるということの承認が重要）。この現象を始めて指摘したのは、ドイツの心理学者シュテルンである。「誰よりも早く、また上手に重要な事件を」記述していると評価している。それはどんな出来事か。

シュテルンがいうには、子どもにとって「その人生におけるもっとも大きな発見をする」という出来事である。その出来事とは子どもは、「すべての物が名前をもっている」という発見なのだ。この出来事の指摘のなかに、ことばが知能的となり、思考が言語的となることの承認があるのである。それはどうしてか。この時期に二つの特徴によって特質づけられることが生じるとする。一つは、自分の語彙、自分の単語の貯えを、すべての新しい物についてその名前を問いただしながら積極的に拡大しはじめるという特徴。二つ目は、子どもの語彙の拡大に基づく単語の貯えの急速な、飛躍的増大という特徴である。

シュテルンはこれを以下のように解釈する。ヴィゴツキーの引用からである（シュテルンのこの種の研究について邦訳はみられない）。前者について。子どもに「言語の意味についてのぼんやりした意識およびそれを獲得しようとする意志がよび起こされる」のを示している（シュテルン『幼児心理学』一九二二、ロシア語訳）。後者について。少し長い引用である。「ここに記した過程は、まったく疑いの余地なく、本来の意味の子どもの思考活動とすることができよう。ここで子どもにあらわれる記号と意味とのあいだの関係の理解は、たんなる表象やその連合の利用とは原理的に異なるものである。どのような種類のものであろうとすべての対象に名前をつけるという要求は、子どもの真の、おそらく最初の一般的概念であると考えることができよう」（シュテルン、同上）。

ヴィゴツキーは「これについてさらにくわしく述べなければならない。なぜなら、この発生的時点においてはじめて思考とことばの交差が、思考とことばの問題とよばれるところの結節点を結ぶからである」（思、一二八頁、以下同様）とする。そして、さらに「このモメント、この『子どもの人生における偉大な発見』というのはどのようなことなのであろうか？シュテルンのこのような解釈ははたして正しいのであろうか？」と疑問を呈している。この節ではこのことについてこれ以上の考察はない。第四節で議論しているのでそこで改めて触れよう。

このように問題を提起したあと、ここで必要なことはとして以下のことを述べているだけである。「思考およびことばの発達の一定の比較的高度の段階でのみ、『子どもの人生における偉大な発見』は可能となるということである。ことばを『発見する』ためには、思考が必要なのである」(思、一一九頁)と。とはいえ、シュテルンが指摘する出来事をどう解釈するかは別にして、一定の時点で二つの路線は交差し、それ以降、思考は言語的となり、ことばは知能的となるのは確かなようだ。以上で人間の個体発生における思考とことばの発生的根源についての第一段階の分析は終わり、思考とことばの合流の次の段階の考察に論を進めよう。

内言の発生(三)

思考とことばの発生的根源を解明する本論は、第一節では系統発生からは別々の路線を、第二節では人間の個体発生からその合流を導き出したのだから、根源についての考察という趣旨からすると、これでよいわけであるが、第三節では内言を対象に取り出す。根源と離れるわけだが、それはどうしてだろうか。それにはヴィゴツキーの内言への強い思い入れがうかがえるのだ。内言という用語がヴィゴツキーの著作ではじめて出現するのは、本章の元になった論文の掲載年(一九二九)よりも一年前出版された『学童の児童学』(一九二八)、雑誌『児童学』一号に掲載された論文「子どもの文化的発達の問題」(一九二八)においてである。後者の論文は子どもの文化的発達の研究原理をまとめあげているのだが、そのなかに文化的発達の中心として思考とことばが位置づけられており、その発生的考察がなされている。一歳半頃合流があり、そのあと重要な段階は外言から内言への移行であるとしている。このようなことからすると、内言は思考とことばの発生的根源と強く結びついていると考えていて、切り離せない問題としてみなしているからではないかと思われる。内言については『思考と言語』第七章三で本格的に考察されているのでこの節での考察は限られたものであるし、また同節とも重なっているところがある（本書では省略）。

ヴィゴツキーがここで関心をもつのは⑴外言から内言へとどのように転化するか⑵変化は何歳ごろか⑶どのようにして行われ、何によって起こされるのか、という三点である。この議論のために対象にされるのはワトソンの捉え方である。ワトソンの見解には賛成していないが、彼が取ろうとした方法論に正しい指摘があるとして評価するのである。ヴィゴツキーは、内言の過程が思考の発達に決定的な、特殊な意義をもっていると重要視し、多くの心理学者は、内言と思考を同一視し、思考は制止され引き留められた無声のことば以外のなにものでもないと捉えるほどであると内言の研究史を概観してのことである。ワトソンは思考と内言を同一視する立場である。これについてはこれ以上の記述はない。ヴィゴツキーが引用する文献『行動の科学としての心理学』は、邦訳はない。ワトソンの見解はヴィゴツキーの引用から説明していくことにする。日本にはワトソン著『行動主義の心理学』（河出書房新社）があるが、そこには以下のような記述がある。「思考という概念は、あらゆる種類のかくされた言語活動のそれへの挿入として拡張されねばならない」（ワトソン、五八三頁）。つまり、思考はかくされた言語活動、内言と同一なのである。

まずはワトソンへの批判的部分である。ワトソンの文章は上述の文献『行動の科学としての心理学』からの引用（思、一三〇‐一三一頁）。

ワトソンはいう。「子どもが自分の言語組織のどのような点で、むき出しのことばからささやきへ、そしてそれからかくれたことばへの移行をおこなうのか」を知っていない。なぜなら、この問題は「偶然にしか研究されてこなかった」からだ。

ヴィゴツキーは①内言の発達は純粋に機械的に音声がじょじょに減少するという仕方でおこなわれるか、②外言から内言への移行がささやき、すなわち小さな私語を通しておこなわれるということにはなんの有力な根拠もない、③子どものことばの発生につぎのような継起的段階 - 声高のことば―ささやき―内言 - があることを否定したいと思うとしている。つまり、外言の音声の剥落とする内言への移行を批判するのである。

「あるいはこれら三つの形態は最初からいっしょに動き出すかもしれない」とワトソンはいう。「かもしれない」に有利なことを物語る資料はなに一つ存在しないと批判し、内言と外言の機能的・構造的相違からしてこのような仮定に反することを物語っているとヴィゴツキーはする。

次は、ワトソンの捉えた内言と外言の機能・構造の分析。過渡的過程としての子どものささやきについてのヴィゴツキーの評価である。

まずは前者。ワトソンは内言と外言の相違を指摘している個所である。

「かれらは、実際、声を出して考えている」と幼児期の子どもについて語り、その原因は「かれらの環境は、外部にあらわれたことばをかくれたことばへ急いで転化させることを要求しない。」「かりに、もし、われわれがこのかくれた過程をぜんぶ解き広げ、……録音機のレコードにとどめることができたとしても、そこにはやはり多くの省略・短絡・節約があり、それらの形成過程を、それらが完全で社会的な性格をおびていた出発点から、社会的適応にではなく個人的適応に奉仕するようになる最後の段階までたどらないことにはそれらを理解することはできないだろう」(思、一三二頁、ワトソン、一九四ページ)。

ここには、ワトソンが外言と内言に与えた特徴の相違の指摘がみられるのである。だから、ヴィゴツキーは「外言と内言の過程のように異なる機能、異なる構造をもった二つの過程が、発生的に平行的で、一緒に、同時に動くものだとか、あるいはおたがいに継時的に、第三の過渡的過程（ささやき）を通じて結びついているものだと仮定する根拠はどこにあるのだろうか」（思、一三一頁）と疑問を呈したなかに、異なる機能、異なる構造という用語に括弧で異なる機能（社会的適応と個人的適応）、異なる構造（省略・短絡・節約の結果として理解できないまでに変化する言語構造）と付したのは、ワトソンの用語に注目しているからなのだ（括弧内はワトソンがあげた特徴）。ところが、ヴィゴツキーはささやきの研究の結果、構造的・機能的・発生的に内言とは違いがあり、外言であったということから、ワトソンのささやきの過渡的過程としての捉え方を否定するのである（これを示す事実の記載はあるが、文献名の記載はない）。

しかし、他方で、ワトソンを詳しく考察してきたが、それには別の積極的動機があるからだとヴィゴツキーは述べる。それは何か。それは彼が使用した方法論に正しい指摘を見出すというのである。その方法論とは、中間の環、二つの過程のあいだの過渡的な環を発見するというものなのだ。ワトソンは外言と内言のあいだの過渡的な環としてささやきを設定したのである。ヴィゴツキーはいう。「大部分の心理学的研究に不足している中間の環の発見の試みは、ワトソンのまったく正しい教示によるものである」（思、一三二頁）と。

ヴィゴツキーはこの方法論を使い、ピアジェの発見した「自己中心的ことば」を外言から内言へと移行する過渡的な環として位置づけるのである。これについては第二章、第七章二で言及されていることで、重なることとなのだが、自己中心的ことばは、生理学的（物理学的—筆者）には外言であるが、機能的には、内面化したことば、内言なのである。したがって、外言から内言への移行は、ワトソンが述べているものとは違い、つまり、声高のことば―ささやき―無声のことばという三段階とは異なり、外言―自己中心的ことば―内言という三段階が設定されると結論するのである。

上述した問題の三点のうち、このような考察から⑴と⑶に解答を得ることになる。⑴の解答としては過渡的な環を通って転化する、⑶については過渡的な環となるのは自己中心的ことばであり、それを介して内言へと移行すると仮定されるのである。⑵についての解答は示されていないが、他の文献で七歳ごろ、つまり自己中心係数が減少する頃が考えられている。

外言から内言への移行の考察は、本節では、それを一般化して、記号操作（記号の利用を基礎におく知的操作）の一般的段階のなかで位置づけようとする。そこで登場するのが、記号操作の発達の四段階である。この四段階についての記述は既に一九二八年「子どもの文化的発達の問題」に存在している（論集、一五六頁）。

第一段階は、いわゆる原始的・自然的段階。行動の原始的段階

操作が構成されたのと同じような姿であらわれる。上で述べた前知能的ことばと前言語的思考に対応する。

第二段階は、「素朴な心理学」と呼ぶ段階。実際的知能の研究者が「素朴な物理学」と呼んでいることのアナロジーで呼んでいる段階

子どもにおける道具の使用や子どもの実際的知能の最初の操作を決定する素朴な経験にあたる。言語発達の領域では、論理操作の習得の前に文法操作を習得し、論理操作の前に話しことばの習得が進むのであ

段階である。

第三段階は、外的記号・外的操作の段階

指で勘定する段階、記憶術的な記号の段階である。言語発達においては、子どもの自己中心的ことばの段階である。

第四段階は、転回（вращивание）の段階。外的操作が内部に転化し、内的操作となる段階である。算数においては暗算の段階、論理的記憶の段階である。言語の領域では、内言の段階にあたる。

人間の個体発生において思考とことばの合流の追求から、その最終段階の内言の段階へと至った。この追求の最後で、ヴィゴツキーは、大人で内言がどのような働きをするのかという問題を提起する。①大人の行動において思考とことばとは必然的に結びつくものではないのか②これら二つの過程は同一視し得るのではないのか、という二つの問題である。それについての解答は、「思考とことばとの関係は、ことばと思考の過程が一定の部分で一致することを示す二つの交差する円によって図式的にあらわすことができる」（思、一三五 - 一三六頁）とする。この交差する部分が「言語的思考」の領域を示す。思考とことばが結びついているのはこの部分である。思考には、言語的思考と直接の関係をもたない思考の大きな領域があるとする。一つにはビューラーらが指摘する道具的・技術的思考、一般に実際的知能と呼ばれているところのものである。二つ目にはヴュルツベルグ学派の心理学者のいう言語的形象の参加のない思考、無心像的思考である。生理学的運動をともなわない内言形式である。言語活動についても思考と関係をもたない広い領域がみられるのだ。一つには詩の暗唱、二つ目には感情的・表現的機能のことば、「叙情的色彩」のことばである。

このようにして思考とことばの合流後も、思考とことばの同一視は間違いであるとしてそのような見方をするワトソンを否定するのである。

結論（四）……歴史的人間心理学の構想

結論は、四つの点から構成されている。

第一に、思考とことばとのそれぞれの機能の系統発生における関係である。

第二に、思考とことばとのそれぞれの機能の個体発生における関係である。

第三に、内言の検討によるさまざまな問題である。

第四に、これらの研究にたいする基本的立場、方法論についての立場の定式化である。

第一については、この分野の学問の現状では、これらの関係を完全に追跡することは不可能である。高等の猿に人間と同じタイプの知能の存在を確認することについても学者によって見解が分かれる。しかし、どのような見解をとる学者でも、動物界において人間的知能への道と人間的ことばへの道は一致せず、思考とことばの発生的根源は異なるということだ。マルクス主義の立場でいえば、ケーラーの発見は意外なことではない。この立場からは道具の使用という特徴をもつ点でチンパンジーの高次のタイプの行動は、人間の知能の源泉なのである。エンゲルスの主張から明確だ。エンゲルスは動物におけることばの根源についても発言している（思、一三九頁）。これらのいろいろな見解のあるなかで動物界に思考とことばの発生的根源の存在することを否定する根拠はないこと、そして、この根源は、思考とことばとでそれぞれ違うということを資料から確認することができるのだ。これが第一である。

次に、第二について述べてみると、子どもの発達においても知能とことばとの発生的根源と路線は違っていることが確認できることを新しい研究は明らかにしている。その一方で、ある一定の時点まで無関係であったこれら二つの機能は、交差し、合流する。ことばは知能的となり、思考は言語的になる。人間にのみ固有な言語的思考、知能的ことばが発生するのである。他方で、この合流点を何時にするかについて学者により意見が分かれる。これについては二のところで保留していたことで、それについての言及である。

シュテルンは第一質問期（これ、なに？）に当たる一歳半頃に「子どもの偉大な発見」としてそれを見出した。他の研究者、ドラクロアはそれを否定している（かれは四歳半頃の第二質問期（どうして？）にそれを充てる）。コフカは中間的な見解を取っている。この際、ヴィゴツキーはこの「中間的な考え方」がもっともらしいとしてそれを支持する。ヴィゴツキーにあっては、記号の機能的使用を一度にもたらす直接的発見などありえないと仮定しているからである。これを論議する言説は本節にあるので（思、一四二頁）、それにまかせるとして、しかし、だからといって、合流を否定しているわけでない。ことばの知能化は大事なことで、ヴィゴツキーの仮定を証明するものになるからである。だから、シュテルンがいう第一質問期は、記号の機能的使用の第一段階に相当し、ことばの知能化の一段階として位置づけられる。

では、知能化したことばとは何か。知能化していないことばとは、情動・意志的性格をおびたことばであるとすると、知能化したことばとは、客観的なものを示すことばのことである。一歳半頃の幼児のことばのなかに「ブーブー」が種々なものや性質について発せられるが、これは客観的なものを示し始めてはいるが、ことばの本来の不変的な客観的な意味を示してはいない。だからといってそれを示してはいないかといえばそうではない。以前のことばとは異なっており、客観的なものを示し始めているので、知能化したことばの一つといえるのである。このような種々な未整理な問題が、人間の個体発生におけることばと思考との関係に存在するのではあるが、思考とことばの発生的根源ならびに発達路線は、系統発生のように一定の時点まで別々であるということ、また二つの発達路線の交差ということ、これら二つのことは誰にも否定されていないと結論している。

第三は内言の検討によるさまざまな問題についてである。内言については、全体的なこと、特に機能的分析が『思考と言語』第七章で詳述されるので、それに廻すことにし、本章では内言の発達についてである。

①ささやきを経ておこなわれるのか、それとも自己中心的ことばを経てなのか。
②外言の発達と同時におこなわれるのか、外言の比較的高い段階で発生するのか。
③内言やそれと結びついた思考は、文化的形式の発達の一定の段階を示すものとして見ることができるのかどうか。

これらについて仮説のままにとどまっているとしながらも、予想される結論としてヴィゴツキーは述べる。

①内言は、長い機能的・構造的変化の集積を通じて発達する。
②ことばの社会的機能と自己中心的機能との分化と一緒に、子どもの外言から分岐して生まれる。
③子どもによって習得される言語構造は、子どもの思考の基本的構造となる。

これらは内言の発生の過程についてだが、それとともに内面的変化が生じる。それをヴィゴツキーは整理している。内言とともに、思考の発達と、ことばとの、思考の手段との、子どもの社会的・文化的経験との関連という決定的な事実があらわれるということなのだ。そのことにより何が生じるのか。子どもの論理の発達なのだ。内言は外から発達する。だから、子どもの論理の発達は、社会化されたことばの習得とともに、ことばに依存しながら発達するということになるのだ。ここにピアジェとの差異がある。

最後の第四は、これらの問題にたいする基本的立場の表明であると同時に、ヴィゴツキー心理学の構想の表明でもある。序文に記載の理論的研究の所以である。その一つ目は、大人の内言や言語的思考と、動物界や幼児期における知能やことばとを区別し、前者と後者とは発達のタイプを異にするとする。前者は社会的・歴史的タイプとされ、後者は生物学的タイプ、つまり自然的タイプとなる。さらに、前者は後者からの直接的継続ではないとされるのだ。つまり、社会的・歴史的タイプは自然的タイプからの飛躍が必要なのである。では、この社会的・歴史的タイプとはどのようなものか。それはヴィゴツキーが追求する高次精神機能のことである。これについてはこの書物の一『思考と言語』を読むために」に記載があるので参照してほしい。記号にはじまることばなどの補助手段の適用、媒介的操作を使った機能など人間固有の機能をあらわす用語であり、これらの行動は自然的タイプでは見られないことなのである。だから、「言語的思考は、生得的な行動様式ではなく、社会的・歴史的な様式であり、したがって思考とことばの自然様式において見出すことのできない多数の特殊な性質や法則性を基本的特徴」(思、一四五頁)とするとヴィゴツキーは指摘している。

ヴィゴツキーの次の二つ目は特に重要なことであるが、方法論は「自然科学の方法論的境界を乗り越え、人間の歴史的心理学、すなわち、社会心理学の中心的問題に転化する」(思、一四六頁)。思考と言語の問題は、自然科学の方法論ではなく、歴史的心理学の方法論によらねばならないというのである。これはどういうことか。自然科学的方法を駆使し刺激 - 反応の方法論をとる行動主義とは異なり、社会心理学の一つである歴史的心理学に依拠することを意味するのだ。しかし、未だ歴史的心理学は創造されていない。ヴィゴツキーはその創造に力を注ぐことになる。ヴィゴツキーはこの章の元になった一九二九年の二年後、一九三一年『高次精神機能の発達史』(邦訳『文化的 - 歴史的精神発達の理論』)のなかで歴史的人間心理学の創造について述べているが、以下の通りである。上述の表明とつながるものである。

「しかし、現在必要なのは、科学のために新しい概念を闘い取ることであり、生物学に捕らわれている心理学を歴史的人間心理学の分野に移すことである」(精神、一五八頁)。

現在、それは文化 - 歴史的心理学という名で生き続けることになる。

五　概念発達の実験的研究（第五章）

はじめに

本章では『思考と言語』第五章概念発達の実験的研究を説明することにする。はじめに、第五章の狙いを述べておこう。ヴィゴツキーは、序文のなかで同書の中心的部分は実験的研究からなると述べている。実証的に思考と言語の問題を心理学的に研究しようとしたものだからだ。中心的部分にあたる実験的研究となるのは二つで、その一つは、「児童期における言葉の意味の発達の基本的道程を解明すること」であり、もう一つは、「子どもの科学的概念と自然発生的概念の比較研究」であるとしている。本章はこの前者にあたるものである。

さらに、序文で研究の新しい成果を短く述べているが、その一つが「児童期における言葉の意味の発達という事実の実験的確認と、その発達における基本的段階の設定」である。新しい成果としているのが、本章なのだ。さて、ところで、同じ序文のなかにこの章は、他の著作で利用したことがあると記されている。次のような記述である。「通信教育のあるコースのテキストとして公刊された（第5章）こともある」。この通信教育のあるコースのテキストとは『少年・少女期の児童学』第10章のことを示している（一九三〇－一九三一）。第10章は少年の思考の発達と概念形成である。この書物は『思春期の心理学』名で邦訳され、同書の章は、第2章になっている（六巻本の第4巻では第10章のままにしている）。因みに第2章の目次は以下のようになっている（ロシア語版には見出しはない。邦訳の際、訳者がつけている。節分けはロシア語版通り）。

39．論理的思考の発達
40．結語

本章では5～24が欠節になっている。この欠節が『思考と言語』の第五章になっているのである。さて、本章は思春期の心理を対象にしており、児童期ではないのだが、思春期前の段階になる児童期の概念はどのようなものかを示しておく必要から挿入してあったのかもしれない。それを『思考と言語』の上梓にあたり、あらためて思考と言語の実験的研究に位置づけ直し、第五章にしたのではないかと考える。

　このことは改めて、『思考と言語』第五章をどう読むかについて示唆しているように思う。ヴィゴツキーにあっては概念は意識の最高段階に位置づけていて、概念が成長し形成されると、次に自己調整する機能をもつのである。自己意識へと向かうように位置づいている。この自己意識は思春期に育ってくるものであり、概念の機能のゆえである。第五章は概念の発達の実験的研究ではあるが、それ以上に、思春期の心理につながっているとして読むことも大事であることを勧めたい。以下のように『思春期の心理学』（以降、思春期と略）で述べているのである。

「現実の理解、他人の理解、自分の理解は、概念的思考がもたらすものである。このような革命が思春期の少年たちの思考と意識にやってくる。ここに思春期の少年たちの思考と、三歳の子どもの思考とを区別する新しいものがある」（思春期、八七頁）と。

　では、続いて、各節を説明することにしよう。この章は論文体の以前の章とは異なり、実験研究の結果の分析が特徴となっている。そのため、このことを考慮した小見出し、表や図化をしながら説明していくことにしたい。先にも述べたようにヴィゴツキーの著作には節に見出しはないが、節分けはされている。

第五章は十八の節から出来ている。初めは一、概念研究の従来の方法の批判からである。見出しは訳者がつけたものを利用する。

概念研究の従来の方法の批判（一）

ヴィゴツキーはどの論文においてもまず、先行研究の概観を行う。本節がそれにあたる。

A　概念研究の従来からの方法

それには二つの方法がある。一つは定義法であり、もう一つは抽象化の研究とよばれる方法である。定義法とは、単語を与えて説明を求める方法である。野菜とは何かを説明してくださいといったもの。もう一つの抽象化とは事実から共通の特徴を取り出し、一般化するような問題を与えるやり方である。いろいろな野菜を与え、共通する特徴として色がみどりを取り出すやり方である。これらには共通する欠陥があるとする。その欠陥とは「言葉と客観的材料の分裂」という特徴である。それらは「客観的材料なしに言葉を操作するか、言葉なしに客観的材料を操作している」かなのだ。そこで、ヴィゴツキーはこの欠陥を克服する実験方法を作りだすというのである。次にそれについて述べていこう。その際、注目されたのが、アッハが作りだした総合的‐発生的方法と呼ばれるものだ。それはどのようなものか。

B　アッハの実験法

基本原理は、無意味な、子どもの以前の経験とは結びつきのない言葉と、実験のために一連の特徴の結合によって特別に作りだされた人為的概念を導入するというものである。

「ガツン」（無意味な単語）が実験のなかで意味をもつようになり、何か大きな重いものを意味する概念の担い手になる

「ファリ」という単語は小さな軽いもの

「ラス」という単語は大きい軽いもの

「タロ」という単語は小さい重いもの

を意味するようにしている。

アッハのこの実験法は一九二一年「概念構成について」においてである。アッハの発生的総合法として日本では矢田部達郎の『思考心理学Ⅰ』に解説がある（五八‐六一頁）。

実験は、1．無意味な単語の説明　2．実験、となっている。1．は本節でヴィゴツキーの批判を受けることになるが、それはあとで触れることにしよう。

さて、この実験法の利点は、概念の発生の機能的条件を研究の中心においていると評価する。この機能的条件とは何か。それは①思考のなかで発生するあれこれの問題あるいは欲求の関連において②理解や伝達の関連において③概念の形成なしには実行不可能な問題、あれこれのインストラクションの遂行の関連においてといった関連のなかで概念の形成を捉えることなのだ。このような条件がクリアされているというのがヴィゴツキーの評価である。だから、「新しい研究方法を概念発達の理解のためのきわめて重要な価値ある道具にしている」（思、一五〇頁）。

C　アッハの結論

ヴィゴツキーはアッハやリマの研究結果として二つをあげている。一つは、概念形成の連合的観点は実

験的な確認を得られなかったというものだ。もう一つは、アッハが固有に名づけた決定傾向が概念形成の基本的要因になるというものである。決定傾向とは何か。『心理学小辞典』によると以下のとおり。

「講演するとき、講演者はさまざまな問題にふれてゆくにもかかわらず、一つの題目に支配されている。これと同じ態度は日常のわれわれの行動に多かれ少なかれ見られるのであって、行動を導く観念（指導観念）、課題、《目的表象》、《上位表象》といったものか、行動を一定の方向に向けている。意識されていないこのような傾向を〈決定傾向〉という（アッハ）」（心理学小辞典、六四頁）

ヴィゴツキーは、一つ目は正しい。二つ目もそうだろうが、これだけでは足りないという。それについて、どうしてかというと、目的は就学前の子どもにも幼児にもある。ところが、リマが明らかにしたように、十二歳以前の子どもは、課題を自覚することは十分できても、新しい概念を形成できない。だから、決定傾向だけでは十分ではないのだ。他の要因、大人の概念的思考と、幼児の思考を特徴づける他の思考様式との相違を条件づける他の要因が存在するとしている。

D　他の要因とは何か

他の要因とは何か。それを検討するにあたり、まず、ウズナージェの研究を分析している。ウズナージェの研究について引用文献名が記載されていないが、以下のウズナージェの論文である。

ウズナージェ「就学前児の概念形成」一九二九、『心理学研究』所収一九六六

ウズナージェは課題解決に際して、言葉をどう利用するかに着目して概念形成を研究しているのだ。ウズナージェはいう。これはヴィゴツキーが引用している部分。

「言葉は、人々の相互理解の手段となる。概念の形成においては、まさにこのことが決定的な役割を演

ずる。相互理解を確立する必要があるとき、一定の音複合は一定の意味を獲得するのである。このようにしてそれは言葉あるいは概念となる。このような相互理解という機能的モメントなしには、音複合も何かの意味の担い手となることはできず、どんな概念も発生することはない」（思、一五三‐一五四頁）。

ウズナージェにはさらに概念の機能的等価物という重要な概念もあるが、それは別においておき、ヴィゴツキーはウズナージェの研究から以下のように結論づけるのである。

「子どもにおいて早くから概念の機能的等価物が発達するのである。しかし、課題は同一であり、機能的モメントは等価であるにしても、この課題解決の過程において機能する思考様式そのものは子どもと大人によって、その構成、その構造、その活動方法に深い相違がある」（思、一五五頁）。

このように総括し、これらを踏まえ、課題解決における手段の問題に眼を向ける。この手段によって概念形成の過程や目的的活動の過程が変化を受けるというのである。この際の手段とは言葉なのである。それは労働における道具の役割に似たようなものだ。ヴィゴツキーは高次精神機能の性格づけが、この場面でも利用されるという。ヴィゴツキーによる高次精神機能は被媒介的過程であるという共通の特徴をもつ。その過程において中心的手段は記号の使用なのである。ヴィゴツキーはいう。

「過程全体の中心的部分として精神過程の方向づけや支配の基本的手段としての記号の使用をふくむのである」（思、一五六頁、以下同様）。

概念形成において、このような記号となるのは何か。それは言葉である。

「このような記号となるのは、概念形成の手段としての役割をはたし、のちにはそれのシンボルとなる言葉である」。「言葉の機能的使用とそれの発達、各年齢段階において質的に異なる……適用の形式の研究のみが、概念形成研究の鍵となり得るのである」。

したがって、ヴィゴツキーにあっては概念形成において言葉をどのように使用するかを抜きにして研究することはできないのである。その過程を支配するのは言葉なのだから。「くるま」という言葉を覚えた子どもは、「自動車」「電車」「自転車」「バイク」、動くものなら、「くるま」を使う。それだけではない。お父さんが出かけたあとも、「くるま」を使う。会社に行くのに「くるま」で出掛けるからだ。日曜日、お父さん「くるま」という。これでうまくお母さんとも話ができる。ゴルフに出掛けるのに「くるま」を使うからだ。言葉はとても便利なのだ。機能的使用とはこのようなものである。「くるま」でいろいろな事象・状況を表す。

E　アッハの方法の欠陥

アッハの総合発生法を評価するヴィゴツキーではあるが、上記のような捉え方から、この方法の欠陥を指摘する。それは、実験的言葉が最初から与えられているからだ。前述でもしたように実験に入る前に、この無意味つづりの説明が行われるのである。これにたいしてである。言葉がどのように概念に変化するかを明らかにできない。連合主義を克服したのは正しい。しかし、概念形成過程の経路は古いままに留まった。上から下への経路に気づきながら、下から上への古い経路に留まってしまったのだ。アッハは下から上への経路は概念形成の実際の経路に矛盾すると気づいていたのだが。さらに、どうして課題や目的が一致しているのに、子どもがこの課題を解決するときの思考様式は各年齢段階において相違することを説明しない。これはアッハの矛盾なのだ。これが説明できないと、概念形成の因果‐力動的説明とはならないのである。そこで、これらの問題解決のためヴィゴツキーは自らの実験法を開発するのである。次にそれを説明しよう。

実験の概要（二）

まず実験の概要である。ヴィゴツキーらにより上述の問題の解決のために考案されたのが二重刺激の機能的方法と呼ばれる方法である。アッハを意識した方法である。この方法と目的が考察されているのが、二と三である。どのような方法かを説明する前に、ヴィゴツキーの論に沿いながら述べておこう。二重刺激の機能的方法とは何か。これは高次精神機能の活動と発達を研究する方法であるとされる。では、その二重刺激とは何か。「それぞれが被験者の行動にたいして異なる役割をはたす二系列の刺激」のことである。「刺激の一つの系列は、被験者の活動が向けられる対象の機能」を指し、他の系列は「この活動が組織されるさいの助けとなる記号の機能」を示すのである。対象が一つの刺激、記号がもう一つの刺激で、二重なのである。ヴィゴツキーは本書では詳細な著述はない。基本的モメントにかんして一般的指摘をするだけになっている。サハロフによって考案されたもので、それで述べられているとしている。サハロフの論文は以下のものだ。

サハロフ「概念研究の方法」『心理学』所収、一九三〇

この論文についてのちほど扱うとして、まずはヴィゴツキーの一般的指摘を述べておこう。二重刺激の機能的方法を言いかえて、ヴィゴツキーは別のいい方をしている。つまり、「概念形成における言葉の役割とそれの機能的使用」の性格を解明するものであるともいいかえている。概念形成の中心的役割は言葉

であるとしているからである。このような立場からすると、アッハの実験に不満がでてくる。アッハの実験を二つの点で改良するのだ。

一つは、アッハの実験では、最初の段階で問題解決に必要な手段は単語の形で被験者が対象を一つ一つ取り上げ、見分けながら、対象の名称を暗記する記銘の時期が構成される。

二つ目は、問題が最初に与えられず、実験中の二番目の段階で導入される。

これらを逆の順序にするのが、二重刺激法であるとする。つまり、問題が最初の段階で与えられるのであり、単語は問題解決のすべての新しい試みとともに導入されるというものだ。ヴィゴツキーはいう。「われわれは、被験者が記号を自分の操作を方向づける手段としてどのように適用するか、言葉を使用する方法の如何により、言葉の機能的適用の如何によって概念形成の過程全体がどのように進行するか、発達するか研究することができた」(思、一五九頁、以下同様)。

ヴィゴツキーはこの際、概念形成の仮説を構想する。それは、概念形成は「ピラミッドがさかさになる」という仮説である。それについてヴィゴツキーは以下のように説明している。「実際の概念形成は、ガルトンの共同写真のように、……具体から抽象へのじょじょの移行を通じて行われるのではない。そこでは、上から下へ、一般から特殊へ、ピラミッドの頂上から基礎への運動は、抽象的思考の頂上への逆の上昇過程と同じように固有のものである」。

さて、実験の過程を次に説明しておこう。

A　実験過程の一般図

アッハの実験の機能的モメント重視の有効性を受けつぎ、ヴィゴツキー・サハロフ法(サハロフとの共同なのでこう呼ぶ）の実験過程は次のものである。

①概念の形成の過程　　　　　（被験者の前で、一つを開く）
②新しい対象へのその概念の転移過程　　（被験者は同じ図形を示す）
③自由な連合過程における概念の利用　　（二つ目、三つ目、四つ目を開く）
④判断の形成における概念の適用と新しく形成された概念の完成　　（理由を言う）

括弧内は筆者の補足

本節（二）の記述には実験の概略・進め方だけでこれ以上詳しい記述はない。それで、上述のサハロフの論文によりそれを補足しておきたい。その前に、サハロフ論文について一言。

サハロフの論文は、一九三〇年『心理学』第Ⅲ巻1号（三 - 三三ページ）に掲載されている。それによるとこの論文は、一九二八年一月一日児童学大会研究方法論部門の報告であると記されており、一九二八年三月一〇日死亡とある。この報告直後の突然の悲報のようだ。この論文は四つの構成からなっている。1.定義法と子どもの概念形成のためのその意義　2.子どもの抽象過程の実験的研究　3.子どもの概念形成過程の実験的研究の方法　4.二重刺激の機能的方法と子どもの概念形成過程の研究、である。本節と関係するのは、4.二重刺激の機能的方法と子どもの概念形成過程の研究である。残念ながら、この論文には実験の結果の分析は載せられていない。そういう意味では、今のところ、ヴィゴツキーの本章が唯一、実験結果の記載ということになろう。とはいえ、サハロフ論文は本節のヴィゴツキーによる実験法の記述より詳しく記載されているので、それについて述べておきたい。実験法はヴィゴツキーも書いているように、子ども、少年・少女、大人と対象が多岐に亘っているので、対象にあわせ、いくつかの種類があるようだ。

ヴィゴツキーの単純な記載も、その一つの種類かもしれない。単純さからすると、少年か大人についてであるかもしれない。サハロフ論文にも二つの種類が載せられている。二つの種類を書くと煩雑になるので、ここでは子どもについての実験法を記しておこう。

B　サハロフ実験法

いくつかの区画に区分されたゲームの板の上に、チェッカーを想起させるような積木二〇〜三〇が、ひとつの区画にばらまかれている。これらの図形は、次の特徴によって区別される。

(1)色（黄、赤、緑、黒、白）(2)形（三角錐、直方体、円柱）(3)高さ（低、高）(4)広さ（小さい、大きい）

図形の裏側には実験用単語が書かれている。実験使用語は全部で4つ。

Бат（バート）は小さくて低いすべての図形。色や形には無関係

Дек（デーク）は小さくて高いすべての図形

Роц（ローツ）は大きくて低いすべての図形

Муп（ムープ）は大きくて高いすべての図形

図形はばらばらにばら撒かれている。色の量は様々。形や他の特徴については同じ量。

① 実験者は一つの図形―赤くて小さな低い三角錐を裏返し、開かれた下の側に書かれた単語 Бат を読むように子どもにさせる。

② その後、図形は、特別な板の区画におかれる。

③ 実験者は子どもに、あなたの前にはある国の子どもの積木が並べられている、と伝える。この国の言語のいくつかの積木は、裏返された図形のように Бат と呼ばれるし、他のものは別の名称で呼ばれます。

ここには板の上にBarと呼ばれる積木がまだ存在します。
もし、子どもが注意深く考えたあと、Barの積木がまだあることに気づき、これらを別のところへ、板の特別な区画へ選び出すなら、子どもは、代わりに、この区画におかれた褒美を受け取る。褒美の役割は、キャンデー、鉛筆などが果たす。

積木を裏返したり、そこに書かれていることを読んではいけない。一番よいことは、あわてずに作業することで、別の名称の積木を一つも選ばず、選ばなければならない積木ならどれもあった場所に残さないことである。

④　子どもは、ゲームの条件を繰り返し、図形のグループを選びだす。
⑤　図形選択の時間と順序が記録される。
この場合、さまざまなタイプの反応が顕わにされる：試行の反応―根拠なしの。複合（たとえば、コレクション選択）にもとづく選択、最大の類似を基礎にした選択、ひとつの特徴の類似を基礎にした選択などである。
⑥　実験者は質問する、なぜ、この積木を取り出したのですか、この国の言語のどのような積木がBarと呼ばれるのですか。
⑦　その後、実験者は、子どもに選び出されていない図形のひとつを裏返させ、そして、その際、それにBarが書かれていることが顕わにされる。「ほら、みなさい、あなたは間違っていますよ。いまのところ、ご褒美はあなたにはありませんよ。」
⑧　たとえば、子どもが見本が三角錐であるということに基づいて色や大きさに関係なく、全ての三角

錐を選び出すならば、実験者は小さくて、低い、赤い円柱のБаг、それは見本と色で類似している、を開かせる。裏返された図形は記載を上にして、横にされた同じ見本と並べて置かれ、子どもによって選び出された図形は、元の場所に戻される。

⑨　改めて褒美がもらえるよう試みることが提案され、既にかれにはよく知られたふたつの積木をもとにしてすべての積木を選び出す。ある子どもは、この後、赤いすべての図形を、第二の子どもは、すべての三角錐と円柱を、第三の子どもは、様々な形のコレクションを、第四の子どもは、前の反応の繰り返しを、第五の子どもは、全くでたらめな図形のセットを選ぶなど。

⑩　ゲームは子どもが正しい図形の選択を行うまで、Багの概念の正しい定義を与えるまで続けられる。

⑪　このようにしてわれわれの方法の基本原理となるのは、ゲームの始めから、対象系列（色や形など）はすべて与えられており、言語系列（Багなど）は徐々に現れるということである。一つずつこの系列のあたらしい環が現れる。

⑫　言語系列の各々の変更（たとえばБагからДекへ）のあと、つまり二重刺激の性格の変更のあと、子どもは自由な反応を行い、それをもとにして、対象系列へ向けられた子どもの心理学的操作における言語系列の要素の機能的使用の程度を判断することができる。

括弧内は筆者が補足。

以上が子ども（小学生）にたいして行われた実験法である。この論文では当時、大人と小学生については終わったと記されている。現在、就学前児に実施中と記されている。就学前児は単語の使用はない。花の記号の使用に変えていることが記されている。サハロフはこの報告のあと死亡しているので、実験の分析結果の論文はない。この論文に注があり、それによると、サハロフによって始められた研究は、ヴィゴツキー、コチュロワ、パシコフスカヤによってし終えられたし、出版物として準備されており、この研究の基本結果はヴィゴツキーによって一九三〇年一月レニングラードでの人間行動研究第一回大会で報告されたとある。恐らく、この報告が本章の元になっているのではないかと予想できよう。書物は出版されたということは聞いていない。とすると分析結果は、ヴィゴツキーのこの文章だけということだ。二、実験の概要を終えることにし、次に、ヴィゴツキーが考える概念形成の過程の本質的モメントに移ろう。

概念形成の過程の本質的モメント（三）

この節では個体発生のなかで概念形成の発生的原因についてのヴィゴツキーの仮説が提示される。ヴィゴツキーにあってはその本質は言葉の機能的利用のなかにみるのだが、個体発生のなかでそれが可能になるのはいつ頃かということと関連している。言葉は幼児・児童も使用するわけだから、幼児・児童も概念をもっていると仮定することもできる。しかし、ヴィゴツキーにあっては、幼児・児童の言葉は概念ではなく､概念の等価物であるとする。では本当の意味の概念はいつ頃から使用できるのか。それについてヴィゴツキーの仮説である。

概念は過渡的年齢期において形成され、発達すると仮定するのだ。概念の形成にもたらす過程の発達はその根源を児童期に発している。しかし、概念形成の過程の心理学的基礎をその独自な組合せにおいて形成する知的機能は過渡的年齢においてはじめて成熟し、形成され、発達するという。過渡的年齢とは思春期のことで、ロシア語の подросток（ポドロストク）、日本語訳では少年・少女期にあたり、一四歳〜一八歳。児童が少年・少女に変わる頃、小学生から中学生に変わる頃、はじめて概念的思考の領域への決定的移行が可能となるとする。ところで、子どもでも、大人と同じ問題を解決する。これは概念からではないのか。これは概念とは似た組織をもつもので、ヴィゴツキーはそれを概念の等価物と呼んでいる。では、どうして少年・少女期に概念形成が可能となるのか。

この年齢において思考の領域に真に新しいもの、「概念形成を成熟の危機の内容をなす心理学的変化の中心におく真に新しいもの」が明示的にでき上がっていくからだ。少年・少女だけがこの過程に到達するのである。この新しいものとは何か。ヴィゴツキーは精力的にこれについて書き込んでいる。少し長くなるがみていくことにする。

〈その一〉「概念形成……の研究は、言葉あるいは他の記号を注意の能動的方向づけ、特徴の分節化・分析、それらの抽象と総合の手段として機能的に使用することが、この過程全体に必須の基本的部分であることを示した」（思、一六二頁、以下同様）。「概念の形成あるいは言葉の意味の習得は、基本的な知的操作のすべてが独特な組合せにおいて参加する複雑な能動的活動（言葉や記号の操作）の結果である」。注意を方向づけたり、分析や抽象化に際して言葉や記号を使用するようになると概念が形成されていくということである。記号や言葉を使用した複雑な能動活動が可能になると概念の形成や言葉の意味の習得が可能なのだ。言葉の機能的使用。言葉や記号を使うということ。

〈その二〉「概念形成の過程は、……連合・注意・表象・判断・決定傾向に還元されない。――これらの機能はすべて、実際の概念形成過程がそうであるような複雑な総合の不可欠の参加者であるのだが」（思、一六三頁、以下同様）。「研究が示すところによれば、この過程において中心的なものとなるのは、自分の行う心理学的操作を自分自身の支配下においたり、自分自身の心理過程の流れを占有し、その活動を……問題の解決に方向づけたりするときの助けとなる手段として記号あるいは言葉を機能的に使用することである」。

前者は、概念形成は総合的な過程であって、要素的心理機能ではない。だから、総合的な心理機能が可能になることによって概念形成となる。その一の別のいい方になる。後者は記号あるいは言葉を機能的に使用することが過程の中心であるという点では、その一の繰り返しであるが、ここでの特徴は、自分自身の心理学的操作を支配し、占有し、方向づけるための言葉の機能的使用である。その二は、だから、自分自身のコントロールとして機能的に使用することができると概念形成が出来上がるということ。その一とここのところが違う。高度な知的機能。

〈その三〉「概念は言葉なしにはありえず、概念的思考は言語的思考なしには不可能である」。「概念の成熟の原因として……十分な根拠をもった、この過程の新しい本質的に中心的なモメントは**言葉の特殊的な使用**、記号の概念形成の手段としての機能的適用である（強調—ヴィゴツキー、傍点強調を太字体にしている）」。

この過程の新しい本質的中心的モメントとは「**言葉の特殊的な使用**、記号の概念形成の手段としての機能的適用である」というところで強調されている「**言葉の特殊的な使用**」が大事なのだ。まさに特殊的使用なのだ。幼児・児童も言葉を使用する。しかし、この「特殊的」というところが巧くいかない。ヴィゴツキーが言葉に見出した概念形成的機能がこの特殊的使用なのである。筆者なりにこれをまとめると、一つ目は心理的機能の総合化、統合に使用すること、二つ目に自己自身をコントロールするのに使用すること、とまとめることができよう。このような言葉の使用は、「言葉の新しい意味的使用、すなわち概念形成の手段としての言葉の使用」（思、一六五頁、以下同様・傍線筆者）とも呼ばれている。ヴィゴツキーはまさにこの部分に児童期と過渡的年齢の境界をみている。以下のように述べる。「まさにここに児童期と過渡的年齢との境界においておこなわれる知的変革のもっとも近い心理学的原因である」。

〈その四〉このような複雑な過程を概念形成とみるヴィゴツキーは、したがって、ソーンダイクの連合主義に反対する。ソーンダイクは低次な形式も高次の形式も区別なく、概念形成も連合の量の違いに過ぎないとみるのである。S—Rの繰り返しの少ないのが知覚であるとすると、大量の繰り返しによる連合の集積が概念になるとしているのだ。ソーンダイクはいう。「知的操作の高次の形式は、純粋に連合的な活動あるいは結合の形式と同一のものであり、同じ種類の生理学的結合に依存している。ただ、それはいちじるしく多量の結合を要求する」（思、一六六頁、以下同様）。「知能の系統発生も個体発生も、恐らく、選択・分析・抽象・一般化・思索は、結合の量の増大の直接の結果として発生することを示すだろう」。

ヴィゴツキーは、このような仮説は実験結果からは確証をみなかったと否定しながら、「低次から高次への発達は、結合の量的増大によってではなく、質的な新形成物を通じておこなわれることを示した。とくに……基本的モメントの一つとしてのことばは、平行的に進行する機能として連合的にふくまれるのではなく、理性的に使用される手段として機能的にふくまれるものであることを示した」。ヴィゴツキーの立場は行動主義ではないということの表明だ。S—RのSの一つとしてことばが含まれるのではない。ヴィ

表 5-1

第一段階	第二段階	第三段階	第四段階
混合主義的結合（四）	複合的思考（五）		概念（一八）
第一水準（四）	コレクション的複合（六）	第一水準（一六）	
第二水準（四）	連鎖的複合（七）	第二の水準（一七）	
第三水準（四）	拡散的複合（八）	（潜勢的概念）	
	擬概念的複合（九）		

ゴツキーの公式はS―言葉―Rのようになろう。しかし、単に手段として含まれるだけではない。理性的に使用する手段として含まれることにこそ言葉なのだ。かれにとって言葉が決定的で、最重要なことなのである。

これほどまで概念形成に中心的モメントとして言葉の機能的使用を位置づけたヴィゴツキーの実験はどのようになったのか。次に分析結果を述べていくことにする。

概念発達の第一段階（四）

実験結果によって明らかにされた概念発達過程は上の表とおりである（表5-1）。

括弧内は本章の記述の節を示す。

これらの発達の関係は次頁の図のように表すことができる（図5-1）。

これからの論述をまとめると以上のような図を描くことができるのだが、これらをこれから具体的に説明していこう。まず、概念発達の第一段階である。

概念発達をもたらす路線は基本的に三つまたは四つの段階からなる。その各々はいくつかの個々の水準あるいは相に分かれるということをヴィゴツキーは明らかにしている。段階とはロシア語のступень，水準はэтап，相はфазである。

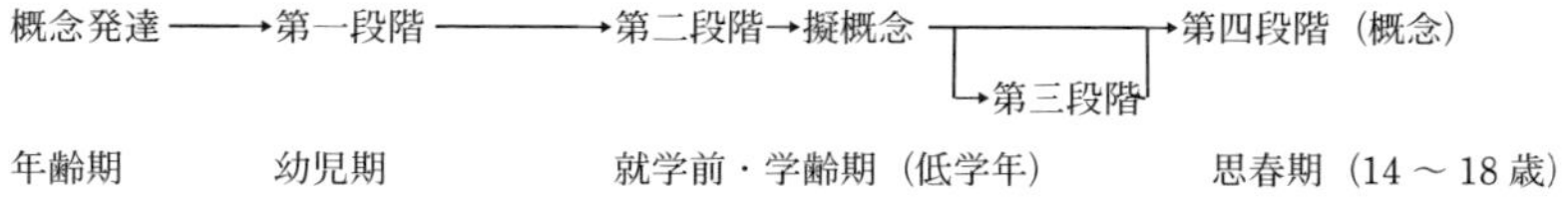

図 5-1

第一段階とは、非組織的な未整理な集合の形成である。その特徴は、対象の群の分離。十分な内的根拠はない。内的関連もなしに統合されたものである。言葉の意味は、子どもの印象のなかで外的に結びついた要素の上に結びついている。事物の非組織的・混合主義的連結である。

この形象の形成に決定的役割を果たすのは、知覚あるいは操作の混合主義（синкретизм）なのだ。子どものこのような傾向については多くの人たちが指摘している。クラパレード、ブロンスキー、ピアジェ、ワロンなどである。ピアジェの一九二三年の『子どもの言語と思考』にсинкретизмの用語が使われている。それの邦訳では「混合性」としている。波多野完治もこの用語を混合主義と記している。ヴィゴツキーもこの流れのなかで使用しているので、訳書では混同心性としているが、本書の三の一と同様、混合主義としていく。ゆえに、この第一段階をここでは混合主義的結合と呼んでおく。この第一段階には三つの水準が区別される。

第一の水準は、試行錯誤。新しい事物の群は、間違っているとかがわかると、つぎつぎにとりかえられる試行によってあてずっぽうにつかみとられる。

第二の水準は、事物の堆積は、個々の要素の空間的・時間的出合い（ならべられた順序）。直接的接触（となり合う）、他のより複雑な関係に基づいて形成される。第一のでたらめな試行よりは、知覚に基づいている。

第三の水準は、第一段階でもっとも高い水準で、第一段階の完成であり、第二段階への移行の水準である。子どもの知覚のなかで以前すでに統合されていたさまざまな群の代表を一つの意味にまとめることを基礎におく水準である。これは混合主義的結合の二重の作成—最初に形成された結合から、つぎにそれらのうちのいくつかの代表がふたたび混合主義的に結合させられる—の結果にすぎないのである。ここでは、平面ではなく、重層の系統の結合になるのだ。しかし、堆積以上ではない。ヴィゴツキーはこの第三の水準に到達した子どもは「言葉の意味の基本形式としての堆積に別れをつげる」（思、一六九‐一七〇頁）と述べ、複合の形成の段階と呼ばれる第二段階に登ると述べている。まだこの水準では言葉は意味をもたない。

概念発達の第二段階（五）

以下の節は、それぞれ節分けされているが、すべてが概念発達の第二段階の複合にかかわるグループである。括弧内は節を示す。

概念発達の第二段階（五）
コレクション的複合（六）
連鎖的複合（七）
拡散的複合（八）
擬概念的複合（九）
擬概念の意義（十）

それぞれが個別に節に分けられて説明されているので、本書もそれに従い述べていく。

第二段階は複合的思考（мышление в комплексах）と呼ばれるものである。この思考の特徴は何にあるのか。それは事物のあいだの結合にある。ヴィゴツキーは「個々の具体的事物のあいだに実際に存在する客観的結合に基づいて結びつけられたそれらの具体的事物の複合」（思、一七〇頁）であるとしている。具体的事物のあいだの客観的結合、色なら色、形なら形という客観的なもののあいだの結合なのである。具体的事物の複合であるのだ。この段階の子どもは、ヴィゴツキーがいうように、事物を一つのグループに結びつけ、かれによって発見された事物のなかの客観的結合の法則にしたがって集めるのである。

では、この複合は、第一段階とどう違うのか。ヴィゴツキーは、その違いを、第一段階では概念の等価物が混合主義的形象の構成であるとすれば、第二段階では、複合の構成であるとする。形象から、客観的結合へと移行しているのである。それをヴィゴツキーは以下のように説明している。複合の構成においてもっとも本質的なことは、「具体的事実的結合が横たわっている」ことであるとする。たとえば、大人の言葉にもそれはみられる。たとえば、名前の姓がそれだという。「ペトロフ」といった姓は、日本でいえば「山田」とか「佐藤」といった姓にあたるが、子どもの思考に近い、個々の対象の複合であるという。これはどういうことか。ペトロフの家族に属するかどうかは、事実的親族関係に基づいているのであって、論理的関係に基づくものでないからだ。「兄弟」とか「姉妹」といった単語とは異なるのである。後者では上下関係の論理を必要とするが、前者はそうではないからである。その家族に属していればそれでいいのである。このようなことは大人の言葉でも有効なのである。だから、いいかえて、「複合の基礎には直接的経験において発見された事実的結合が横たわっている」（思、一七二頁、以下同様）なのである。

では、概念の段階の特徴は何か。その基礎に横たわっているものは、事実的結合ではなく、抽象的・論

表 5-2

概念	複合
○互いに論理的一致する統一したタイプの結合	○互いに何らの共通性をもたないような多種多様な事実的結合
○事物が一つの特徴に基づいて一般化される	○さまざまな事実的根拠に基づいて一般化される
○事物の本質的な、一致した関連や関係が反映される	○事実的・偶然的・具体的関連や関係が反映される
○すべての要素が概念に表現される全体と同一のタイプの結合によってむすびついている	○複合の各要素は、全体および個々の要素とさまざまに結びつく
○一般と特殊の関係	○事物の接触、実際の類縁関係のように多様
○一般を通じての特殊と特殊の関係	○特殊と特殊の関係はみられない

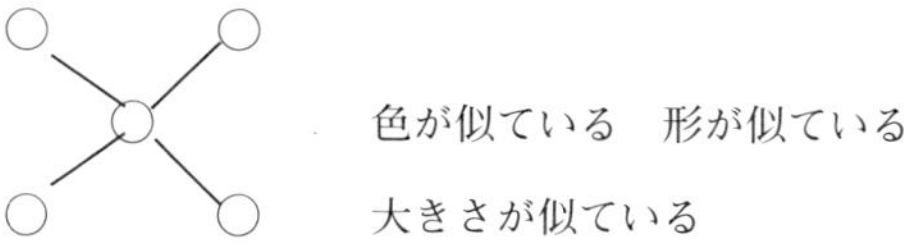

図 5-2

理的関係である。そこが本質的に違うところなのだ。ヴィゴツキーが特徴づけている違いを表にすると上のようになる（表５‐２）。

第二段階の一般的特徴づけはこれくらいにして、そのなかのタイプをみていくことにしたい。五つの形式が見出されている。この場合、相（фаз）と呼ばれたり、タイプと呼ばれたり、形式といわれたりしている。取りあえず、タイプとして説明していこう。

第一のタイプは連合的複合と呼ばれる。これはある核を選び、そのまわりにいろいろな特徴を結合するタイプである（図５‐２）。

「子どもは見出された任意の具体的関係、複合の核と要素とのあいだの任意の連合的結合が……群に所属させ、共通の姓で呼ぶ十分の理由になる」（思、一七三頁、以下同様）。

言葉は名前の姓に似た役割を果たすものとなる。だから、ヴィゴツキーは言葉が個々の

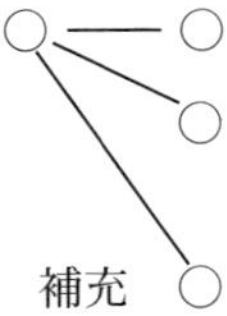

見本と色、形、大きさ、と異なる図形を見本にあうものとして選ぶ

図 5-3

事物の名称、固有名詞ではなくなっている、「かれにとって姓となる」と指摘するのである。

コレクション的複合（第二のタイプ）（六）

第二のタイプはコレクション的複合と呼ばれる複合である。これは、コレクション（収集）を思い起こさせるグループに事物や具体的印象を結びつけることである。ここではさまざまな具体的事物が、何らかの一つの特徴にしたがって、相互に補充しあうことを基礎に結びつけられる。相互に補充し合う多様な部分からなる一つの全体である（図5-3）。

第一のタイプとの相違は、同一の特徴をもつ物がいくつも存在しない。対照（コントラスト）にもとづく連合である。日常生活のコップと皿とスプーン、フォークとナイフとスプーンといった全一的セットに根源をもつタイプとみてよいだろう。この複合の基礎にあるものは事物の一般化である。

連鎖的複合（第三のタイプ）（七）

第三のタイプは連鎖的複合と呼ばれる複合である。連鎖的複合とは、「個々の環が一つの連鎖に動的に結合し、この連鎖の個々の環を通じて意味が移動する」（思、一七六頁）

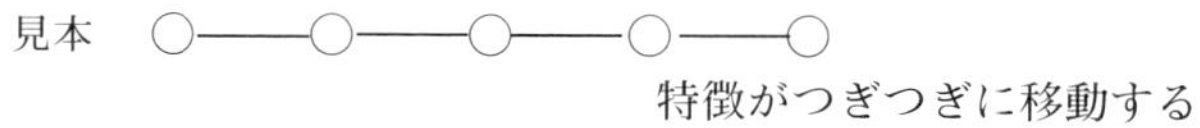

図 5-4

という原則で構成されるものである。実験的条件でいえば、ある見本—黄色の三角形—にたいしていくつかの角のある図形を選んだが、そのご、それらの図形のなかに青色のものがあると、子どもはそれに別の青色の図形、たとえば半円や円形をつけ加える。つぎに円形の特徴に基づいて他の対象を選ぶといったようにである。この複合の形成の過程では一つの特徴から他の特徴へ移行がおこなわれる。意味が移動するのだ（図５‐４）。

この複合の特徴は各環が見本と同等の価値をもっているということだ。各環は見本と結びつけねばならない必要はない。これらの特徴は第一、第二のタイプと異なる。しかし、複合を構成する。意味が移動しながら複合を構成するのである。この中心をもたない連鎖的複合が複合的思考のもっとも純粋な形態とヴィゴツキーはみなしている。というのは、一般と特殊、複合と要素との融合が複合的思考一般の本質的特徴をなすとみるからである。比較心理学者ウェルナーのいう精神的アマルガム（混ぜ物）が複合的思考を示すからだ。

このように複合と要素がどんどん融合し、どんどん特徴があいまいになるとする。そうすると、第四のタイプ（相）が現れる。

拡散的複合（第四のタイプ）（八）

第四のタイプは拡散的複合と呼ばれる。この複合の特徴は、個々の具体的要素と複合とを結びつける特徴が、拡散し、あいまいで、無限定でありながら、拡散的、無限定的結合により事物のグループを結びつける複合である。実験的条件でいえば、たとえば、あたえられた見本―黄色い三角形―にあうものとして、三角形だけでなく、台形をも選ぶ。というのは、頂上が切り取られた三角形を思い出させるからだ。ついで台形には四角形がつけ加えられ、三角形には六角形が六角形には半円が、ついでに円が付け加えられる。ここでは特徴となった形が無限定となり、拡散し広がる。色の特徴がとられると、黄色の図形に続いて、緑色を、緑色の次に青色を、青色の次に黒色を選ぶといったものである。

これも複合的思考のもう一つの極めて本質的な特徴―その外形の不明確さと原則の無限定性―をなしていて興味がもたれるとみなされる。子どもの日常生活のなかでみてみれば、子どもが自分の実際的経験の範囲を越えたところで考え、判断し始める際の「大人に理解し難いような意外な接近、思考のなかのどんな飛躍、どんな冒険的一般化、どんな拡散的移行」（思、一七九頁）のなかにこの複合がみられるのである。

擬概念的複合（第五のタイプ）（九）

第五のタイプは複合の最後の形式であり、他方で新しい概念形成への橋渡しをする形式となる複合で、擬概念的複合と呼ばれる。実験的条件においてはあたえられた見本にあうものとして、抽象的概念にもとづいて選ばれ、相互に結びついたかのような対象を選び出す。見本が黄色の三角形であれば、三角形全部を取り出すのである。この場合、あたかも概念に基づいて選び出しているかのようにみえる。しかし、子どもの場合、複合的思考に基礎をおく複合的一般化に基づいて行動するのである。ここでは概念に基礎をおく一般化と結果では一致する。ヴィゴツキーの分析によると、子どもはそれらの具体的直観的結合に基づいて、単純な複合に基づいて結びつけているので、概念ではない。しかし、結果として一致しているので擬概念と呼んでいる。

擬概念の意義（十）

ヴィゴツキーはこの見かけ上、概念と似た複合について機能的、発生的に特別の意義を位置づけている。それについて重要だと思えるので少し要約しておこう。

擬概念とは概念ではないが、結果として概念と同じになるものである。外見的に概念と同じ形式をとるのである。それは大変役に立つのである。これが機能的意義というものだ。というのは、このことにより、子どもは周りの大人とコミュニケーションがとれ、相互理解が可能になるのだ。「おとうさん、かいしゃ」というだけで訪ねてきたおばちゃんは、この家の主人はいないことを理解できる。子どもは「かいしゃ」とは何かわからないし、勤め先も、何をしているかもわからないが、お母さんやまわりの人が使う「かいしゃ」で、お父さんが家にいないことを相手に伝えることができることを理解しているのである。子どもには擬概念である「かいしゃ」という言葉が、相手には概念として伝わるのである。相手は「かいしゃ」の概念をもっているからである。このようにして子どもと大人は言語的コミュニケーションや相互理解が可能になるのだ。

しかし、子どもの言葉は概念と同じであっても、思考方法や知的操作は大人のそれとは異なる。複合なのである。ヴィゴツキーはそれを、二重性とか、内的矛盾と呼んでいる。内面の思考方法は異なるが、外面の言葉は同一のことを指している。ヴィゴツキーは子どもの思考の「特別な二重の内的矛盾した形式」

（思、一八五頁）といっているのである。このことから擬概念の巨大な機能的意義が生まれるとする。相互理解、コミュニケーションが可能となるのは、この擬概念のおかげなのである。そうでなかったら、ヴィゴツキーがいうように、大人との相互理解、言語的コミュニケーションは不可能であり、大人の概念とは全く異なった方向に分散するだろうと。この擬概念のおかげでそうはならなく、うまく行くようになる。別の角度から見ると、大人の言葉が子どもの言葉を方向づけているともいえよう。ヴィゴツキーがいうように、それは大人からできるとしても子どもの内なる思考方法までは方向づけられないのであるが。

さらに、この二重性はこれだけにとどまらない。発生論的意義も重要なのだ。それは端的にいえば「複合的思考と概念的思考とのあいだの連結環の役割」（思、一八七頁、以下同様）を果たすということである。一方では概念であり、他方で概念でないという矛盾は、将来は概念へと向かう種子をふくんでいるといえるとみなせるとヴィゴツキーはする。実際、次の段階は概念なのだ。

しかし、この擬概念を見誤らせることになったのだ。ビューラーなどである。三歳の子どもの思考のなかに大人の知的活動の形式が完全に存在し、それ以降、なんら原則的変革はないという見方である。ヴィゴツキーによれば、この誤りは擬概念に惑わされた結果とするのである。

これまでの考察から、ヴィゴツキーにとって重要な命題を提起する。それは、知的発達全体にとって例外的というより、むしろ一般的規則というべきものであるとする。独特の発生的論的命題なのである。その独特の命題というのは「子どもは概念を自覚する前に、それを実際に適用し、操作するということである」。ヴィゴツキーはそれをヘーゲルの論理学の用語である「即自、対他、対自」を使って以下のように表明している。

「『即自』『対他』に概念は、子どもには『対自』に概念が発達するよりも先に発達する」（訳を筆者が変えている）。これが「一般的規則というべき独特の発生的論的命題」なのである。この命題について擬概念のなかに見出しそれを以下のようにまとめている。「擬概念のなかにすでに含まれている『即自』および『対他』の概念は、真の意味の概念が発達するための基本的な発生的前提なのである」と。概念を即自的、対他的に使いこなしているのが擬概念の段階で、だから大人と相互理解、コミュニケーションが可能なのだ。

擬概念段階を過ぎると概念段階への道を進む。『思考と言語』の本章の著述では、それに移る前に、複合的思考の存在について個体発生だけでなく、比較心理学の資料を使い、人類の進化的歴史心理学の成果からこれらを傍証しようとする。それらは以下の節である。ここでは、それにあたる節名だけにとどめることにする。

十一　実験的分析の総括
十二　子どもの言葉の意味の転移
十三　融即と複合的思考
十四　言語学の資料との比較
十五　聾唖児のことばと思考

第三段階の第一水準（十六）

第二段階が子どもの概念の発達史の第一の根源にあたる。概念の発達史にはもう一つの根源があるという。それがこの第三段階である。そういうことから概念は第四段階になる。上述の概念発達の第一段階(四)の図(図5-1)を参照(一四四頁)。

ヴィゴツキーは、上述の擬概念を複合的思考とこの第二の根源となる第三段階との間に存在する過渡的段階に位置するとする。第二段階の複合は、具体的事実の結合や関連であったとすると、それらの外に要素を抽出し、抽象された要素を吟味するのが第三段階である。ヴィゴツキーはそれを、「子どもの思考の発達における発生的機能は、分節化・分析・抽象の発達」(思、二〇七頁)であると述べる。実験的条件においては、ここでは見本に最大限類似した特徴が、いわば注意の中心となり、そのことにより注意の周辺部分が残された他の特徴から抽出され、抽象される。つまり、注意の中心部分となった特徴が抽出される。すると、注意の中心でなかった周辺部の特徴と分離される。概念のもとになるほどはっきりした抽象ではなく、あいまいで、漠然とはしているが、中心と周辺の分離が生じる。分節化・分析・抽象のはじまりが開始される。二つの特徴の分離がはじまるのだ。結合ではない。この分離の抽出の段階が第一の水準(原語は相[фаза])なのだ。ヴィゴツキーはいう。第一の水準は擬概念に近い。しかし、擬概念より貧しいと同時に豊かであると。抽象により特徴は孤立する。しかし、それにより重要なものとそうでないものの区別がついたという点で豊かなのだ。弁証法的な見方が役立っている。

潜勢的概念(十七)

第三段階の第二水準は、潜勢的概念(потенциальное понятие)の段階(стадия)と呼ばれる。グロスの用語を使っている。実験の場面では、ふつう、一つの共通の特徴に基づいて結合され、一般化された対象のグループを抽出するものである。潜勢的概念の心理学的基礎となるのは具体的機能的意味である。この点で真の概念とは異なる。抽象的概念の定義で、具体的・行動的な状況で答えるようなものである。メッサーが観察した一年生の与えた解答がこの典型的な例であるとする。「理性というのは、私が暑いときに、私が水を飲まないことです」というような場合である。概念ではないが、機能的に同じ意味になるのが潜勢的概念。

　複合的思考と潜勢的概念に共通することが存在する。共通する一定の特徴の抽出という点である。しかし、異なる点がみられるのだ。表にすると次頁の上のようになる（表5-3）。

　潜勢的概念とは以上のような特徴をもつものだが、次にそれと真の概念の関連について述べてみよう。「複合的思考の発達とともに抽象化の過程の習得のみが、子どもの真の概念の形成に導くことができる。この真の概念の形成は、子どもの思考の発達における第四の、最後の段階（原語は相[фаза]）（注）を構成する」（思、二二一頁、以下同様）とヴィゴツキーは述べるのである。つまり、複合は総合であるが、まだあいまいな総合である。抽象化の介入することにより、この総合がしっかりした総合になり、真の概念になるのだ。「概念は、抽象された特徴がふたたび総合されるとき、抽象的総合が思考の基本的形式になり、それによって現実を意味づけるとき発生する」といえるのである。では、ヴィゴツキーが常に強調してきた言葉はいかなる役割をはたすのか。ヴィゴツキーはこれについて以下のように述べている。「実験はそのさい真の概念形成において決定的役割をはたすものは言葉であることを示している」と。この決定的役割とはどのようなものか。それは、言葉によって自分の注意を特徴に方向づけ、言葉によってそれら

表 5-3

複合的思考の抽象	潜勢的概念の抽象
特徴が高度に不安定	左のようなことはない
他の特徴に自分の席を譲る	左のようなことはない
優先的な特徴でない	他の特徴に比べ優先的な特徴である

を総合し、「言葉によって抽象的概念を記号に表し、……最も高次な記号として操作する」という役割なのである。ヴィゴツキーにとっては言葉の介入が不可欠なのだ。このところに他の心理学者、ウェルナー、クレッチマーなどとの違いがみられる。言語的思考の一つの段階としての複合的思考と動物の表象を特徴づける直観的思考とをヴィゴツキーは区別するが、かれらは同一の思考とみなすのである。なぜなら、言葉の介入があるからだとするのである。生物学的進化の産物、思考の自然的形式と歴史的に発生した人間的知性の形式との区別を考慮するヴィゴツキーの心理学だからなのである。言葉にも複合的思考と概念的思考とにおけるその役割の違いをおさえながらである。前者と後者では一般化の形式が異なるが、この差異に言葉の関わり方が異なるのである。

（注）фаза は、前の訳からすると水準であるが、第三の水準がないので、第四の段階と訳しているのは止むを得ないだろう。しかし、次の十八節では三つの段階（ступень）としているのだが。元の論文である『少年・少女期の児童学』も同様である。

概念の発生（十八）

これまでは実験研究によって概念形成をみてきた。これで実験の分析結果は終わり、この節からは個体発生において概念形成はどうなっていくのかを論じようとする。子どもの発達のなかでいえば少年・少女期、ヴィゴツキーの表現でいえば過渡期（思春期）に発生する現象ということになる。ヴィゴツキーはこの時期に概念形成は完成するという。「われわれの研究全体の最も重要な発生論的結論は、子どもは概念的思考に到達するということ、子どもは過渡的年齢においてはじめて自分の知性の三つの発達段階を完了するということにかんする基本的命題である」（思、二一四頁、以下同様）。他方で、ただちに概念的思考に移るのではない。古い時代のものへと後戻りしたり、それらと共存したりする過程が長く続く。「思考の最高の形式―概念―を習得した子どもは、より初歩的な形式を決して手離さない。長いあいだ、それらは、子どもの経験の多くの領域において圧倒的な支配的な思考形式としてとどまる」。ここに過渡的年齢の特徴が表れているとする。それを、思考の完成の時期ではないが、思考の危機と成熟の時期であるとするのである。それは、年齢的にも過渡的なのだ。「人間の知性に可能な高次の思考形式という点でも、この年齢は、他のあらゆる点とも同様、過渡期である」（思、二一五頁、以下同様）。しかし、危機期ではあっても、この新しい思考形式を獲得することによって新たな機能への発展につながることも見落としてはいけない。「われわれは、この新しい思考形式の基礎によこたわり、少年の知的活動全体の性格に、またのちに述べるように、少年の人格や世界観の発達に光をそそぐいくつかのきわめて重要な心理学的法則性を発見する」。またのちほど述べるとあるが『思考と言語』には存在しない。『少年・少女期の児童学』の別の部分である。そういう意味ではこの節は同書と関係づけて読まなければならない。

それはさておき、過渡期における概念であるがゆえに、この期の概念にはいくつかの弱点がみられる。その一つが、概念形成とそれの言葉による定義とのあいだのくい違いである。概念を形成し、それを具体的状況に正しく適用する。しかし、この概念を言葉で定義する段になると、著しく困難になるということだ。適用はできても、自覚ができない。自覚ができないから、定義することに困難を感じる。これが一つ目である。ヴィゴツキーが述べる弱点の二つ目は、概念の適用についてである。概念の適用についても困難を感じるのだ。概念は直観的状況のなかで利用されているからだ。同じ状況なら適用を正しく行うことができるが、別の状況に適用しなければならない際にははるかに困難になるのだ。このような状況だと、概念を定義する過程ははるかに困難になる。具体的状況から離れ、抽象的状況で行わなければならないからだ。このような弱点や困難がみられる少年・少女期の概念の状態についてヴィゴツキーは「言葉を概念として利用するが、その言葉を複合として定義する」（思、二一六頁）と性格づけている。それからゆくゆくは概念を完成させる。しかし、これをまとめて以下のように述べている。「少年によってふつう過渡的年齢の最後になってはじめて克服されるもっとも大きな困難は、形成された概念の意味を、かれらによってやはり抽象的次元で考えられる新しい具体的状況につぎつぎに転移することである。抽象から具体への道は、ここではかつての具体から抽象への上昇の道と同じほどに困難である」（思、二一六 - 二一七頁）。

これらのほか、この節（注）では、概念形成について次の二つの指摘が印象的である。その一つは、概念形成についての伝統的観点、つまり連合主義的観点への批判である。差異が捨象され、共通な部分が残り、それがもとになって表象ができ上がり、概念となるという見方についてである。これは一貫してヴィゴツキーが批判しているものである。ヴィゴツキーはこれを特殊から一般へといたる概念形成の見方とする。それだけでなく、一般から特殊への道が有効である。ヴィゴツキーはいう。「概念は一連の具体的事物のなかからたんに類似した特徴を抽出することによって発生するという以前の考え方にかわって、概念形成の過程は、たえず一般から特殊へ、特殊から一般へと移動している概念ピラミッドのなかでの思考の複雑な運動過程として、その真の複雑さのなかで考えられるようになった」（思、二二八頁）。

（注）十八は、『少年・少女期の児童学』では二つの部分に分かれていた。『思考と言語』に入れる際、それらを統合して一つの節にしている。これまでの節は同書では23、これからの節は24となっている。このあと本章はじめにある25に続く。

もう一つは、ビューラーの概念の起源にかんする理論についての批判である。ビューラーはこれによって連合主義を否定しようとしているのだが、それを評価しての上での批判である。ビューラーは概念の起源として二つの発生的起源をあげる。一つは、子どもの表象の抽出されたグループへの統合、これらグループの複雑な融合であり、もう一つは、判断の機能である。これらによって二つの方向から、一つは特殊の側から、もう一つは一般の側からと同時に発達するというのである。これにより、ビューラーは連合主義的観点を批判する。これは正しいという。しかし、概念形成の二重の根源にかんする問題は、ヴィゴツキーの実験的分析の資料によると必ずしも正確な形で示されていないという。その上で、ビューラーの誤りを論評する。①概念に先行する複合的結合における言葉の役割を無視する②概念を印象の純粋に自然的な加工形式から導き出そうとする③概念の歴史的本性を無視し、言葉の役割を無視する④自然的な複合と、言語的思考を基礎に発生する複合との間の差異を認めなかったこと、と厳しく指摘している。第二の根源については、概念を論理的判断の産物であるという論理主義的観点に陥っているということ、概念の根源としての思考について語りながら、思考のさまざまな形式、生物的形式と歴史的形式、自然的要素と文化的要素、思考の低次の形式と高次の形式、無言語の形式と言語形式との間の差異を無視していること、としている。ビューラーの連合主義への批判は評価しつつも、彼の捉え方には手厳しい。その根底にはヴィゴツキーの言葉への絶大な信頼が据えられているのである。

これとの関連でビューラーのいう三歳の子どもにも概念が存在し、少年の思考は概念発達においては三歳の子どもと比べて何ら原則的に新しい進歩をとげるものではないという結論は誤っているとしている。抽象的な言葉を使用しても、またそれにより大人と相互理解ができるとしても、子どもの思考の背景となっている思考は複合的思考であって、決して概念的思考とはいえないからである。したがって、概念的思考に移行しつつある少年・少女の思考と複合的思考にある子どもの思考とを同一視するのは誤りなのである。ヴィゴツキーは次のようなことばで締めくくっている。「外面的類似にまどわされたこの研究者は、発生的・機能的・構造的に完全に異なる二つの思考タイプの、そのような類似した外観の奥にひそむ因果的 - 力動的結合や関係の深い相違を考慮しなかったからである」（思、一二四頁）と。

付録

（以下のものは二〇一四年八月三日開催のヴィゴツキー学協会主催『思考と言語』出版八〇周年記念セミナーの配布資料の一部である。本章と関係するので掲載する。）

ヴィゴツキーはなぜ概念が大好きなのか

「この本の個々の部分は、他の著作ですでに利用したことがあるし、通信教育のあるコースのテキストとして公刊された（第五章）こともある」とあるようにこの章は『少年・少女期の児童学』（一九三一）

第X章5～24と同じ（本章はじめにを参照）。思春期の人格形成と関連づけた概念の機能を捉えたい。

ヴィゴツキーは同書（『思春期の心理学』）第X章（邦訳第2章）第27節自己意識・自己理解の発達の中でこの概念の人格形成的意味を論じている。ということは、概念発達の実験研究は単に、概念発達の過程を追求するという目的には終わらない他の目的をもっていたということである。ヴィゴツキーが概念に与えようとした他の目的とは何だったのか。その秘密が、『思考と言語』第五章は、その前に『思春期の心理学』第2章5～24になっているということのなかに存在しているように思えるのである。これこそが、ヴィゴツキーが概念に与えようとした意義ではないのか。この視点からかれが概念を愛する意義も浮き上がってくるように思う。

この第27節には、『思考と言語』第五章と関係するかのようにこの実験研究への言及もみられる。それは次のようである。実験においてさまざまな概念の間に緊密な関連があることを観察した。実験において四つの異なる概念を形成するという課題が立てられた。そこで、どのようにして一つの概念の形成が残りの三つの概念形成の鍵となり、また、どのようにしてそれら三つの概念が最初の概念とは異なった経過で、一つ目の概念の助けで発達するのかを観察した。第二、第三、第四の概念の際には、第一の概念形成とは異なって経過した。ただ例外的ケースでのみ四つの概念が四つとも同じ操作で形成されただけだ。これは何を意味するのか。つまり、概念間の相互移行や関連の中で概念が発生するということだ。それぞれの概念は残りのすべての概念との関連の中で発生し、発生した概念は、以前に認識した概念体系の中で自分の位置を決定するということを示しているのである。これらのことから、概念相互の関連で、概念は外的現実の認識の基本手段となることを示している。このようにヴィゴツキーは外界認識の基本手段として概念を認める。概念形成の実験とこの節が関連していることが分かろう。

さて、ヴィゴツキーが概念を愛する理由は何にあるのか。まずはこの節でヴィゴツキーが与えている概念の三つの機能（訳書では「三つ」が脱落）を見てみよう。

その一つは、外界の認識の手段であるということである。ヴィゴツキーはいう。概念による思考は現実の基礎に存する深い関連の解明、現実を支配する法則性の認識、知覚された世界を論理的関係の網によって整理することを可能にする。ことば（レーチ）は現象の分析、分類の強力な手段であり、現実の整理と一般化の手段である。概念の担い手になった言葉（スローヴォ）は、対象の真の理論である。概念の記号である言葉を使って具体的現実を認識するとき、人間は眼に見える世界のなかに含まれた関連や法則性を明らかにするのだ。

二つ目は、思考の完全な社会化は概念形成の機能であるということである。概念は体系をもっているだけでなく、外的現実認識の基本手段である。そのことにより、概念は、他人を理解し、人間の歴史的・社会的経験を習得する基本的手段となる。人間は概念において社会意識の世界をはじめて理解し、体系化することができる。言葉によって考えるとは、自分の個人的思考を一般的思考に合流させることである（フンボルト）。ここに思考の社会化を概念が可能にするといえるのだ。

三つ目は、それは次のような文章からである。「内的現実、自分自身の体験の世界への洞察において決定的役割を演じるのは、思春期において発生する概念形成の機能である」（思春期、八五頁）。「概念形成への移行と関連して少年たちの思考に発生する第三の領域は、ここではじめて認識し、整理し、体系化することを可能にする自分自身の体験の世界である」（思春期、八六頁）。言葉は自分自身の理解の手段となるだけで、他人を理解する手段になる。言葉は、誕生のはじめから語り手にとって自分を理解し、自分の知覚を統覚する手段なのだ。それゆえ、概念形成とともに、自己知覚、自己観察の集中的発達、内的現実・自分自身の体験の世界の集中的認識が到来する。概念形成とともにのみ少年たちは自分自身を、自分の内的世界を真に理解しはじめるのである。自分の内的世界の認識の理解が概念形成の第三の機能なのだ。だから、ヴィゴツキーは以下のようにまとめる。「現実の理解、他人の理解、自分の理解は、概念的思考がもたらすものである。このような革命が思春期の少年たちの思考と意識にやってくる。ここに思春期の少年たちの思考と、三歳の子どもの思考とを区別する新しいものがある」（思春期、八七頁）と。このようであるが、特段に重要なのが、第三の機能である。自分自身の自覚、理解である。なぜなら、それは新しい意識、自己意識の発生と結びつき、人格概念と結びつくからである。この自己意識こそが、ヴィゴツキーを概念大好きにする理由だといえるのである。ヴィゴツキーはいう。「人格と呼ぶことになっているものは、まさに、この時期（思春期）に発生する自己意識にほかならない。すなわち、人間の新しい行動は自分に対する行動になり、人間自身が自分を一定の統一体として自覚するのである」（思春期、一九五頁）と。

表 6-1

第六章　子どもにおける科学的概念の発達の研究		
邦訳	六巻本（一九八二）	初版
一生活的概念と科学的概念	1	Ⅰ
二自覚性の発達	2	Ⅱ
三発達と教授との相互関係	3	Ⅲ
１書きことばと話しことば	4	∴
２発達曲線と教授曲線		
３形式陶冶の可能性		
４発達の最近接領域		
５総括		
四科学的概念と生活的概念	5	Ⅳ
五外国語の学習と母語の発達		
六概念の一般性と一般化の発達	6	∴
七科学的概念の体系性と生活的概念の無体系性	7	∴
＊＊＊	8	Ⅴ

六　子どもにおける科学的概念の発達の研究（第六章）

はじめに

本章は子ども（原書は児童期）における科学的概念の発達の研究という章名であるが、これだけがヴィゴツキーが付けた名称であって、邦訳書の節名称などは訳者がつけていて、原書には節わけがあるだけで名称はついていない。どうなっているか、初版、六巻本の第2巻（六巻本と略）、邦訳の対応を表にしておこう（表６‐１）。

初版本と六巻本の節分けには明快な対応がみられる。初版の∴に番号を付し、順番化したものである。ロシア語版がほぼ同一の趣旨で節わけされているとすると、邦訳との対応がどうであるかということが残るだけである。六巻本との対応をすることでそれを追求しておこう。主として異なるのは、邦訳の1～5と項分けにたいして六巻本では4節が対応し、項分けされていない。もう一つは、六巻本では5節となっているのにたいして、邦訳はそれを二つにわけ、それぞれ四、五節と分けており、大きく異なっている。五を節に格上げしているところである。訳者の意図がうかがえる。この点では、外国語教育の研究者をヴィゴツキーへと触発させることになったかもしれない。

本章の目的は、前章では概念の発達過程を研究したが、それは人工的概念であった。また、実際的概念の研究が残されていたのである。本章では、実際的な概念の発達の研究が目指されているのである。その対象として生活的概念と科学的概念が対象にされている。それぞれの節の見通しを述べておこう。

一　生活的概念と科学的概念

生活的概念とは違う概念としての科学的概念を述べる。

二　自覚性の発達

自覚性や随意性の発達の意味。意識が自己意識へと移行する契機に自覚性や随意性の発達をみる。自覚性や随意性は科学的概念の発達がもたらす機能として論じる。自覚性はヴィゴツキーにとって重要な意味を持っている。

三　発達と教授との相互関係

自覚性や随意性をもたらす精神過程に作用するのは教授・学習（オブゥチェーニエ―訳書では教授）。このことから教授・学習と発達の関連を論じる。これは、生活的概念と科学的概念の発達のより一般的問題。これを実証するに際して、ヴィゴツキーがレニングラード教育大学の院生を指導した研究から論述される。発達の最近接領域（ＺＰＤと略）などである。
（本書では省略）
四　科学的概念と生活的概念
生活的概念と科学的概念の比較研究を行ったシフの実験結果の陳述。生活的概念と科学的概念の相互関係を導く。
五　外国語の学習と母語の発達
生活的概念と科学的概念の関連の類推から外国語と母語の関係を導く。この際、重要な概念として媒介性が使われる。
六　概念の一般性と一般化の発達
科学的概念の特質として体系性が導き出され、それをもとに一般化の構造が導き出される。

（本書では省略）
七　科学的概念の体系性と生活的概念の無体系性
これらをもとにピアジェの自然発生的概念の調査から出てきた子どもの思考の特質を、ピアジェのような自己中心性からではなく、子どもの思考の体系性の欠如から説明する。
＊＊＊シフの実験の不十分な点、残された課題の陳述が行われる。
全体として読み切ると、この章には強くヘーゲル論理学の思想が流れ込んでいると感じられ、発達と教授・学習の問題を無意識と意識に引きつけ弁証論理的に展開しているスタイルはヴィゴツキーの非凡さを感じる章となっている。

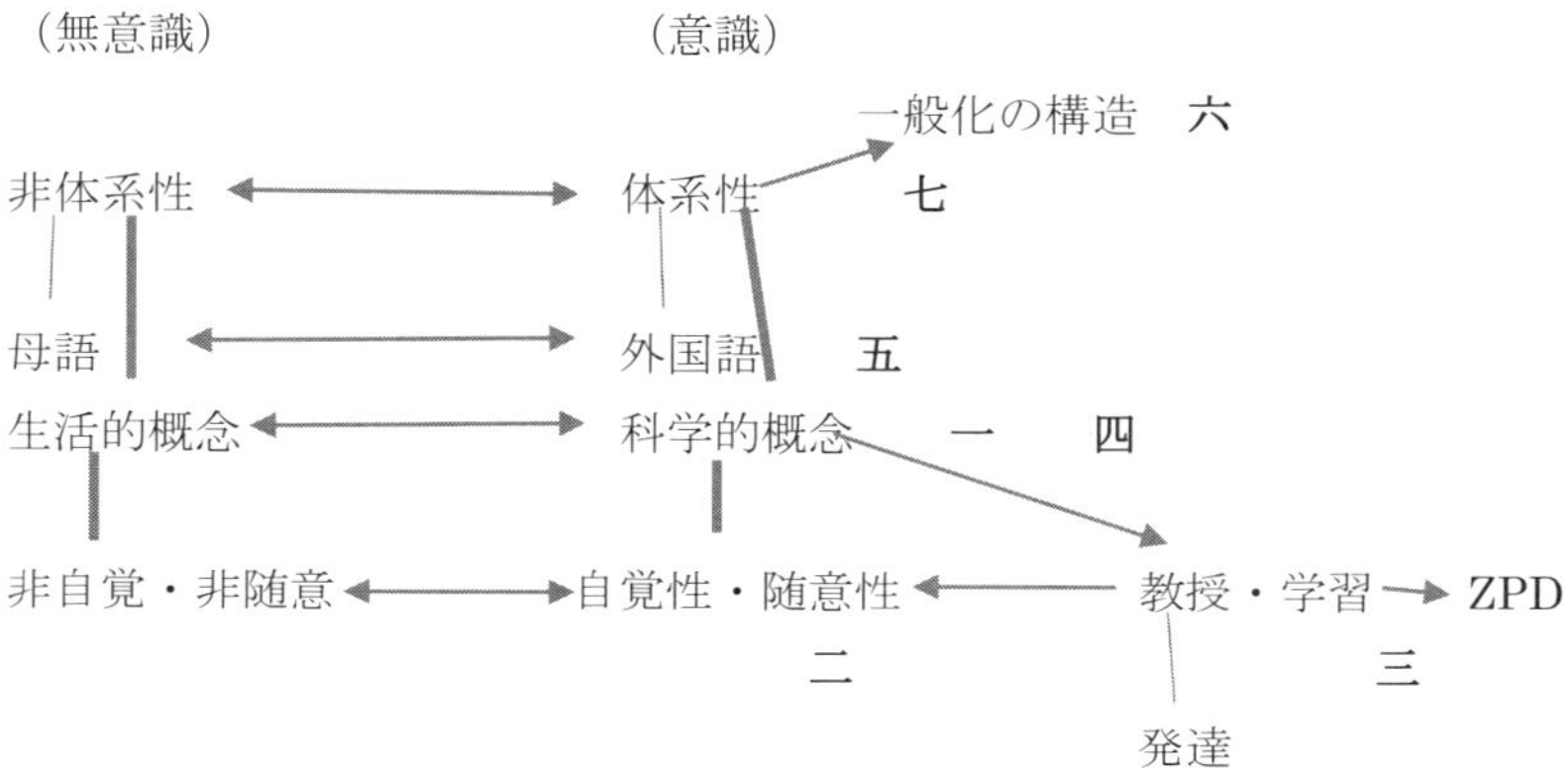

図 6-1　本章の概念構造図（漢数字は節を表す）

各節の関連を図化すると上のようになろう（図６‐１）。太線は強い関連を、細線は関連を、矢線は影響を示す。

生活的概念と科学的概念（一）

第一節生活的概念と科学的概念について述べていく。はじめでも述べたが、節名は訳者がつけたものである。さて、この節は、本章のために書き下ろされたものではない。元になった論文がある。この節の成り立ちから説明していこう。ヴィゴツキーは、ジェ・イ・シフ『学童の科学的概念の発達』という書物に序文を載せている。題名は「学齢期の科学的概念の発達についての問題」となっている。この書物は一九三五年に出版されているので、ヴィゴツキー没後である。一九三四年にかれは病死しているので、死後の出版ではあるが、序文は生前に書かれたものであろう。この本の元になったのは、シフの学位論文「生活的概念と科学的概念の発達」（一九三三）で、ヴィゴツキーの指導の下で行われたものであるので、生前、十分この結果を知りえたのである。この研究は、一九三二年以降、かれの指導の下で行われたことを、シフ自身が本書で記している。この序文の三分の二にあたるものがこの節に使われており、それは、第一節の『思考と言語』二二五頁から二四三頁が該当する（そのうち、本書執筆のため書き足したのが三頁）。このようなことから、第一節はシフの書物へのヴィゴツキーの捉え方と本章の意図の二重の捉え方を読み取ることができるような部分といえよう。序文には「作業仮説構成の試み」と記されている。本節で頻繁に出現する用語である作業仮説構成とはシフの実験研究を想定して使用してのことである。

このようにこの第一節の六割は、転載であるので、シフの書物を指して述べているままに使用しているがゆえに、意味不明の部分がある。第六章冒頭のところで以下のような文章がある。

「そして、この数頁がそれへの序文となるべきわれわれの……」

序文、えーこれ何！と思われるだろう。これはシフの著書に書いた序文を転用したからこういうことが生じているのだ。その他、シフの序文にない本書のために書き足した部分がある。この部分は初版では小文字で表記されていたが、六巻本では大文字になっており、他の部分と区別できなくしている。その結果、文脈が分かりづらくなっていることは否めない。初版では、ヴィゴツキーはこの点に気を遣ったのではないか。その部分とは、先にあげた文章の次の段落の「ジェ・イ・シフによって……」から始まる段落の「その基本的課題は……」（思、二二五頁）からはじまり、「学校教育を受けつつある子どもの……」（思、二二八頁）の前の段落までである。この部分はシフの実験の結果を粗述した部分であるが、序文になかったところで、当然といえば、当然である。この箇所は改めて、第四節で詳述されることになる。このようなわけで、あらたに本節のために追加した部分は、第四節と重複するので、その部分は飛ばして、その次から本節の内容を説明していくことにする。その部分とは、現代心理学における概念形成にみられる二つの解答を論評したところからである。

ヴィゴツキーは、子どもにおいて科学的概念はどのように発達するのか、その際、教授および知識習得過程と、科学的概念の発達とはどのように関係するのか、互いに一致するのか、それとも複雑な関係があるのかと、問いを発するのにたいする解答である。第一の解答とは、「科学的概念は一般にそれ自身の内面的歴史をもたない、……科学的概念の発達の問題は、本質的に、子どもに対する科学的知識の教授、子どもにおける概念習得の問題で完全につきるはずである、ということにある」（思、二二九頁）。ヴィゴツキーはこの解答について、これがもっとも普及した見解であるとしている。これにもとづいて学校教育の理論や教科の教授法も構成されていたのである。その上で、この見解の無根拠性を理論的にも実践的にも示すものがあるとして論を進める。

まず理論面からの反論である。概念は言葉の意味としてあらわれるのであり、意味は発達するものであるから概念となるのには、意味の発達に応じて変化していく。また、概念の発生は、種々な機能の発達を要求する。だから記憶のみで得られるとするのは根拠がない。それゆえ、ヴィゴツキーはいう。「理論的側面からすれば、概念は、学校教育の過程で子どもにより既成の形で受け取られ、何かの知的技能が習得されるのと同じようにして習得されるという見解が全く根拠のないものであるということは疑念をはさむ余地はほとんどない」（思、二二九-二三〇頁）。これが理論面である。次は、実際面からの反論である。実際的側面からも根拠がないという。概念の直接的教授は事実上不可能であり、教育的に無益であることを教育経験は示しているとする。このような教授は、空虚な言語的図式の習得、純粋にスコラ的な、純粋に言語的教授方法にほかならない。この例として示されるのが、トルストイの文章語指導の場合である。

ヴィゴツキーが引用している箇所は、「ヤースナヤ・ポリャーナ学校の11月と12月」のなかの「漸進的読書」に所収されている（トルストイ『教育論文集』一九〇三、一九八九、邦訳未見）。当時、貧民層に行き渡っていなかった初等教育の状況下で、トルストイがヤースナヤ・ポリャーナ学校で行った文学教育のひとこまである。「集会」とは何か、「印象」とは何かを説明しても生徒からはよい反応がなかった。反対に拒否された。このことから教師から生徒への概念の直接的な単純な伝達、一つの頭から他の頭への言葉の意味が別の言葉を通じて機械的に移行することが不可能であるという結論にいたる。その結果、直接教授に代わって、より細かい、より複雑な間接教授法が有効であるとする。このようにしてヴィゴツキーによると、トルストイは内部的経過の法則にまかせきろうとしているとしている。この教育経験をもとに直接教授は効果が乏しいと結論しながら、他方で、トルストイは内部過程にあまりにも大きな意義をあたえすぎ、この過程にたいする直接的影響、つまり干渉（вмешательство）の可能性をあまりに過小評価し、教授と発達を引き離していると批判する。他方では、ことばの意味に通暁していたトルストイは、新しい言葉の意味をはじめて知るときには、発達過程は終わったのではなく、始まったばかりだとしている点では、ヴィゴツキーの作業仮説とも一致するとトルストイを認めている。シフの序文の副題が作業仮説の試みとなっていることに照らしてこの用語が出現しているのだろう。

さて、そこで、一つの事情を明らかにしておく必要があるとする。それはトルストイが文章語と結びつけて概念のことを語っている点である。その際の概念についてである。この概念は「日常言語のなかの子どもには未知な新しい言葉や概念」（思、二三三頁、以下同様）である。これは例えば、印象とか、道具というような言葉や概念である。このようなものは科学的知識の体系を習得する過程において習得される子どもの概念とは異なる。これはせいぜいのところ、「すでに以前に形成された子どもの概念の組織」に編み込まれる性質のものである。そこで、ヴィゴツキーはここから、二つの概念のタイプを分離する。それらが、子ども自身の生活経験のなかから発生するという意味で生活的概念（житейские понятия）と呼ぶ。前者、科学的知識の体系を習得する過程において子どもに習得される概念を科学的概念と呼ぶのである。ヴィゴツキーの科学的概念と生活的概念の定義がここにある。以上が第一の解答への反論である。

次のもう一つの解答に移ろう。それは、科学的概念は、他のすべての概念の発達と一般になんらの本質的相違はない。だから、これらの両過程を区別する根拠はないとする解答である。この観点からすると、科学的概念の発達過程は、生活的概念の発達過程を繰り返すにすぎないものとなる。このような観点はどうしてできたのか。それは、これまでのほとんどの研究が生活的概念を対象にしていることから生じたのだとする。だから、区別はほとんど問題とならない。科学的知識の体系の教授のなかで発達する科学的概念と生活的概念の区別を意識することがないのはこういうことから生じるのだ。

しかし、この区別を自覚する研究者もいる。それはピアジェだ。ピアジェなどの烱眼な研究者はこの問題を意識せざるをえなかった。この点に着目し、ヴィゴツキーはピアジェのこれら二つの概念についての考察を論じている。「子ども自身の思考作業が決定的な役割をその発達においてはたす子どもの現実についての観念」と「子どもがまわりから習得した知識の決定的作用のもとに発生する観念」を鋭く区別せねばならなかった。そこから、前者を後者から区別して「自然発生的観念（спонтанные представления）」と呼んだとしている（思、二三五頁、ピアジェの文献名の記載はない）。ピアジェは、科学的概念が、「自然発生的な道によらず発生する子どもの概念の第二のグループに属し、発生の真の過程を歩む」（思、二三六頁）という深い認識をもっていたし、このグループのためには特別の研究の対象になりうるとどの研究者よりもこの問題をより深く捉えているとヴィゴツキーは評価した。

しかし、他方で、ピアジェの思想のなかで相互に結びついた三つの誤りを摘出する。この三つの誤りはヴィゴツキーの作業仮説の設定のために役立たせようとするものであるので、新たな展開の始まりとなるものである。第二の解答としては区別の根拠がないとする多くの研究者にたいして、ヴィゴツキーはピアジェの見解を受容することにより、区別がないとするのを否定するのである。

そこで、作業仮説の構築への論を進めよう。ここで元に戻り、ヴィゴツキーのいうピアジェの三つの誤りを述べてみよう。この部分は第二節との重複もみられるので簡単にみていくだけにする。第一の誤りは、ピアジェにおいては自然発生的概念のみが、子どもの思想の独自性となるだけで、非自然発生的概念は、子どもの思考の特質を示さないというもの。それは、子どもによる大人の思想の水準と性格を反映するだけのものなのだ。第二の誤りは自然発生的概念と非自然発生的概念のあいだにわたることのできない境界をつくり出し、これら二つの概念は、相互に影響し合うことはないということだ。だから、それらは子どもの知能の発達過程において形成される概念の統一的体系のなかで統合されることはない。第三の誤りは弱点である。一方では、子どもの思想の特質を反映する自然発生的概念の知識は、実践的には何らの意義をもたない。なぜなら、非自然発生的概念は、この概念に依存するものでないからだ。他方では、ピアジェにとって知能の発達は社会化にあるとするが、子どもにとって社会化の中心地である学校教育の場で登場するのは非自然発生的概念であり、そうすると、この社会化は、子どもの知的発達の内面的発達とは結びつかなくなる。このように一方では、子どもの思考の特質の知識は、教授の過程におけるその社会化の説明になんの意義をもたない。他方で、教授の過程における社会化は子どもの思考の特質と何の結びつきももたない。ピアジェ理論の最大の弱点なのである。ヴィゴツキーは本節で、ピアジェ理論におけるこの原因を詳しく説明するのだが、それは省略しておくことにする。実際的側面を述べる際に循環論法がみられるとしてヴィゴツキーが引用しているピアジェの「児童心理学と歴史の教授」は『ピアジェの教育学』（八五-九二頁）に収録され、訳語はかなり異なるが、読むことができることを付け加えておきたい。

さて、そこで、ヴィゴツキーは作業仮説の構築をするのだが、その際、上記したピアジェの三つの誤りに対立させるように設定する。第一の誤りにたいしては、「われわれは反対の意味の命題」を提示するとし、非自然発生的概念、特に、そのなかでももっとも重要なタイプの科学的概念の発達は、子どもの思想に固有なすべての質的独自性をあらわにするにちがいないとする命題を対置する。「科学的概念は、子どもにおぼえられるのではなく、暗記されるのではなく、記憶によって受け取られるのではなくて、子ども自身の思想のあらゆる活動の最大の緊張のもとで発生し、形成されるという」（思、二四一頁、以下同様）考察に基礎をおくとする。第二の誤りにたいしては、「われわれはふたたび反対の意味の命題」を提出するとし、科学的概念と自然発生的概念の特徴を対立した面からだけでなく、共通する面からも捉えながら、その境界は固定したものではなく、流動的であり、自然発生的概念と科学的概念の発達は相互に緊密に結びついた過程としてあらかじめ仮定すると設定されている。最後の第三の誤りにたいしても、「われわれは反対の意味の仮定」（思、二四二頁）を設定するとし、発達と教授過程の関係を敵対的なものではなく、複雑で、積極的な関係が存在するにちがいないという仮定を提出するのである。

学校教育を受ける子どもの科学的概念はどのように発達するのか、また、教授と科学的概念の内面的発達過程とはどのような関係にあるのかという問題にたいしてヴィゴツキーが提示する作業仮説は以上のようなものである。これまではシフの書物にヴィゴツキーが書いた序文と同じものである。シフの著書は、このあと、かれの調査結果の著述が始まるのである。これについては第四節で述べることにして、先に進もう。

シフの序文のあと、ヴィゴツキーは本書のために書き下ろしている部分がつぎに続くところである。ヴィゴツキーはこんなことを述べて、次の部分に繋げている。

「これらの命題をわれわれは、これよりもっと詳細に発展させようと考えるが、それに移る前に生活的あるいは自然発生的概念と非自然発生的概念、とくに科学的概念とを区別する根拠をあたえるものは何かを明らかにしなければならない」(思、二四三頁)。

つまり、ヴィゴツキーは、ピアジェが使った「自然発生的観念」から自然発生的概念を、それに対立する形で設定するのが、科学的概念である。それが、正しいものかどうか検討しなければならないとする。だから、そのための資料を収集し、根拠のあるものなのだと裏付けようとするのである。このために四つの資料があげられる。四つのグループと呼ばれる。

第一のグループは直接経験から知ることができる経験的な資料である。ヴィゴツキーが科学的概念と生活的概念(自然発生的概念)を区別する理由にあげている第一点は次頁の上の表のように整理することができよう(表6-2)。

経験的資料をみて、この違いから二つのタイプを分けるのが相応しいとするものである。

第二のグループは理論的資料からである。ここでいう理論的とは何か。それは仮説的という意味で使っ

表 6-2

	科学的概念	自然発生的概念
個人的経験	学校教育の場（教授過程）	個人的経験
内的動機	非自然発生、意識的	自然発生、無意識
課題	非自然発生、意識的	自然発生　無意識
	（接し方がちがう　接し方とは経験にたいする関係、対象にたいする関係）	
長所と短所	生活的概念が長所のところで短所 （長所と短所がまったく逆になる）	科学的概念が長所のところで短所
定義	始めにある	始めにない
発達過程	これから	長い歴史をふんでいる

ていると思われる。その第一は、ピアジェが依拠している判断である。子どもの概念一般の独自性である。かれはシュテルンの思想を引き継いでいるとする。シュテルンはことば（レーチ）さえ出来上がった形で習得されるものではないとする。特有の法則がある。周りの人の単なる習得ではないとしているのだ。ピアジェはそれを引き継ぎ、子どもの思想は、言語（ヤズィーク）よりさらに独創的であると解釈する。ヴィゴツキーはこれに賛成する。ピアジェのこのテーゼ─子どもの思想は子どもの言語よりも独創的であるが正しいとするなら（ピアジェのこのテーゼには疑問の余地はないと思われるとヴィゴツキーは付記している）、科学的概念の形成においても、自然発生的概念の場合と同様、大きな独自性を持つであろう。科学的概念の形成も、自然発生的概念の形成も、用語をはじめて習得するときに終わるのではなく、その瞬間から始まる。これは言葉（スローヴォ）の意味の発達の一般法則であり、両者ともこの法則に従っている。違うのは出発点である。出発点が違うので、二つの概念を区別する理由が出現するのだ。

　二つの概念を分ける第二は、これらの概念の発達に向けられる、それらの基礎になっている知的過程そのものの相違である。これは重要な点である。ヴィゴツキーには媒介という思想が存在する。この場合もそれが使われる。ヴィゴツキーはいう。「知識過程の教授の過程では子どもの眼前にないもの、自分の現実の直接的経験の範囲をはるかに越えたものごとを学ぶ」（思、二四八頁、以下同様）。「科学的概念の習得は子ども自身の経験の過程で形成された概念に基礎をおくことができよう」。「科学的概念の体系の習得は、子どもの思想の自然発生的活動の助けによって発達した、すでに広汎に形作られた概念組織を前提とする」。「科学的概念の習得は、まさに客観的世界へのこのような間接的関係を通じて、以前に形成された他の概念を通じることによって可能である」。（以上、傍線—筆者）。あるものは他のものに媒介される。傍線部がヴィゴツキーのこの見解を明示的に示している。自然発生的概念は現実と直接的に関わっているとすれば、科学的概念は現実と間接的に関わることになる。この点からも知的過程は相違しており、二つの概念は区別される必要があるのだ。「このような概念形成は、概念体系内の自由な運動、以前に形成された一般化の一般化、以前の概念のより意識的・随意的な操作と結びついたまったく異なる思想運動をする」。これは、自然発生的概念ではみられないことであり、科学的概念を抽出することになるわけである。

第三のグループは発見的性格とよばれるものである。これは心理学における概念形成上のことで、科学的概念の発達研究は、現代の心理学研究の新しい道を切り拓くとするものである。科学的概念は、一方では、実際の概念であるとともに、他方では、実験的な概念形成に極めて近い。現代の心理学では、一つには、実際の概念を操作するが、表面的な方法によって行うものと、他方では、実験的方法を使用するが、人為的に形成された実験的概念とする二つの流派に分かれている。現在は、今日存在する概念形成研究の二つの方法のすべての結果を利用しながら、実際の概念の深い研究に移行することであるとすると、科学的概念の研究は、これら二つの長所を具えながら、実際的概念の発達に、実験的分析を適用する可能性をもたらす。新しい道を拓く可能性をもっているのが科学的概念の研究なのである。だから、区別する必要があるとするのだ。

第四のグループは実際的性格である。ヴィゴツキーは作業仮説をつくる際、科学的概念は覚えられ、暗記されるものではないとした。また、概念は知的技能のように習得されるものではないとした。しかし、教授は科学的概念の発生には欠くことのできない重要な役割をもっているという事実は捨てられない。それは、教授と科学的概念の関係は複雑なものであるというわけだからだ。この複雑な関係を捉える上でも科学的概念を区別する必要がある。

以上が科学的概念を区別する四つの理由であるが、そのあとで、ヴィゴツキーは、区別する意味を述べる。「比較研究、真の関係を樹立するための先決条件は、これら二つの概念グループを区別することである」（思、二五〇、以下同様）。「およそ関係というものは、なかでもわれわれが仮定するような極めて複雑な関係は、たがいに一致しない物のあいだにのみ存在することができる。なぜなら、物がそれ自身と関係をもつというようなことはあり得ないからである」と。だから、「兄弟」といった日常生活になれしたしんでいる生活的概念にたいして科学的概念を対置するのだ。ヴィゴツキーはいう。「搾取」といった社会科学の知識体系の過程で習得される概念―科学的概念は生活的概念の発達路線を繰り返すのか、それとも特別のタイプの独自な発達路線を進むのかと。

それらの関係はどういうのか、と問うたあと、科学的概念は生活的概念の発達路線を繰り返すという説も、科学的概念は自然発生的概念の発達と共通のものをもたず、子どもの思考の独自性に関わらないという説も拒否し、第三の仮定、すなわち、これら二つの概念は相互的関係があり、複雑な相互影響という仮説を設定するのである。

これで第一節を終わることにしよう。

自覚性の発達（二）

『思考と言語』第六章子どもにおける科学的概念の発達の研究二自覚性の発達となっているが、はじめでも述べたように、節区分はヴィゴツキーがおこなっているが、節名はなく、訳者によるものである。

まず始めにヴィゴツキーはなぜ自覚性と随意性に注目するのかをみておこう。自覚性とはロシア語で осознание である。意識化と訳される場合がある。ピアジェの使っている意識化はロシア語訳では осознание であるので、ヴィゴツキーは、ピアジェの書物からヒントを得たのかもしれないし、日本訳でも同様に意識化と訳してもいいかもしれない。自分の思考を自覚することができると、自覚性があるといえるのだ。ピアジェの調査を例にすると、子どもは日常では「ので」を使った会話をしているが、「ので」は何を意味しているかを問われると、因果関係を答えることはしないといった場合には、自覚性がない、非自覚であるという。ピアジェは意識化しないといういい方をしている。このような自覚性はヴィゴツキーにとってどのような意味をもっているのか。この解答は第四節にでてくるのだが、先回りしていうと、ヴィゴツキーの次の文章によく現れている。

「学習（школьное　обучение 学校の教授・学習）に関係する、学習（学校の教授・学習）に積極的に参加するすべての基本的機能は、学齢期の新しい基本的所産（基本的な新形成物）―自覚性と随意性―を軸にして回転する。これら二つのモメントは……この年齢において形成されるすべての高次精神機能の基本的特徴をなす」（思、二〇七頁、括弧内は原語訳）。

ヴィゴツキーには、年齢期毎に精神機能が新しく形成されるという新形成物発達論（注）があるが、学齢期の新形成物を自覚性と随意性とし、これを高次精神機能の基本的特徴とみなすのである。だから、ヴィゴツキーにとって学齢期の自覚性は重要な意味をもつのである。この自覚性は何によってもたらされるのか、ヴィゴツキー理論にとって欠くことができない事柄なのだ。

（注）新形成物発達論についてはヴィゴツキー著『「人格発達」の理論』（三学出版、二〇一二）を参照。

このような観点にたつヴィゴツキーからみると、ピアジェの意識化論はどのように映るのか。ピアジェにたいするヴィゴツキーの論究をみる前に、ヴィゴツキーが対象としたと思われるピアジェの分析結果が記載されている部分をみておこう。ピアジェの一九二四年『子どもの判断と推理』（邦訳『判断と推理の発達心理学』国土社、一九六二）V章要約と結論である。以下はV章要約と結論の邦訳の節である（推理、一一一頁）。括弧内は使われているロシア語で、ロシア語訳と対応させた。

V章　要約と結論
§1　子どもの思考（мысль）の自己中心性
§2　意識化（осознание）の困難と思考面での操作のデカラージュ
§3　関係論理の能力の欠如と注意野の狭さ
§4　総合能力の欠如と並置

§5　混同性
§6　転導と矛盾への無感覚
§7　子どもの思考（мысль）の様相、知的実在論と形式的推理能力の欠如
§8　子どもの前因果性

以上のような下準備をしておいて、元に戻り、ピアジェにたいするヴィゴツキーの論究を述べていくことにしよう。科学的概念と生活的概念の発達のあいだに存在する複雑な関係を研究するためにはそれらの比較を行う際の助けとする規準そのものを批判的に自覚する必要があるとヴィゴツキーはいう。そこで対象としてあげられるのはピアジェが行った特徴づけである。ピアジェは、この年齢の子どもの概念や思考一般に特徴的なことは、「子どもに特別の自覚が要求されないときは、子どもが自動的に十分に正しく利用することができる関係をかれは自覚し得ないことにあること」（思、二五一頁、以下同様）を示した。その原因になるのがピアジェ固有の理論となる自己中心性であるのだ。

では、このことは、子どもの概念発達にどのように現れるのか。ピアジェが示した実例で明らかにしよう。ピアジェは七～八歳の子どもに、「私は病気なので、明日は学校へ行きません」という文のなかの「ので」（parce que，потому что）という語が何を意味するのかをたずねた。大部分の子どもは「それはかれが病気だということです」と答えた。他の子どもは「それはかれが学校へ行かないということです」と答えた。ピアジェはこのことから次のような結論をするのだ。（このピアジェの事例は『子どもの判断と推理』邦訳、前掲書、三四頁の注5に記載されている。邦訳では、「自覚」を使わず、「意識化」と訳している。）第一に、自分自身の思想を自覚できないこと、また子どもが論理的関係を自覚的に定立できないことは、一一

～一二歳頃まで、小学校が終わるまで続く。第二に、関係の論理にたいする自分の無能力を、自己中心的論理にすりかえるなかで、あらわす。第三に、この論理の根源および難しさの七、八歳頃までの自己中心的思考のなかに、またこの自己中心性が生みだす無自覚性（бессознательность［無意識性］）のなかにある。七、八歳と一一、一二歳のあいだにこの難しさは言語的局面に移動する。この間、子どもの論理にはこの段階までに作用していた原因が影響する、というものである。

このことをヴィゴツキーの用語で言い換えると、「自分自身の思想の無自覚性（неосознанность）」ということである。これは子どもの思想の論理を特徴づける基本的事実なのである。言い換えて子どもは論理操作を自然発生的には行うことができるが、随意的、意図的に遂行することを要求されると、同じ操作を遂行できなくなるという事実なのだ。ヴィゴツキーはピアジェが示した事例をもう一つあげている。これは文章題（欠けた文章を完成させること。解決のためには随意的、意図的遂行が要求される）で提示されている。前の例は対話であった。

「……たので、あの人は自転車から落ちた」（ピアジェの邦訳では、「その男の人は自転車から落ちました。……だからです」と訳している。前掲書、一七頁。仏文では補足しなければならないのは、文章の終わりであるが、和文では中間の部分になっていると訳者が注をつけているが、露文も仏文と同じ構造である）。……の印の欠けた部分の文章を完成しなければならない問題である。これに正しく答えるためには、「ので」を自覚して使用することが必要である。七歳の子どもはうまく出来ない。以下のような文章を補うのだ。

「かれは落ちたので、かれは自転車から落ちた。そしてたいへんけがをした」「あの人は病気だったので、あの人は自転車から落ちた。それで街で助けられた」「かれは手をくじいたので、かれは足をくじいたので……」（ピアジェの事例のなかではヴィゴツキーが記しているような答えを見つけることはできなかった。ヴィゴツキー自身のものかもしれない―筆者）。

ヴィゴツキーはこのような解答をみて、この年齢の子どもは「自然発生的な非随意的な言語のなかでは『ので』を正しく、意味を理解して使用するのに、因果関係を意図的に随意に明らかにすることはできない」（思、二五二頁、以下同様）とピアジェの事実を認める。子どもは文章が何を意味しているのかを理解しているが、自分が理解していることを自覚できないことからこういったことになるのだとする。「子どもは簡単な原因や関係は理解するが、自分の理解していることを自覚しない」。「子どもは自然発生的に正しく『ので』という接続詞を利用するが、それを意図的に随意に使用することはできない」。ヴィゴツキーはこれらをまとめ、ピアジェが「子どもの思想のこれらの二つの現象、その無自覚性（неосознанность）と非随意性、無自覚的（бессознательное）理解と自然発生的利用」を経験的に明らかにしているとしている。

これら二つの特質を子どもの論理の特質とし、他方で、これらは子どもの思考の自己中心性から由来するとピアジェはする。小学校時代まではその最後までこれら二つの現象の支配が続き、思想の社会化による発達が、これら現象の徐々の減退、子どもの思考の自己中心性からの解放をもたらすとするのである。

ピアジェによる子どもの特質を図化すると次のようになる（図6-2）。

ピアジェによる子どもの思考の特質は以上のようになるが、ヴィゴツキーはピアジェが使用した用語のなかで意識化（осознание）に特に着目し、考察を進めていくのである。

ピアジェの意識化に注目したヴィゴツキーは、このあと、子どもの意識化の欠如の解消が何によって、どのようにしてもたらされるのかの考察へと論を展開する。ヴィゴツキーの言い換えでは、子どもは徐々

簡単な理解――――非自覚的（非随意的）利用 ――→自覚的（随意的）利用
自己中心性　　　　　　　　　　　　社会化

図 6-2

に苦労して自分自身の思想の自覚・自由な支配（овладение，新訳では制御であるが、本書では旧訳を使用）に到達するのか、である。ピアジェはこの説明に二つの心理学的法則をもちだす（この説明はピアジェ、前掲書、Ｖ章§２にある）。第一の法則は、クラパレードの自覚の法則であり、第二の法則は転位の法則である。これらについては詳しい説明は省略し、概略だけ述べておく。第一の法則であるクラパレードの自覚の法則（ピアジェの訳書では意識化の法則）とは、差異は自覚されるが、類似は自覚されにくい、というもので、なれしたしんでいるのは類似にもとづく適応なので自覚しにくい。自然発生的概念は自覚されないのは、このゆえだというのが自覚の法則である。ヴィゴツキーはピアジェにならい、この法則は機能的法則であって、構造的法則ではないと捉える。この自覚の手段は何か、どのような障碍にぶつかるのかは未解決であるとする。第二の法則である転位（смещение—ピアジェの訳書ではデカラージュ）の法則については第一の法則の構造的側面の欠如の補充に引き入れられたもので、言語的局面は行動局面よりあとに自覚されるというものである。つまり、一つの操作を自覚するというのは、それを行動の局面から言語の局面に移行させねばならないから、言語の局面はおそくなる。行動の局面から言語の局面へ転位させねばならないのだ。ヴィゴツキーはいう。「行動的局面における操作の習得に存在した困難が言語的局面の習得にさいして再生するということは、自覚の第二の構造的法則の本質である」（思、一五三頁、以下同様）。ヴィゴツキーは、ピアジェが説明のために引き入れた二つの法則をこのように再認識したあと、「われわれはこれら二つの法則を検討し、それらの真の意義はなにか、小学校時代における概念操作の無自覚性（неосознанность）、非随意性（непризвольность）はどのようにして生じるのか、また子どもは概念の自覚、概念の意図的随意的使用にどのようにして到達するのかを明らかにしなければならない」と述べている。

このあとの論の展開は、この二つの課題の線上で導かれる。まず、前者が述べられる。それをみていくことにしよう。まずはクラパレードの自覚化の法則についてのヴィゴツキーの見解。第一に、類似の自覚は、一般化の構造や概念を要求するから、後に発生する。ヴィゴツキーらの研究によってこのような解答が得られたとする（この研究が示されていないので、確認できない—筆者）。他方、相違の自覚は、概念の形成を要求しない。まったく違った仕方で発生するとするのである。概念の自覚において、相違の自覚と類似の自覚を同一局面とみるのではなく切り離し、異局面の事象と捉えるものである。これにより、差異の自覚が先で、類似の自覚が後になることが説明できるとする。つまり、類似の自覚には一般化の構造の発達がなければ発生しないから、おくれるのだというのがヴィゴツキーの見解である。ヴィゴツキーはいう。このクラパレードの法則で満足できるかもしれないと。しかし、これでいくと、失敗と不成功ばかりで、自分自身の自己中心性を除去し、大人の思考に移行し、自覚性が生まれたとしても「本当に概念とよばれる一般化の高次形式の源泉なのだろうか」（思、二五五頁、以下同様）と問い、否定的解答を与えるのである。「自覚の発生を欲求から説明できないのと同様に、子どもの知的発達の原動力を……思想の破綻や破壊によって説明することはできない」。第二に、転位の法則についてのヴィゴツキーの見解である。これについては多くを説明する必要はないであろう。ヴィゴツキーはいう。この法則は真実であるかもしれないが、自覚性がなぜ生じるのかの問題については何も説明できないと。「それはせいぜい、われわれになぜ、生徒の概念は、いまかれの思想に再生されている就学前の時代の行動の論理が非自覚的、非随意的であったのと同じように、非自覚的、非随意的なものであるのかを説明できるにすぎない」（思、一二五六頁、訳書では「非自発的」となっているのは校正誤）。概念の非自覚は行動の局面での非自覚を繰り返すからだと説明しているに過ぎないのだ。

ヴィゴツキーはこの二つの法則では概念の自覚がどのようにしておこなわれるのかを示すことはできないとする。かれはこの箇所で大事なことを突如ポロリと述べる。それは以下の文章である。「発達というものは、概念および自分自身の操作のこのような向上的自覚のなかにこそあるのだからである」と（思、二五七頁）。概念とその操作の向上的自覚が発達のメルクマールになるというのだ。いかに概念とその操作の自覚を重要視しているかがわかる文章なのだ。これほどまで、なぜ、概念とその操作の自覚を重要視するのか。それについては述べていないので、以下は推量である。ヴィゴツキーは概念とその操作の向上的自覚に意識の次の段階、つまり、自己意識への飛躍をみようとするからでないのか。だから、自覚が大事なのだ。この自覚（осознание）はピアジェの意識化と同じ訳語であることに照らすと、ヴィゴツキーはこれにおいて「意識」を考慮しているということは十分推量しうることなのである。自己意識への道をこの自覚にみるがゆえに、これほどまでに重要視していると推量するものである。これ以降の論の展開をこの道筋でみていこう。

さて、ヴィゴツキーはここで、自身の仮説的説明を提示する。その際、ピアジェの問題を自分なりの捉え方に転換する。その転換とは次頁の上の図で示そう（図6-3）。

「ピアジェがこれらの二つの法則の観点から別の問題（これを（一）とする―筆者）―なぜ、生徒の概

第一の問題：なぜ生徒の概念は非自覚的であるのか → 第三の問題：学齢期のあいだに非自覚的概念から自覚的概念への移行がどのようにしておこなわれるのか
第二の問題：自覚がどのようにして実現するのか ↗

図 6-3

乳児 →	子ども →	大人
唯我主義	自己中心性（乳児の意識と大人の意識の妥協）	社会化された思想
非自覚	非自覚と自覚の妥協	自覚

図 6-4

念は非自覚的であるのか—にかんしてあたえた説明がどれだけ正しいのか明らかにしておく必要がある」（思、二五七頁、以下同様）。

「この問題（(一)）は自覚がどのようにして実現するのかというわれわれの問題（これを（(二)）とする—筆者）とも緊密に結びつくものである」。

「もっといえば一つの問題（これを（(三)）とする—筆者）—学齢期のあいだに非自覚的概念から自覚的概念への移行がどのようにしておこなわれるのか—の二つの側面にすぎない」。

こう問題を転換したあと、再度、「自覚がどのようにして実現するのかという問題の解決のためだけでなく、その問題の正しい定立のためにも、非自覚概念の原因にかんする問題がどのように解かれるということにわれわれは無関心ではありえない。」と問い直し、ピアジェが第一の問題にどう答えを出しているかを考察する。

A　ピアジェによる第一の問題への解答

それは小学校時代における概念の非自覚性が、ピアジェによれば自己中心性の残留現象であること。ピアジェの精神発達図は上のようになる（図6-4）（これについてはピアジェ『子どもの因果関係の認識』一九七一、三二一-三二三頁に記載がある。原著は一九二七、ヴィゴツキーはこれを読んでいる）。

非自覚とは自己中心性の残留現象なのである。これにたいするヴィゴツキーの見解はこうである。はたして子どもの思想の非自覚を自己中心性から引き出せるものかどうか疑わしい。それは理論的に疑わしいとともに研究もその見解を否定しているとする。

B　ピアジェによる第二の問題への解答

ピアジェはこれについては何も語っていない。かれが生徒の概念の非自覚性にあたえている説明、および理解からすれば、まったく明瞭である。それゆえ、ピアジェはこの問題にとどまる必要を感じなかったのであろう。ヴィゴツキーはピアジェの見解を説明する。ピアジェによれば、自覚は社会化した思想が言語的自己中心性の残滓を追い出すことを通しておこなわれる。だからヴィゴツキーはまとめる。「自覚的概念はたんに外に、子どもの周囲の社会的思想の雰囲気のなかに存在し、たんに子どもに既成の形態において……習得されるものにすぎない」（思、二五九頁、以下同様）。この際、ヴィゴツキーの視点を垣間見せる一言がつけられる。それは、「自覚は非自覚的概念の発達に欠くことのできない高次の段階として発生するのではなく」と記されていることである。ヴィゴツキーは内と外を巧みに組み合わせているように思える文だ。

ピアジェの二つの問題解決の答えを検討し、ピアジェの解答においては、理論的にも実際的にも根拠薄弱になっていると述べ、一緒に検討することができるとし、検討を進める。つまり、概念の当初における非自覚性とその後におけるそれらの自覚の問題なのである。この時、この問題は、別の問題に置き換えられる。次のようにである。

「概念の非自覚性とそれらの随意に使用できないことを、この年齢の子どもは一般に自覚能力をもたない、かれは自己中心的であるということによって説明することは、まさに知能化と自由な支配（овладение（新訳では、制御、旧訳を使う）、すなわち、自覚と随意性を基本的・根本的特徴とする高次の精神機能が、研究の示すところによれば、まさにこの年齢における発達の中心となるという一事だけからでも不可能である」すなわち、この非自覚をピアジェとは別の原理で説明しようと展開を始めるのだ。

まず前提になるのは、ピアジェが明らかにした事実そのものは否定することはできない。それを確認した上で、ヴィゴツキーはいう。小学校時代には記憶と注意の領域における自覚、これらの自由な支配に能力をあらわす。これはヴィゴツキーが明らかにしてきた。しかし、それなのに、自分自身の思考過程の自由な支配、それらの自覚になお無能力であるというのはどのように説明したらよいのか。このように問い直して、なぜ、自分自身の思考過程の自覚ができないのかに論を進める。そして大事なことが語られる。「発達の一般法則は、自覚や自由な支配はどの機能の発達においても最高の段階にのみ固有なものであるということである」（思、二六二頁）「これらはおそく発生する。それらのまえに、その種類の意識活動の非自覚的・非随意的なはたらきの段階が先行しなければならない。自覚するためには、自覚されるべきものをもたねばならない。自由に支配するためにはわれわれの支配下におかれるべきものを所有しなければならない」（思、二六二－二六三頁、傍線―筆者）。このヘーゲルの媒介論を彷彿させるような捉え方をさきに進めれば、先が予想できるだろう。概念が非自覚なのは、子どもがまだ真の概念を所有していないことから生じるのではないかと。

ヴィゴツキーの進める論の続きをみていくことにしよう。ヴィゴツキーはその準備に、自身の考える子どもの知的発達の歴史を描いている。図示すると次のようになる（図６－５）。

以上のように発達の段階により機能結合が入れ替わり、学齢期の入口には、記憶・注意が随意的・自覚的になる図式が描かれる。しかし、まだ概念が出来上がっていない。概念は非自覚なのである。その様子

第一段階 →	第二段階 →	第三段階 →		第四段階
乳児（意識発達の第一段階）	幼児	就学前児	学齢期の入口	学齢期
個々の機能の未分化	知覚が中心	記憶が中心	自覚的・随意的な記憶や注意	概念の非自覚から自覚へ

図 6-5

をヴィゴツキーは以下のように述べている。「もし、前概念が学齢期にはじめて発生するものとしたら、子どもがそれを自覚し、支配することができるのはおかしい。なぜなら、それは意識が自分の諸機能を自覚し、支配できるだけでなく、それらを無から創造すること、それらが発生するはるか以前にそれらを新しく創造することができることを意味することになるからである」（思、二六三‐二六四頁）。ここに出てくる意識に注意しておこう。それは自覚と関係しているからだ。ヴィゴツキーの知能発達のシステム論が以上のように述べられ、自覚の前提となる真の概念がまだ育っていない中では概念の非自覚は当然のことなのだという。ピアジェの説明と異なる仕方での解答はこのようなものだ。自己中心性を認めないヴィゴツキーにとってはピアジェとの違いは歴然としている。

しかし、まだ、どのように自覚に到達するのかという問題は未解決のままである。つまり、以前に提出した問題―学齢期のあいだに非自覚的概念から自覚的概念への移行がどのようにおこなわれるのか（第三の問題）―である。ヴィゴツキーはそのため、研究の資料に眼を向け、自覚過程そのものの心理学的本性とは何なのかを、追求していく。その際、特に論じているのは自覚とは何かということである。まず第一は、無意識（бессознательное）と非自覚（неосознанность）との区別についてである。ピアジェやクラパレードは、自覚についてフロイトの用語と一般心理学の用語を混同して、混乱が生じたのだとしている。ピアジェが、子どもの思想の非自覚性というときには、「かれは、子どもが自分の意識のなかで生じていることを意識しないこと、子どもの思考が無意識であることを、頭にかんがえているのではない」（原著に近い訳に直している—筆者）「かれは、意識は子どもの思考に参加するが、最後まで参加するものではないと仮定している」（思、二六四頁、以下同様）。ピアジェの見解では、自己中心性は、乳児の無意識的思想と大人の社会化された思想の間の中間段階にあるもので、「それは、思想が終わりまで自覚されないこと、思想が意識的要素と非意識的要素とをふくんでいる。」そういう点で、「一定の無意識性をともなうこと」を意味する。だから「無意識的思考」の概念は、「あいまいなもの」（訳を変えている—筆者）とするのだ。他方、フロイトの意味における「無意識的なもの」（同じ безсознательное）は意識の発達や分化の誘導関数で、それゆえ「意識から追い出されたものとしての無意識的なものは、比較的おそく発生する」とされるのである。一方は、あいまいな無意識性、他方は、意識の導関数と無意識が二つの意味で使われている。前者は比較的に早い時期に、後者は意識化ののち遅くにあらわれる。だから、「無意識的ということと非自覚的ということのあいだに大きな差がある」（思、二六五頁、以下同様）とヴィゴツキーは捉え、「非自覚的なものというのは、無意識的なものの一部分ではなく、意識的なものの一部分である」とするのである。だから、「意識性の水準を意味するのではなく、意識活動の別の方向を意味する」とするのだ。ピアジェやクラパレードは、非自覚性をフロイトの無意識の意味から捉えたため、非自覚性の意味を捉えそこなったというのが、ヴィゴツキーの見解である。ヴィゴツキーは結ぶという行為を例にしてこのことを説得的に説明するのである。自覚とは意識の対象となっていて、非自覚とは意識の対象になっていない、つまり、意識活動の別の方向性を示すものなのだ。

これをヘーゲルの即自と対自を使って図示すると次頁の上のようになる（図６‐６）。

ヴィゴツキーは将棋盤の駒の配置を例にしていう。配置をちがったふうにみることは、盤上をちがった

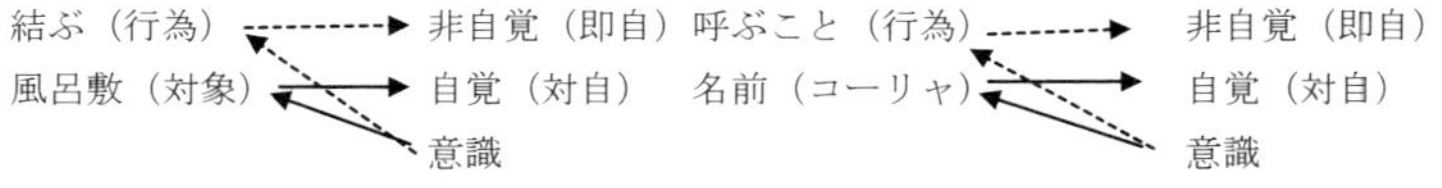

（意識は実線、非自覚は点線で示している）

図 6-6

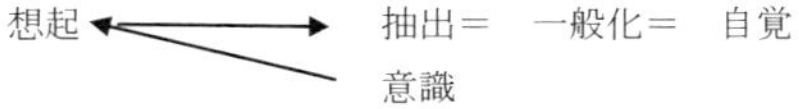

図 6-7

ふうに一般化してみるということなのだ。そこから、乱暴な言い方とことわりながら、「それが（関係）が意識活動全体のなかから抽出されるということがおこるのである」（思、二六六頁、以下同様）とする。ヴィゴツキーは次のようにいう。「私は、私が思い出していることを意識する。そこに抽出が起こる。すなわち、私は、自分自身の想起（活動）を意識の対象とする。そこに抽出が起こる。すべての一定のしかたで、対象を選び出す」。自分自身の想起を意識の対象にするとは、先の話から自覚である。そこに抽出がおこる。それが一般化なのだとする。ここから上の図が描かれる（図６-７）。

　このように述べた上で、どのようにして自覚が生じるかについてのヴィゴツキー最大の理論が提示される。すべての仮説がこのなかに含まれていると思われるほど重要なので長くなるが引用しておこう。

「このようにして、自覚の基礎には、自分自身の精神過程の支配（овладение, 新訳では制御）をもたらすその過程の一般化がよこたわっている。この過程において決定的な役割をもたらすものは、教授（обучение）（教授・学習としたいところであるが、訳書では教授なのでそのままにするが、原語を添えて記述する—筆者）である。対象にたいするまったくちがった関係、すなわち他の概念によって媒介される関係、ならびに内部にヒエラルキー的な概念相互の体系をもった科学的概念は、概念の自覚、すなわち、それらの一般化ならびに自由な支配（新訳では制御）が最初に発生する分野である。このようにして思想の一領域でいち早く発生した一般化の新しい構造は、その後、すべての構造、一定の活動原理と同じように、なんらの訓練なしに思想および概念のすべての分野に移される。このようにして自覚は科学的概念の門を通してあらわれるのである」（思、二六六頁、傍線—筆者）。

要約すると

① 自覚の基礎には、自分自身の精神過程の支配をもたらす、その過程の一般化がよこたわっている

② この過程に決定的役割をもたらすのは、教授（обучение）である

③ 科学的概念は、概念の自覚、すなわち、それらの一般化ならびに自由な支配が最初に発生する分野である

④ 自覚は科学的概念の門を通ってあらわれる。一般化の構造は、なんらの訓練なしに概念のすべての分野に移される

以上のようになる。①はこれまでの論述線上にあり、総括した文章なので当然のことである。突如現れるのが、②、③、④である。②では教授（обучение）、③では科学的概念、④では他の分野への影響と先見的な初出の事柄が出現している。読者は何のことかさっぱり分からないといえるのではないか。これからの論述でその隙間を埋めていく作業がはじまるのであろう。それは別にして、ヘーゲルの論理学におけるトリアーデ（即自—対他—対自）は有名であるが、これらをヘーゲルの対他—対自の論理からみてみると見事に位置づくのではないかと思う。ヴィゴツキーはこのトリアーデを「人間の具体心理学」で述べている。一九二九年のことである。その論理をこの場面で活用しているとみるのに不思議なことはない（こ

対他　・・・教授（обучение）＝科学的概念の教授
対自　・・・精神過程の一般化 ──→ 自覚

図 6-8

の論理は、『思考と言語』第5章、一八七頁でも使っている）。対自とは自分で自覚しているということであり、対自になるまえには他者にたいして使ってみるということが先行するというものである。それを使って②③④を表してみると上のような図になるのである（図6‐8）。

では、そのあとの展開はどうなるであろうか。ここからの展開は、自覚はどうして生じるのかという問いに対して、一般化が基礎になるという答えを得た。それでは、一般化はどうしてもたらされるのかという新しい問いにたいする答えの追求へと展開するのだ。そこで注目されるのが科学的概念のもつ性質である。ヴィゴツキーはこのようにある項目が他の項目への移行する際の「媒介」に眼を向けながら論を展開するのを特徴としている。さきにも述べたが、ヘーゲルの媒介論が流れ込んでいるように思う。

ピアジェの研究を論評することを通して、いや、それを借りて、科学的概念の特徴に体系性を見出すのである。「ピアジェの研究のすべては、自然発生的概念と非自然発生的概念、とくに科学的概念との第一のもっとも決定的な相違は、それが体系の外に存在するという結論へと導いている」（思、二六七頁、以下同様）。また、「概念をそれがふくまれている、そしてそれを他のすべての概念と結びつけている体系をもぎ取ることは、ピアジェが子どもの知能を非自然発生的概念から解放するために推奨しているもっとも確かな方法論的手段である」。体系のあるなしが、自然発生的概念と非自然発生的概念を分ける要諦であると示唆しているとする。

このように論じた後、実験研究の仮説という形で結論を前もって提示する。

「概念は体系のなかでのみ、自覚性と随意性を獲得することができるということである。自

即自　経験――――――　自然発生的概念・・・自然発生性・非自覚性・非体系性
対他　教授・学習―――　非自然発生的概念・・・自覚性・随意性・体系性
対自　概念の完成

図 6-9

然発生性・非自覚性・非体系性が、子どもの概念の本性のなかの同一のものをよぶための三つの異なる語であるのとまったく同じように、自覚性と体系性は、概念にかんしてまったく同義語である」（思、二六七‐二六八頁、強調はヴィゴツキー、傍点強調を傍線にしている）。

　ここで先回りしてヘーゲルの用語を使いヴィゴツキーの見方を図示してみよう（図６‐９）。

　ヴィゴツキーは自然発生的概念が非自覚的であるというのはどうしてかと問う。それは対象に向かっているからだ。そして、自分に向いていない。だから自覚しない。それにたいして、非自然発生的概念はどうして自覚的かといえば、それは概念と概念の関係から成り立つものだから、概念を自覚せざるを得なくするのだ。だから、自覚的なのだ。では、どうしたら、自然発生的概念が自覚的になるのか。その時、それを媒介するものがあらわれる。それは教授（обучение）という他者が現れて、それを媒介するのだ。とくに、自覚性の高い科学的概念は有効であるとヴィゴツキーは眼をつける。だから、ヴィゴツキーにとって、教授（обучение）や科学的概念はどうでもよいものではなく、必要不可欠なものなのである。これらが相互に作用しあい概念の完成体である概念的思考へと移行すると想定しているのである。ヘーゲルの発展の原理に当てはめると上記のようになり、即自とは、自然発生的概念、対他とは他者による媒介、すなわち、教授（обучение）、科学的概念、対自とは、概念的思考である。とくに注目しておくべきところは、ないものは自覚できないという言説にあらわれていることである。つまり、即自である自然発生的概念の重要性である。ともすると、対他を強調しがちであるが、ヴィゴツキーの言う、ないものは自覚できないに注意することが大事である。このような第六章二の自覚性以外に、三、四、五の自然発生的概念と科学的概念の関係、教授（обучение）と発達の関係なども、ヘーゲルの発展の原理が隠されていると思う。対他からＺＰＤも理解できるようになる。他者の介入の必然性である。

もとに戻ることにしよう。「自覚性と体系性（систематичность）は、概念にかんしてまったく同義語である」（思、二六八頁、以下同様）。続けて「一般化は同時に、概念の自覚と体系化を意味する」とされる。ヴィゴツキーは言う。「概念の一般化は概念相互のもっとも重要な関連である一般化の関係の一定の体系のなかにおける概念の位置づけをもたらす」。一般化と体系化は同義語なのである。その上で、体系性と自覚は同義であるという。これはどうしてか。

なぜ、体系性が自覚をもたらすのか。ヴィゴツキーが対象にするのは、非自然発生的概念の中でも、科学的概念についてである。ヴィゴツキーの考察のポイントは概念が対象に対する関係と同時に、他の概念により媒介された概念と概念の関係にあるという点、概念体系の第一次的要素を含んでいるということである。さらに抽象性が高まれば、対象への関係は間接的になり概念間のみが前面にでるような概念が出現する。これは科学的概念には避けられない。対象に向かう概念では、概念は自覚的にならない。これが自然発生的概念なのだ。それにたいして他の概念によって媒介された概念は他の概念を自覚しなければならなくて、概念の自覚を産み出す。それは自己の思考の自覚を必要とするからだ。それはとりもなおさず、体系性のなかの概念なのだ。体系性が自覚をもたらすとはこういうことである。数学的概念となる虚数は自覚的に実数との関係のなかで展開される。

表 6-3

	ピアジェの見解	ヴィゴツキーの見解
非自覚の原因	自己中心性	自然発生的概念の非体系性
自覚の発生	自己中心性の追放	概念の体系性、自覚は随意性をもたらす
子どもの思考の特徴	自然発生的概念のみ	自然発生的概念と科学的概念の両者

もう一つ、ヴィゴツキーは大事なことを述べている。それは、体系とそれと結びついた自覚性がどのようにしてもたらされるのかということの前提についてである。ピアジェによれば自己中心性を追い出すことによって、つまり、社会化することによって大人の社会化された思想になることによってであった。この見解によれば子どもの思考は邪魔もので、社会化した思想の形成には何の役にも立たないものであった。ヴィゴツキーはこれには反対で、自覚や体系性には、自然発生的概念の成熟が前提となり、これなしにはこれらが発生しない。なぜなら、自覚や体系性が対象とするべきものがなくなってしまうからである。何もないものを自覚することはできないというのはヴィゴツキーの説である（思、二六四頁）。他方、この捉え方のお蔭で科学的概念の領域に発生する最初の体系（система）は、生活的概念の領域に移され、それらを改造し、それらの内的本性を上から変えていくと大胆に仮定するのだ。このように双方が依拠しあうというのがヴィゴツキーの捉え方である（思、二六九頁）。これについてはあとの章で述べられる。これらを表にまとめておこう（表６‐３）最後にピアジェの理論は非体系的概念に限られた範囲でのみ意味をもつとまとめる。

科学的概念と生活的概念の比較研究（四）

邦訳では四と五に分かれているが、原書では初版ではⅣ、六巻本では5となっている。

分けずに統合して言及できるとも思われるが、訳本と異なると却って理解しづらいこともでてくるかもしれないので、一応は訳書の分け方を踏襲して説明することにする。

本節で主に対象となるのは、ヴィゴツキーが行った科学的概念と生活的概念の比較研究の結果の分析とその解釈・応用についてである。まずは比較研究において明らかになった事実の分析である。これについての記述は、『思考と言語』第六章一の冒頭からすぐのところでジェ・イ・シフの研究として既に述べられていることである。どのような実験であったか、一に戻り述べておこう。その研究とは、特別な実験方法によって考案された。その要点とは、被験者の前に、構造的に同種の問題を出し、生活的材料と科学的材料に基づいてそれらの平行的研究が行われるという点である。

①ある系列の絵について物語りをするという実験方法

②「……ので」とか「……のに」という語で中断している文を完成する方法

③臨床対話

生活的および科学的材料に基づいて因果関係の自覚、順次性の自覚の水準を明らかにすることを目的に適用された。

○絵の系列は事件の順次性─初め、なか、終わり─を反映した。

○学校で社会科の授業でおこなわれた教材プログラムを反映する系列の絵は生活的絵画の系列と比較対照された。

○生活的テストの系列、たとえば「……ので、コーリャは映画館へ行った」「……ので、列車が脱線した」（「ので」は потому　что）「……のに、オーリャはまだ本をよく読めない」（「のに」は хотя）（ロシア語では主文と副文の順序が逆になる）　などのタイプにしたがって、二年生および四年生の教材プログラムを反映した科学的テストの系列が構成された。被験者の課題は、いずれの場合も、文を完成させることにあった。
○補助的手段として、特別に組織した授業の観察や知識の評価などもおこなわれた。
○対象は小学校の生徒である。

本研究はヴィゴツキーの指導のもと、シフが行った研究からの引用である。注によればシフの学位論文「生活的概念と科学的概念の発達」であるようだ。シフにはこれを基にした著書『学童の科学的概念の発達』（一九三五）がある。この書物は学位論文を出版したものでないかと予想できる。筆者はこの書物のコピーを二年ほど前、入手することができた。したがって、この書物を使いながら、ヴィゴツキーの記述を補足することができる。それをしながらこの節をみていくことにしよう。

まずシフの著書の目次を述べておく。八〇頁ぐらいからなる小冊子である。

このようなものが目次である。この書物の方が詳しいので、この書物によってヴィゴツキーの実験の方法の記述を補足しておくことにする。

実験の②についてである。シフの書物では被験者に出された未完成な文は次のものである。ヴィゴツキーの記述には出ていないものもみられる。

「……ので、列車が脱線した」「……のに、少女はまだ本を読めない」「……ので、ボートは川をこいでいて、沈没した」「……のに、夜、映画をみにいった」

このテストに対比する社会科学的テストになったのは、例えば、四年生用のテストは次のものである。ヴィゴツキーの記載のなかにはみられないので、記しておく。

「……ので、わたしたちには、機械や資材を益々必要としている」「……ので、ソ連にたいして資本家たちは戦争を準備している」「……のに、資本主義諸国は穀物を燃やしている」などである。問題のすべての記述はない。

次に、実験の手続きについて若干補足しておく。実験の対象となった人数、二年生では三六名、四年生は四三名。生活的テストは二つの学年とも同じ問題。社会科学的テストは内容では異なる。プログラム（教育課程）が異なるからである。二年生では口頭で行う（個人別）。四年生では作業は筆記。そのほか、臨床的な対話では、テストに構造的に近い形のもので行われる。

こんなところを補足しておいて元に戻り、ヴィゴツキーの考察をみていくことにする。まず、ヴィゴツキーは比較研究において明らかになった基本的事実を述べている。図2（図6-10）

①両概念（生活的概念と科学的概念）は、われわれが予期したように、同一の発達水準をあらわしはし

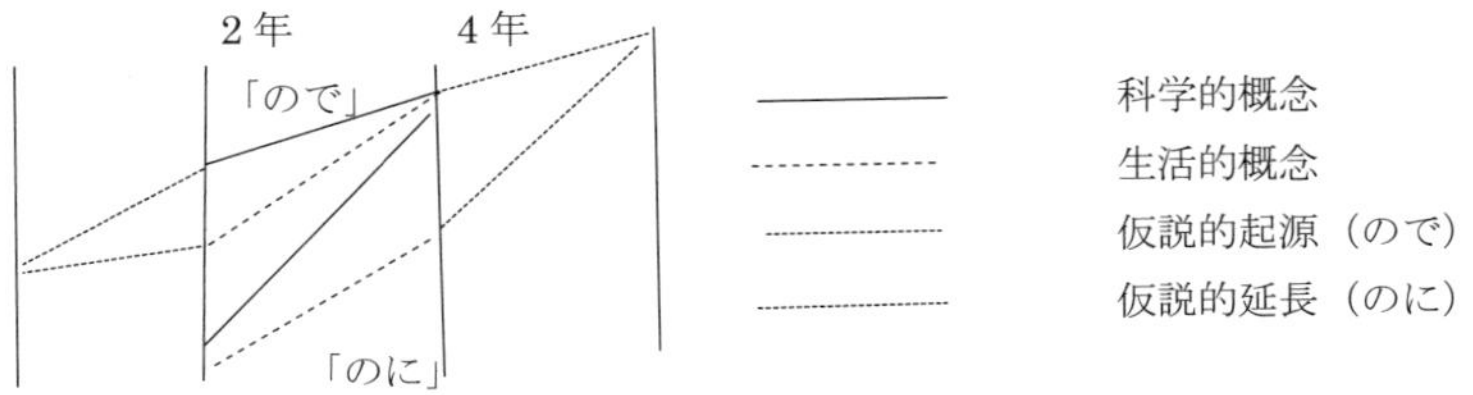

図 6-10

ない。

②因果関係の樹立は、順次性のばあいとも同様、科学的概念と生活的概念の操作において子どもに同程度には可能でなかった。

③同一年齢段階における生活的概念と科学的概念の比較分析は教育過程に適切な計画的要素が存在するばあいには科学的概念の発達が自然発生的概念の発達を追越すということを示した。

④科学的概念の分野においては、生活的概念におけるよりも高次の思考水準にわれわれはぶつかる。

⑤科学的概念における問題の解答（「ので」、「のに」という語で中断された文章の完成）曲線は、生活的概念における同様の問題の解答曲線よりもつねに高かった。

以上が、基本的事実である。

①と②からは、生活的概念の発達と科学的概念の発達は同一の仕方をあらわさない。それは因果関係と順次性の関係で示された。

③と④からは適切な教育過程が存在すれば、科学的概念の発達が自然発生的概念の発達を追越す。

⑤は「ので」「のに」の語の使用における両概念の発達の違いを示す具体例である。

表 6-4

	２年生	４年生
「ので」という接続詞をもった文の完成		
科学的概念	79.7	81.8
生活的概念	59	81.3
「のに」という接続詞をもった文の完成		
科学的概念	21.3	79.5
生活的概念	16.2	65.5

表 6-5

「ので」という接続詞の利用（二年生 - 296 文＋ 222 文）（シフ、三六ページ）

	一般化	記載	図式	混合主義	「ので」を「のために」に代える	同語反復	無解答
生活的テスト	-	59	-	6.8	2	13.6	6
社会科学的テスト	14.3	29.7	35.7	9	6.1	1.2	1.5

（数字は％）

ヴィゴツキーは⑤について事実を詳しく考察している。それは四つである。それを説明する前に、その前提となるデータをしめしておこう。まず、訳書にある図2である（図6 - 10）は簡略化している。詳細は訳書を参照してほしい（思、三〇八頁）。図2には生活的概念と科学的概念の発達曲線が記されている。

この図のもとになったデータが第6章の冒頭（思、二二七頁）に記されている。それは上の表である（表6 - 4）。

これは生活的概念と科学的概念における問題解決の比較と表示されている（数字は解答率）。

ヴィゴツキーが考察するのはこのデータについてであるが、この表はシフの書物にはない。ヴィゴツキーが本論を書くにあたって作成したもののようだ。シフのデータをみてみよう。シフの二年生「ので」のデータは上のようになっている（表6 - 5）。

このようになり、左の三列を肯定的解答とみなしている。だから、生活的テスト五九％に対して科学的テストは七九・七％となり、ヴィゴツキーが作成した表の値になる。

二年生「のに」という接続詞の利用では、左の三列が肯定的解答とみなされる。だから、生活的テスト一六・二％にたいして、

表6-6

「のに」という接続詞の利用（二年生 - 296文＋118文）（シフ、三八ページ）

	一般化	記載	図式	混合主義	「のに」を「ので」に代える	「のに」を「のために」に代える	言葉の反復	無回答	不明
生活的テスト	-	16.2	-	4.8	39.5	5.2	4.5	4.8	25
社会科学的テスト	3.7	13	4.6	3	39.8	2.7	7	5	28.2

（数字は％）

表6-7

「ので」という接続詞の利用（四年生）（シフ、三九ページ）

	一般化	記述	図式	心理的モチーフ	混合主義	同語反復	不明	「ので」を「のために」に代える
生活的テスト	20.8	60.5	-	1.5	3.1	3.9	2.9	7.3
社会科学的テスト	52.1	11.4	18.3	4.7	-	4	8.9	0.6

（数字は％）

表6-8

「のに」という接続詞の利用（四年生）（シフ、四一ページ）

	正しい使用	混合主義	「のに」を「ので」に代える	言葉の反復	心理的モチーフ	不明
生活的テスト	65.5	1.5	7.5	1.5	1	13
社会科学的テスト	79.5	-	3	1.5	-	12

（数字は％）

科学的テストは二一・三％となり、ヴィゴツキーの作成した表の数値になる。残りのカテゴリーもほぼ生活的テストと科学的テストに差異はみられない（表6‐6）。

以下、同様に「ので」の四年生の結果の分析が行われる（表6‐7）。

二年生と同じように左の三列が肯定的解答とみなされる。生活的テスト八一・三％にたいして社会科学的テストは八一・八％である。これはヴィゴツキーの作成した表の数値と同じになる。

「のに」の四年生の場合は左の一列が肯定的解答とみなされる。生活的テスト六五・五％にたいし社会科学的テスト七九・五％である（表6‐8）。これはヴィゴツキーの作成した数値と同じ。ヴィゴツキーの考察の元にしようとしたデータと図はこのようにして作成されたのである。図2についてはシフの書物にも載せられている。数値の表はヴィゴツキーが上述のようにして作成したものであろう。これを補足することにより、ヴィゴツキーの数値の背後に隠されている解答が明示的になったと思う。シフの書物には子どもの解答例もあげられているが、ここでは省略しておく。では、元に戻ることにしたい。ヴィゴツキーが考察する四つの事実である。

第一の事実は、繰り返すことになるが、科学的概念の問題の解答曲線は、生活的概念における同様の問題のものよりつねに高いというものである。ヴィゴツキーは問う。

「同一の問題の解答水準が、その問題が科学的概念の領域に移るや否やこのように上昇するのを、何で説明することができるだろうか」（思、三〇八頁）。

その解答の一つは、知識の量で説明する方法である。しかし、これは説明にならないと否定する。というのは、生活的概念の方が、経験や知識の点ではすぐれているから、このやり方では説明にならないのだ。その二つ目は、ヴィゴツキーはこれが正しい説明となるとするのだが、自分の思考作業を自由に操作できるかどうか、つまり、自覚的に随意的に行うことができるかに原因があるとするのである。このとき、ヴィゴツキーが描いている自覚性を復習しておこう。生活的概念の場合、意識は対象、経験に向いていて、自己の思考操作に向かない。だから、この問題は難しく、それを要求されるので、解答率が低くなる。それにたいして、科学的概念は、対象ばかりでなく、自己の思考をも、つまり、両者に意識が向いているから、科学的概念の解答率が高くなるのではないか、とヴィゴツキーは推量するのだ。

だが、どうして科学的概念の問題では、思考が自覚的になるのか。ヴィゴツキーは社会科学的概念を例にそれを説明する。「ので」で子どもは、不完全な文を完成させる。子どもは正しく文章を完成させるのだ。

「ソ連では私有財産がなく、すべての土地・工場・発電所が労働者と農民のものとなっているので、ソ連は計画経済が可能である」（思、三一〇頁、以下同様）と「ので」を正しく利用する。シフの書物ではこの解答は一一歳の子どもが行ったものであることが記載されている。では、どうしてこのようなことが可能なのか。ヴィゴツキーには「適切な教育過程があれば」という文章があった。つまりアブチェーニェ（教授 - 学習）の存在である。これをヴィゴツキーは「その操作は自己の歴史をもつ」という言い方で表現する。それはどのようなことか。ヴィゴツキーのことばからみてみよう。自己の歴史とは何なのか。

「それは、学習がなされたときに形成された（それは、実験の時に形成されたのではない―原文。訳者が意訳している―筆者）。実験はいわばその最後の環なのである。この環は、先行の環との関連においてのみ理解される」。「教師は、このテーマについて生徒と取り組みながら、説明し、知識を伝えたり、質問したり、訂正したり、生徒自身に説明させてきたりした」。

　以上のように述べた後、非常に重要なことを述べる。

「概念にたいするこれらの作業のすべて、概念の形成の全過程は、大人との共同のもとで、教授 - 学習の過程で子どもによりいとなまれた」。この部分に自然発生的概念の形成との違いが表現されている。非自然発生的、科学的概念の場合には、大人との共同、大人の介入が加わるということなのである。自覚はこのような専門家、つまり、教師との共同のいとなみから発生する。科学的概念の問題の正答率の高さは、以前に教師の援助のもとで解決したことを、実験の場面で独力で解決している。この場面は教師がいなくても、自分の以前の共同の結果を利用しているから、高いのだというのである。ZPDの現れであるといえよう。自覚はこのようにして、教師との共同作業のなかから生まれるというのがヴィゴツキーの見解である。だから、最後の環、自己の歴史なのだ。

次に第二の事実である。第一の事実は、なぜ「ので」が生活的概念より科学的概念の方の正答率が高いのかということであったとすると、第二の事実は「のに」の解答曲線についてである。第六章の冒頭での記述のなかで「のに」については以下のように説明していた。

「因果関係のカテゴリーよりも発生的にもっともおそく成長する反対関係（矛盾関係）のカテゴリーは、因果関係のカテゴリーが二年生においてあたえたのに似た状況を四年生について与えている」（思、二三七頁）。

つまり、「のに」の二年生の曲線は、「ので」の二年生の曲線の前の段階であり、四年生になって「ので」の二年生の曲線とおなじ形を示すと指摘していた。四のこの部分では以下のような指摘になっている。

①同じ学年において異なる情景を示す

②解答曲線はここでは一つになる

③科学的概念は生活的概念にたいする優越性をあらわさない

④矛盾関係のカテゴリーは、子どもの自然発生的思考においてもより遅くあらわれる

⑤生活的概念は科学的概念がその上にのぼるほどにはまだ成熟していない

二年生における「のに」について状況の把握についてである。なぜ、両曲線が同じになるのかについての認識が行われているのだ。「のに」の自然発生的概念が成熟するに至っていない。だから、科学的概念の解答曲線も高くならない。何かを自覚するには何かをもたねばならない。その何かにあたるものが不在では自覚はできないのだ。こういう理由から二年生では科学的概念も生活的概念と同じように低い。このあと、四年生になり、前述されているように、「ので」が二年生で表したような曲線の形をとるというのだ。

次は第三の事実である。生活的概念の曲線の急速な伸びについてである。生活的概念の問題の解決は急速に成長し、問題の解答曲線は上昇。科学的概念による問題の解答曲線に接近し、ついにそれと合流するということである。これは「ので」の四年生の解答曲線に表れている。これはどうしてなのか。科学的概念はそれ自身、自覚的ということを本質としていた。この自覚性が、科学的概念の成長とともに形成されてきて、自然発生的概念に影響を与え、非自覚的であったものから自覚的なものへと引き上げる結果、その概念の解答曲線が急速に成長するのだと推量するのである。ここには前提されていたものが、逆に反作用を受けるという相互作用がみてとれるのである。

第四の事実は、因果関係の解答曲線と矛盾関係の解答曲線の力学（ディナミカ）、または法則性についてである。学年は異なるとはいえ、描く曲線の形は同じであるという主張である。これは既に第二の事実ででも触れたが、矛盾関係の生活的概念と科学的概念の関係は四年生において、因果関係が二年生で示した情景に近いものを表すというのである。初めくっついていた曲線は、分離し、科学的概念の解答曲線は生活的概念の解答曲線を追い越す。そのあと後者は急速に成長し、前者に接近し、やがて合流する。「のに」も「ので」もこのような道筋を学年は違っても進む。だから、法則性といえるのだ。ヴィゴツキーはいう。「どのような年齢にそれらが発生しようと、どのような操作とそれらが結びつこうと、そのことに関係ない一般的な法則性である」（思、三一三頁）。

このような事実に基づいて、「もっとも初期の段階での」と断りながら、科学的概念の発達と自然発生的概念の発達の発達曲線についての仮説を提示する。それは、両概念の発達が進む道は、正反対の関係にある、あるいは正反対の方向に発達するというものである。それをまとめると次頁の上のようになる（図６－11）。

科学的概念の進む道……概念それ自体にたいする作業、概念の語による定義、概念の非自然発生的適用を前提にする操作からはじまる。 ⟶ それから、具体、対象へと進む

自然発生的概念の進む道……その物は知っている、対象の概念は知っている。対象の認識からはじまる。対象の適用はできる。多くの経験をもっている。 ⟶ 自覚へ進む

図 6-11

このように進む方向が真逆であると述べたあと、ヴィゴツキーは、わかりやすくするためと断りながら、「上から下へ」と「下から上へ」という表現を利用して、それぞれの進み方を示していく。前者は上から下へと進みながらある一定の水準に到達する。後者はその点へ、下から上へと進みながら近づく。このことを「上から下へ」「下から上へ」というのだと述べたあと、より早く成熟し、より単純な要素的な概念特性を低次のものと呼び、より遅く発達し、より複雑な、自覚性や随意性とむすびついた概念特性を高次のものと呼ぶとする。そうするならば、子どもの非自然発生的概念は上から下へ、より複雑な高次の特性からより要素的な低次な特性へと発達するということができるといえるのであるとする。他方、自然発生的概念は下から上へ、より単純で要素的な低次な特性から、より複雑な高次な特性へと発達するといえるのである。

　では、どうしてこうなるのか。ヴィゴツキーによると、それはこれらの概念は対象にたいして異なるからだとする。一方は、対象に直接ぶつかり、関わっているのにたいして、他方は、対象には直接ではなく、間接的に関わることから始めるからなのだ。ヴィゴツキーはいう。「自然発生的概念においては、子どもは物から概念へと進んだとすれば、科学的概念では、しばしば逆の道―概念から物へ―を歩まねばならない」（思、三一六頁）と。この見方とはヘーゲルの即自―対自に対照してみることができるのではないだろうか。即自では対象と直接かかわる。対自では自己に直接かかわるが、対象とは間接的である。この見方に通底すると、この捉え方がよく分かるのではないだろうか。

表6-9

自然発生的概念の弱点	科学的概念の弱点
対象の自覚に強いが、概念の自覚に弱い	概念の自覚に強いが、対象の自覚に弱い

対象にたいする異なる関係と捉えたヴィゴツキーは、そのことにより自然発生的概念と科学的概念の多様な関わりを抽出することを可能にするのである。それは次の二つである。

一つ目は、それぞれの概念の長所と短所である。これは再々述べてきたので繰り返さないが、特にここではヴィゴツキーの指摘で見落としがちな点をあげておこう。それは、科学的概念の弱さについてである。ヴィゴツキーはこの概念が、自然発生的に使用される領域、具体的状況へ概念が適用される領域において自己の弱点を表すと述べている箇所である。それは上の表のとおりである（表６‐９）。

この部分でヴィゴツキーの指摘のなかの「対象に弱い」例にあげている社会科学的概念である「搾取」、「革命」はシフの研究であり、「アルキメデスの法則」はア・エヌ・レオンチェフが行ったようである。「革命」と「農奴」の概念が引かれているが、それはシフの書物のなかの「Ⅴ同一年齢期の生活的概念と科学的概念の強さと弱さ」に記述がある。搾取はない。また、アルキメデスの法則も物理概念としてレオンチェフが行ったという記述はあるが、実例はない。

二つ目は、両概念は相互に内面的に深くつながっているという点である。この観点についてはヴィゴツキーは事実の確認であると述べる。それは「ので」、「のに」という概念で確認できるのである。「ので」が二年生から四年生にかけて生活的概念が急速に伸長するのは、二年生の科学的概念のおかげであるし、「のに」の科学的概念が二年生で低迷するのは生活的概念が成熟していないからだという事実から、両概念は内面的に深くつながっているといえるのだ（歴史的概念について簡単な記述があるが印象に残る）。この場合、ヴィゴツキーは、概

表 6-10

	科学的概念	生活的概念
長所	概念の高次の特性―自覚性と随意性	具体的適用の領域、経験の領域
短所	具体的適用の領域、経験の領域	自覚と随意性
発達	上から下へ	下から上へ
	ＺＰＤをつくる	現下の発達水準

念の進展と同時に構造を仮定する。上から下へは、上から下への構造を、下から上へは、下から上への構造を作りだすというのだ。この構造を媒介にして、それぞれの概念がまだ進んでいない所の道案内をするのである。この構造を介して内面的に深くつながっているというのである。媒介性を重視したヘーゲル同様、ヴィゴツキーにとっても常に媒介性が生き続けている。生活的概念と科学的概念は媒介しあうと述べた（思、三二六頁）あと、両概念の比較研究が明らかになったことを一般化し、整理して終わる。それを表にしてまとめておこう（表６‐10）。

これで、邦訳の四　科学的概念と生活的概念の比較研究の論述を終え、邦訳五　外国語の学習と母語の発達に進むことにしよう。ロシア語版は四と五の区別はなく、同じ節のなかに含まれている。

外国語の学習と母語の発達（五）

ヴィゴツキーが、科学的概念の発達と生活的概念の発達の関連を、より広い範囲で考えようとする。そうすることによってヴィゴツキーが描く科学的概念の発達路線の仮説をより広いグループの特殊例、つまり、一般化することができると考えているからである。その時、かれをとらえたのは、外国語の習得過程との類似であった。その理由について三つの判断をあげている。まずは、外国語の習得と母語の発達の比較を行おう。そ

表 6-11

A　逆方向性

外国語の習得	母語の発達
◦意識的・意図的	◦無自覚的・無意図的
◦上から下へ	◦下から上へ
◦言語の高次な特性から先にはじめ、自分のでない言語の自然発生的な、自由な利用と結びついた初歩的な特性へ	◦言語の初歩的な低次の特性が先に発生し、そのご言語の音声構造や文法形式の自覚、言語の随意的構成と結びついた複雑な形式へ
◦外国語の長所があらわれる（自覚的）	◦母語の短所があらわれる（非自覚）
◦外国語の短所があらわれる（利用に苦労）	◦母語の長所があらわれる（自由に利用）
◦最初から男性の単語と女性の単語を区別し、語尾変化・文法上の変形を自覚する（ヴィゴツキーがここで外国語とするのはドイツ語か、フランス語か）	◦文法形式を上手に利用するが、自覚しない。名詞、形容詞、動詞の語尾を変化させるが、自分がそれをしているのだということを自覚しない。性・格がなんであるかを言うことはできない（母語はロシア語）
◦外国語ではそれ（右欄）をたやすく行う	◦母語の音声面を利用しているが、自分がどのような音を発音しているのか言うことができない。文を書くときには、非常に苦労で、単語を文字化し、個々の音を分解しなければならない
◦外国語では書きことばが話しことばを出し抜く	◦書きことばは話しことばと比較して遅れる
◦発音は外国語を学ぶ生徒には最大の難関。自然的な会話は非常に苦労。発達の最後	

のあとで、その理由についてまとめてみる。前者から始めることにしよう。それを見やすいように表にしておこう（表6-11）。

以上が外国語と母語の習得過程の反対方向となる発達路線である。

以下は相互的な依存関係である（表6-12）。

後者の問題に移ることにしよう。ヴィゴツキーはこのようにかなり大雑把に外国語の学習と母語の発達の関連を分析したあと、この類似にたちどまらせた理由の三つの判断をあげている。それを次に整理しておく。その一つは、機能的-心理学的観点からすると二つの一見同じように見える構造の発達路線が異なる年齢、あるいは異なる現実の発達条件では、別のものにな

表 6-12

B　相互依存性

外国語の習得	母語の発達
◦外国語の習得は母語の高次の形式の支配のための道を踏みならす	◦母語において意味の体系を自由に支配し、他の言語に転移しながら、外国語を習得する
	◦母語が言語体系の一特殊例として子どもが理解することを可能にする
◦母語現象を一般化する可能性を子どもに与える	◦自分自身の言語操作を自覚し、支配する

らなければならないという思想を説明し、確認することを助けるものになるというものである。「上の年齢段階において、それより以前の年齢において別の領域で発達したものと構造的に類似した体系がどのように発達するのか」という問いを考えてみる。これにたいしてピアジェは転位の法則を創出し、同じことを繰り返すと説明する。ヴィゴツキーはそれにたいして類似の体系が高次および低次の領域で反対の方向に発達するという法則、発達における低次の体系と高次の体系との相互関連の法則、総じて発達の最近接領域の法則を仮説する。この間の決裁実験が生活的概念と科学的概念の発達の比較研究である。科学的概念の発達が生活的概念の歩む道と同じなら、比較研究する必要はない。これらの両概念に立ちどまることはないのである。しかし、前者の概念は、後者の概念の歩みを繰り返すのではない。むしろ、真逆の道を通して発達することが研究で明らかになった。これと類似しているのが、母語の発達と外国語の習得である。母語の発達は下から上へ、外国語の習得は上から下へと進むのである。上にもみたように特性から母語と外国語の関連を生活的概念と科学的概念の関連の一例として示す必要があったというのが一つ目である。

第二のものは、二つの類似した発達過程には内面的類縁関係が存在するという判断である。これらは、心理学的本性において同一の過程—つまり、言語的思考—の二つの側面の発達が問題となっているように捉えるのだ。これら両過程を、この場合、言語的思考の面から捉えてみようとしたものだ。そうすると、外国語の場合、意味は母語が与えるので、音声面の習得が主となる。だからといって意味とは無関係とはいえない。異言語がもつ意味の獲得が行われる。他方、科学的概念は生活的概念とは異なる意味の獲得が主となる。生活的概念の意味は前提となるのだが。だからといって記号や専門語など物質的側面の獲得もなされる。だから、両者とも、言語的思考の側面からみてみると類似を推量しても不自然ではないのだ。しかし、もちろん、ある一定の点でだけで、それぞれは独自性をもつことも認めている。

第三の判断はヴィゴツキーがこの類似を提出する最大のものとみなせるものである。まず、外国語についてである。ヴィゴツキーによると外国語の習得は、母語の意味体系に媒介される。母語は対象に直接関わって獲得され、意味体系を作りだす。その意味体系に媒介されるのは外国語の習得だ。したがって、対象にたいする関係は、母語の場合は直接的であるが、外国語の場合は間接的になる。車の絵をみてカーと発問しても、その時、既に母語はカーの概念を作っており、子どもがカーとかかわる関わり方とは異なり、間接的なものとなる。対象にたいする関わり方が異なるというのである。これについて科学的概念についていえば、同じなのである。「ので」という因果関係を示す接続詞は生活的概念では、対象との関係を直接作りだしている。それを前提にして科学的概念の発達が行われる。対象との関わりが間接的なのである。これが類似を示す一つの理由である。もう一つは、逆の作用についてである。ヴィゴツキーによれば、外国語の習得は、その音形式から離れ、意味の体系に反作用を与え、意味の発達が促す。二つの言語によってある意味が表されることによって意味がふくらむからなのだ。意味がこれにより、音形式から分化し、物自体として自覚されると述べている。これは科学的概念の習得と同じなのである。科学的概念の獲得は生活的概念の発達に作用を及ぼし、非自覚から自覚へと導くのである。これが三つ目の判断である。以上が類似をささえる三つの判断である。この判断から外国語の習得と母語の発達が、科学的概念と生活的概念の特殊例としてあげられたのである。しかし、ヴィゴツキーはいう。この類推はここまでであってこれ以外は対立に席を譲ると。その最大なことは体系の問題である。ヴィゴツキーにとって体系は概念形成論において中心点をなすものである。その体系について母語と外国語の場合と、自然発生的概念と科学的概念との場合では異なる。前者では母語のなかで作られるが、後者では科学的概念の発達のなかで形成されるからである。体系をいかに重視しているか、ヴィゴツキーの以下の言葉からも感じられる。「体系の問題は実験的人為的概念の研究では決してつかむことのできない子どもの実際の概念形成の歴史の中心的問題である」（思、三二四頁）。言語的思考の平面から自然発生的概念と科学的概念の獲得の問題だけでなく、母語と外国語の習得の問題を取り上げたことはヴィゴツキーの炯眼を示すものといえよう。母語の獲得は通常的であろうが、そこに外国語を挿入させたのはかれの功績といえよう。そうすることにより外国語教育の専門家や実践家がヴィゴツキーに関心を向けさせたことは大きい。日本でいえば外国人に異言語としての日本語をいかに教えるかを議論する際に関心をもたれているようだ。それは母語の教育とは異なる体系を必要としているからではないか。

科学的概念の体系性と生活的概念の無体系性（七）

六で述べた一般化の構造をふまえ、ヴィゴツキーはいう。「あれこれの概念の心理学的本性における差

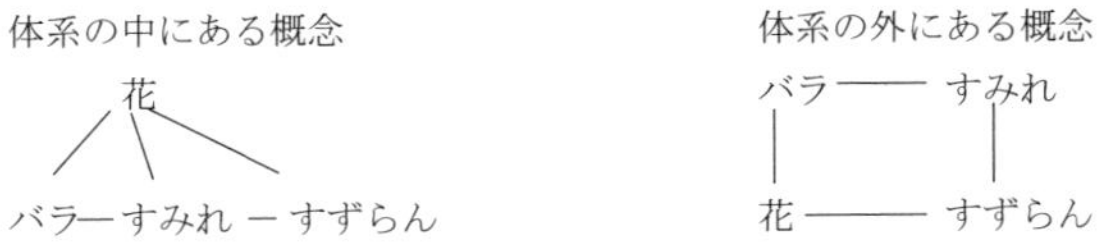

図 6-12

異を決定する中心点をあらかじめ公式化することができる」(思、三四一頁、以下同様)。その中心点をなすのは「体系（система）の有る無し」であるとする。体系の外では概念は、それが一定の体系のなかにあるときとは違った仕方で対象と関係する。バラ、すみれ、すずらんなどの言葉を知らない子どもにおける言葉と対象の関係と、これらの言葉を知っている子どもにおける言葉と対象の関係を考えてみる。前者では、概念と対象は体系の外にある。その場合には行動の原理になるのは経験的結合である。印象に基づく混合主義的結合が生じるのだ。対象と直接結びつく関係である。後者の場合には、体系とともに概念と概念の関係、他の諸概念を媒介にしたある概念の対象にたいする間接的関係が生じる。概念を媒介にするといった複雑な関係が出来上がる。つまり、ここでは概念のなかに超経験的結合が可能になるのだ。こういう意味で体系の有る無しが中心点となるのである（図６‐12）。

ヴィゴツキーはこのように述べた上で、ピアジェが明らかにした子どもの思想の特質の解釈を行う。「混合主義」「矛盾にたいする無感覚」「行列的配置の傾向」などは子どもの思考が体系の外にあるゆえであるとする。ヴィゴツキーはこの体系の有る無しを理由にしてピアジェが見出したこれらの子どもの思考の特質を説明するのであるが、それらは訳書をみていただくことにして、本節では省くことにしたい。ピアジェもこのことには気づいていた。しかし、非体系性（несистемность）を子どもの思考の一つの特徴にみて、根源としなかったことに間違いがあったとヴィゴツキーはみなしているのである。それゆえ、ヴィゴツキーにとっては、子どもの思考の特質とされているものは、自己中心性や自閉的思考の残滓から生じるのではない。ヴィゴツキーはこれらの特質は、大人の概念より対象にたいしてより近い直接的な関係、つまり即自のなかに存在するからこそ発生するのであり、対自的になっていないからなのだとする。対自的は何によってもたらされるのか。それは既に前述してきたように、科学的概念の獲得によってなのだ。科学的概念はある種の概念と概念の関係を、つまりある種の体系を自分の中に含んでいる。科学的概念は教授過程のなかで上から、つまり体系から始まる。この体系こそが子どもの自然発生的概念の全領域の改造をあらわす。それを自覚的にするのである。だから、ヴィゴツキーはいう。ここに子どもの知的発達の歴史における科学的概念の大きな意義が存在すると。

ヴィゴツキーはこのように述べたあと、体系性（систематичность）についてはピアジェも気づいていたし、ピアジェ学説のなかに隠された形で含まれていると認め、その上で次のような問いを提示する。

①体系的概念というのは無体系（внесистемное）的概念を追出し、交代の原理によってそれらの代わりになるものか。

②体系的概念は無体系的概念を基礎にして発達しながら、やがてそれらをも自分自身のタイプにあわせて改造し、子どもの概念界にはじめて一定の体系を作りだすものか。

このような二つの形で問いを提示するが、もちろん、ヴィゴツキーは媒介論者であるわけだから、①ではなく、②なのである。ここでも媒介は通底している。そこで、新たに「回転する（врашвать）」という語を使ってまとめを行っている。「体系は、このようにして、学齢期における概念発達の全史がそれを中心として回転する基点である」（思、三四五頁、以下同様）。「それは（体系—筆者）、科学的概念の発達とともに子どもの思考に発生する、子どもの知的発達全体を高次の段階に高める新しいもの」なのである。

このようにヴィゴツキーは「体系」にこれほど重要な位置づけをあたえているのだが、体系とは何かについての説明はない。自明としたのであろうか。ヴィゴツキーはこれをどこからもってきたのか。どうして概念に固有なものが体系性と気づいたのであろうか。疑問に思うところである。そこで、『思考と言語』からはなれ、この「体系（система）」について通常どのような意味で使われるのか考察しておきたい。

まず、日本の辞典からみてみよう。広辞苑によると二つの意味が示されている。

「①個々別々のものを統一した組織。そのものを構成する各部分を系統的に統一した全体　②一定の原理で組織された知識の統一的全体」

以上のように二つがあげられている。①は自然界でいえば、太陽系、神経系、人体などとして使われている場合であろう。②は哲学など認識体系といわれたりするものであろう。システムはギリシャ語から派生しているといわれるように古くから使われていたと予想できる。しかし、概念自体が体系性という性質をもつかどうかははっきりしない。体系をもった哲学（例えば、ヘーゲル哲学）を一つの概念とするなら、体系性はその属性と捉えることができるが。

他方、ロシアではどうであろうか。一九七〇年代なら何ともないが、ヴィゴツキーの時代にそう盛んに使われていたとは思えない。しかし、ヴィゴツキーにとっては、システムは重要な役割を果たしている。例えば、心理システムというような重要な概念がある。システムという概念は、特段的であるようだ。当時、パブロフの弟子であるアノーヒンは、「機能システム」という用語を作りだし、有機体は統合したシステムをなすとしていた（アノーヒンが機能システムという概念を公表するのが一九三五年。しかし、一九二五年頃からこの概念をもっていたとされる）。ヴィゴツキーの著書には「機能システム」という用語が登場しており、すでにシステムという用語に関心があったと思われる。他方、レーニンも『哲学ノート』で「おのおのの概念は他のすべての概念と一定の関係、一定の連関のうちにある」（哲学ノート、一八九頁）と述べている。これらの事情から概念も体系（システム）として解釈しているのかもしれない。以下はシステムについてロシアの二つの辞典からの要約である。一つは現代百科事典（二〇〇〇）からで、このなかではシステムに二つのアプローチを区別している。

「（ギリシャ語、systema、部分から構成された全体。統一体）相互関係や結合にある諸要素の集合、一定の全体性、統一をなす。物質的システムと抽象的システムを区別する。前者は非有機的自然システム（物理、地質、化学、技術など）と生命システム（生物システム―細胞、組織、有機体、個体群、種、エコシステム）、特殊なシステム―社会システム（単純な社会集団から社会構造まで）である。後者は、概念、仮説、理論、システムの科学理論、言語、形式化、論理などである。現代科学においてシステムはさまざまに行われている。二〇Cの中頃からキー的な哲学‐方法論的、特殊‐科学的概念の一つになる」。

この記述から概念がシステムであることが確認できるのである。

もう一つは哲学辞典（一九八三）からの抜粋である（ソ連時代のもの）。知識の体系的本性の原理の発見はドイツ古典哲学にあることの指摘や唯物論的弁証法の貢献の指摘がある。執筆はシステム論の哲学者サドフスキー。

「相互関係や結合にある諸要素の総体、それは一定の全一性、統一をなす。永い歴史的進化を経ながら、システムの概念は二〇Cの中頃、哲学‐方法論的、個別科学的キー概念の一つになる。現代科学的知識においてシステムの研究と構成は、システムアプローチ、システムの一般理論、個別の専門理論のなかで行われる。サイバネティックス、システム技術、システム分析など。

知識の体系性の思想が古代ギリシャ哲学や科学で研究された（ユークリッド、プラトン、アリストテレスなど）。

知識のシステム的本性の原理はドイツ古典哲学で研究された。カントによれば科学的知識はシステムである。そこでは全体が部分より優先される。シェリングやヘーゲルは弁証法的思考のもっとも重要な要求として認識の体系性を解釈した。システムの研究の一般哲学的基礎となるのは、唯物論的弁証法の原理である。重要な役割を果たしたのは、システムの原理であり、その内容は、世界の客体の全一性、全体と部分の関係、システムと環境の相互作用、システムの機能化と発達の法則性、システムの客体の構造化、生命系や社会系の活動のアクティブな性質についての観念である。

四〇年代になり、カナダやアメリカで活躍したベルタラフィがシステムの一般理論を確立した。かれはイソモルフィズムの用語を確立し、システムの機能化を制御する法則とした。五〇〜六〇年代サイバネティックスの発達とともに一般的な構想や概念が多数提起されるようになった」。

知識の体系性は、カントやヘーゲルに負うことが大きいのである。ヴィゴツキーもこの影響下にあったと解釈できる。ヘーゲルについて体系はどのように解釈されていたのか。身体とその部分の説明したところで、身体と切り離された手は名のみで手ではないといったように、全体と部分の統一体を示すのに使用しているように思える。それの完成形は絶対的理念で、そのなかに典型的に示されている。「これによって理念は体系的な全体としてあらわれる」（小論理学下、二四四頁）とある。ヘーゲルが体系をいかに重視していたかについて『ヘーゲル用語事典』にも項目をあげ、述べている。それによると、哲学は学的体系として展開されるというのが、ヘーゲルの確信であった。それゆえ、「真理は体系としてのみ現実的である」（『精神現象学』「序文」）としたとある（岩佐、五一頁）。現在のシステムとヴィゴツキーのシステムの間には距離があるとはいえ、概念の本性のなかに体系性を見出したところに現在にも通じる知のありかたを提起しているように思う。体系（система）はこれくらいにして元に戻ることにしよう。

体系がもたらす教育的・発達的意義をこのように明確化したあと、ヴィゴツキーはこれによって「思考の発達と知識の獲得、教授と発達の関係に関する一般的問題」（思、三四五頁）へと論を展開させる。ヴィゴツキーの眼には体系をもたらすものは、教授・学習であるということが予期されているのだ。その対立した立場に立つのはピアジェだ。だからピアジェの見解を次のようにまとめる。

①この両者（発達と教授）を分断している
②学校で習得した概念は子どもの思想の特質を研究するうえでなんの意義をもたない
③教授と発達は比較できない過程。二つの独立した過程。互いに関係をもたない

このようにピアジェの見解を整理したあと、この考えの基礎には心理学において歴史的に形成された思考の構造の研究と機能の研究のあいだの分裂があるとする。最初は、前者の研究である。ソーンダイクがあげられる。思考の内容の分析に限られたのだ。その反動が現れ、思考操作そのもの、その機能、過程に注意が集中した。ビュルツブルグ学派である。これはこれくらいにしよう。

現在はといえばと、ヴィゴツキーはいう。思考の機能は、思想そのものの構造に依存する。それはどういうことか。機能する思考はどのように構成されているかということによって可能な操作の性格が依存す

るというものである。ヴィゴツキーは、ピアジェの研究が思想そのものの構造にたいする関心の極端な表現であると評する。それは構造心理学がしている構造にたいする極端な関心と同じなのだ。

このように分析したあと、ピアジェも思考の構造と機能とのあいだの断絶の問題を研究のなかで避けて、それを正面から解決しようとしないと批判する。解決した上で研究するなら教授と発達の問題を正面から取り上げることになるのに、それをあいまいにしたまま研究するから、教授と発達とが引き離されるし、それらの関連を見出すあらゆる試みを遮断してしまうのだとする。結果、学校教育の問題についての心理学的研究を不可能ならしめたとみなす。これにたいしてヴィゴツキーの立場は、構造と機能を一つに結びつけるというものである。ヴィゴツキーはいう。「何が機能するかということがある程度、どのように機能するかを決定する」（思、三四八頁、以下同様）という見方をとることである。そうすると、この問題は心理学によって近づき得るばかりか、その解決も可能となろうとする。このような立場から、構造の問題と機能の問題からヴィゴツキーが関心をもつ二つの側面を抽出するのだ。一つの側面は、概念あるいは言葉（スローヴォ）の意味は成長し、発達するということ、もう一つは、言葉の意味は一般化であるということである。この一般化の構造は発達によりさまざまな構造をもつ。この構造は思考におけるさまざまな方法を意味する。この方法は概念と概念のあいだの一般化のさまざまな関係なのである。このさまざまな関係は、その思考にとって可能な操作のタイプを決定する。このような一般化が思考の機能を決定するという捉え方である。機能と構造、これら二つの側面は結びついているというのである。

この統一からヴィゴツキーがいう心理学の課題としての教授と発達の問題の研究が必然的に導出されるのであろうか。ピアジェが陥った失敗からどう脱出できるのか。一つの側面である言葉の意味は成長・発達するということ、もう一つは何が機能するかはどのように構成されているかによって決定されるということ、これは二つの側面は結びついているということである。これまで別々に扱われていたのを、結びつけることにより、関連・依存・統一をみることを可能にするというのである。このような分離の思想から統一の思想へものの見方を変えてみると、自然発生的概念と科学的概念は相互に複雑な内面的関連があることがわかる。ヴィゴツキーらの研究はこのことを明らかにしている。そればかりか一方の徹底的研究（例えば、自然発生的概念）は他の概念（科学的概念）と類似のものを明らかにし、将来的には統一的研究の道が開けようという。相対立していたものの統一の思想を読み解くことができるのである。さらに、ヴィゴツキーは踏み込んでいう。

教授（обучение）は学齢期に始まるのではない。就学前期にも存在する。そうすると、自然発生的概念は就学前期教育の産物であるといいうるだろう。年齢期毎に教授と発達の関係の固有な形式が明らかになるとする。その上でヴィゴツキーは以下の三つの形式を抽出している。

①幼児期に支配的な教授の形式は自然発生的タイプ
②就学前期に支配的な教授の形式は過渡的な自然発生的・反応的タイプ
③学齢期に支配的な教授の形式は反応的タイプ

と名づけられる。このようにそれぞれの発達段階に固有な教授の形式を述べているのである。ここで、ヘーゲルのトリアーデである即自―対他―対自の把握の仕方にあてはめてみるとそれへの特色が明らかになり、それぞれの形式のイメージが浮かび上がるのではないだろうか。自然発生的タイプとは即自。ヴィゴツキーがいうように子どものプログラムに従って直接ひと、ものに関わるタイプである。反応的タイプ

（反応という訳語より応答の方が相応しい―筆者）とは対他。大人の援助を媒介して間接的にひと、ものに関わるタイプ。その過渡期に自然発生的・反応的タイプが属するのだ。両タイプの性質が共存するということからすると就学前期は複雑な過程であるといえよう（対自に対応するタイプはこれらの年齢期にはない。このやり方を推し進めるなら成人期）。

このような教授のタイプについて同じような記述が「就学前期の教授・学習と発達」（邦訳『「発達の最近接領域」の理論』に所収）のなかにある。「別の論文でくわしく述べる機会をもった」とあるのはこれを指している。体系がもたらす発達的機能から科学的概念の教授・学習の意義を主張とするのが本節であるが、そればかりを強調するのではなく、自然発生的概念の発達的意義もきっちり踏まえているというのがヴィゴツキーの特色となっている。だから、最後のところで、将来の研究はどうなるのかは占おうとは思わないといい、もっと複雑なものになると予想するのである。

おわりに（八）

第六章の終節である。この部分は邦訳では節だてしていない。原書の初版、六巻本では、節だてし、それぞれ、V、8としているので、本書ではロシア語版に従い、八と節だてし、述べていくことにする。邦訳では＊＊＊で示している部分である。この部分は、シフの著書への序文の残りの、最後のところと同じものが充てられている。だから、この記述は第六章のまとめでもあるし、シフの研究のまとめでもあると理解できよう。まず、シフの研究の意義が二つまとめられる。

その第一は、生活的概念とくらべたばあいに科学的概念が歩む発達の独自な道に関する作業仮説の具体的な部分を実験的に検討することである。第二は、この特殊的事例に基づいて教授と発達との関係にかんする一般的問題をついでに解決することにある。これら二つの問題は、実験的研究のなかで十分満足のいく解決をみた。これはすでに述べた。これら二つの問題に付随してさらに二つの問題が現れた。上述の背景にあるもの。

その一つは、子どもの自然発生的概念の本性にかんする問題。もう一つは、それなしでは子どもの概念の特殊的研究も不可能となるところの学童の精神発達にかんする一般的問題である。これら付随的問題は、研究者の中心が前者にあったので、周辺に位置することになった。従って、前者の研究が直接的資料であるとすると、これらの資料による解決になるので、間接的資料による解決にならざるを得なかったとする。それでもこの資料によって二つの問題への解決の予想を確認するものとなったとし、四つの問題は解決していると認める。その上で、再び、本研究の最も主要な意義をまとめる。これからが本研究へのヴィゴツキー自身の評価にあたるところで重要である。ヴィゴツキーの慎重さがうかがえるところだ。

最も主要な意義とは何か。それは、子どもの実際の概念、とくに科学的概念の研究方法を作り上げ、実験的概念の研究から実際の生活的概念の分析への橋渡しを可能にしたこと、さらに、科学的概念の発達をどのように科学的に研究し得るかをしめしたこと、これは、新しい実践的理論的に実り多い研究領域を開いた。さらに実践的意義も大きい。この実践的意義としては第一に、児童心理学にとって、科学的知識の体系の教育において発達の原則や観点を考慮した分析の可能性を開いたこと、第二に、社会科教育において社会科の教授の過程で、生徒の頭の中で生じていることを解明し、直接に教育実践に役立ついくつかの結論をもたらしていることである。

率直に、ヴィゴツキーは本研究の欠陥を三つあげ、今後の課題にしている。それらは注目されるので本研究の本質と関わるので述べておこう。

その一つは、科学的概念ではあるが、それが社会科学的概念であること。科学的概念のなかで社会科学的概念は特殊であるが、それを一般的側面から、つまり典型的として取りあげているのである。あらかじめ科学的概念の個々の差異を研究対象にした上で取りあげたわけでない。科学的概念には算数、自然科学、社会科学とあるが、それぞれ違いがあろう。本研究では社会科学の概念を一般としてあげたのは始めの研究としてはやむを得なかった。また、その上に、教科そのものを構成する根幹的な概念のなかの体系ではなかったこと、経験的に選び出されたこと、相互に直接の関連をもたない概念から構成されていること、つまり、科学的概念としての社会科学的概念相互の内的関連が十分検討されていなかったというのが欠陥の第一である。

第二の欠陥は、概念構造や一般化についてやや一般的すぎ、かいつまんだ未分化な研究にとどまっているという点である。学齢期の中心的概念体系とは何なのか、一般性の関係はどうかといった問題の解明が十分なされなかったのである。詳細さの点でいえば、ピアジェがやった因果関係のさまざまな種類—経験的、心理学的、論理的な「ので」—と比較すると、ピアジェの方がはるかに優越している。ヴィゴツキーの研究では大まかな把握は出来たが、年齢ごとのこまかな境界が残されることになった。大まかな把握という点に留まっているというものである。

第三の欠陥はピアジェの基本的立場の批判を十分に実験の論理で実証できなかった。だから、理論の面では行えたが、十分に破壊するまでにいたっていないということである。それはどうしてか。付随的問題―生活的概念の本性の問題と精神発達の問題―が解決されていないからである。ピアジェが述べている子どもの思考と、生活的概念の本性そのものを特徴づける基本的特徴（無体系性、非随意性）とのあいだの関連、生まれつつある概念体系からの自覚と随意性の発達に関する、学童の知的発達全体にとっての中心的問題、この両者は実験的にも、課題としても提起されなかったからだとする。この付随的問題が残されたから、実証されるまでにいたらなかったのだ。

本章の最後に、締めくくりとして二つの点を述べて終わる。一つは、仮説と実験、これらは力学上の二つの極のようなもので、一緒に相互に作用しながら、組み合わされ、成長していかねばならないものだということ。もう一つは、本研究で目指したこと、つまり、新しい言葉を習得したときには、それに対応する概念の発達過程は終わったのではなく、始まったばかりであるということである。これはヴィゴツキーのもっとも重要な結論なのだ。本研究でいえただけではなく、ヴィゴツキーが本書全体を通してもっている思想なのである。トルストイがいっている「概念があるときには、ヴィゴツキー「言葉もある」という一文へのコメントにヴィゴツキーはこういう。「ふつうは、言葉があるときには、ほとんどつねに概念もあると考えられているのである」（思、三五三頁、傍線―筆者）と。

表 7-1

邦訳	六巻本	初版
一　思考とことばに関する諸学説	1	節なし
二　ことばの意味的側面と音声的側面との統一	2	
三　内言と自己中心的ことば	3	
四　内言の構文法	4	
五　内言の構造的特質	5	
六　思想および動機と言葉		
七　結び	***	

七　思想と言葉（第七章）

はじめに

第七章思想と言葉の邦訳とロシア語版の対応表は上のとおりである（表7-1）。

第七章思想と言葉は邦訳では以上のような七節からなっている。原書の初版では節の区切りはない。一九五六年版で節の区切りが行われ、六巻本もその区切りを踏襲している。ロシア語版は五節と結びとで六つの区切りであるが、邦訳では七節構成になっていて、ロシア語版第五節を二つに分け、五節、六節にし、全体を七節にしている。節の見出しはロシア語版ではつけられていないが、邦訳では訳者がつけている。ロシア語版との対応を上の目次で表してある。本章は元々節わけのない章であった。一九五六年版で節をつくり、六巻本はそのままそれを踏襲したが、編者による詩の作者など文章の追加をしたりしたため、ヴィゴツキーの文体を崩してしまったという批判から二〇〇〇年以降の本節はほとんど初版本の節わけのないものに戻すようになった。そうなると、逆に読みにくくなり、節わけを読者自身がしなければならなくなりより分かりづらくなる。筆者は六巻本はそれなりの役割をはたしていると思うので、この節分けを利用した読み方をして進めることにしたい。

　さて、区切りはこのままにし、よりくわしく区切った邦訳に沿うことにするとしてだが、本章をどう読んでいくかは解決されていない。そこで、本書では、少し回りくどいようだが、ちょっと工夫しながら読んでみたいのである。本章を読んでいく上での前提とでもいえるものである。それについてまず述べておいてそれから節毎に説明していくことにしたい。それは、二節の最初に述べられている基本的指導的観念についての次の文章である。

「われわれの基本的指導観念について述べておくことにしよう。この後の研究のすべて、この観念の発展と解明にしたがわねばならない。その中心的観念は、つぎのような一般的公式に表現することができよう」（思、三六六、以下同様）。

と述べているが、この基本的指導的観念についてである。その一つは次のものだ。

「思想と言葉との関係は物ではなくて過程である。この関係は思想から言葉へ、言葉から思想への運動であると」。

　続けて、ヴィゴツキーは心理学的分析の見地からといってこれを次のように述べている。

「この関係は心理学的分析の見地からすれば、それ自身の本質的特徴において真の意味の発達とよび得るところの変化をとげる、一連の段階や相を経過するところの発達過程としてあらわれる。もちろん、それは年齢的発達ではなく機能的発達なのである。思想から言葉への思考過程そのものは発達的である」（傍線—筆者）。

これは心理学的分析の見地であるとすれば、前者は何か。哲学的分析の見地なのである。それはあとの分析から明瞭になっていくであろう。それは後回しにして先に進もう。以下は紛れもなく哲学的見地である。記述の便宜上番号を付しておこう。

「①思想は言葉で表現されるのではなく、言葉で遂行されるのである。②だから、思想の言葉における生成（有と無の統一）ということをわれわれは語ることができよう」。

ロシア語の本文は以下のとおり。

① Мысль не выражается в слове, но совершается в слове

② Можно было бы поэтому говорить о становлении (единстве бытия и небытия)

これには哲学的見地（ヘーゲル）が入りこんでいる。というのは生成とか、有と無の統一という用語がヘーゲルの論理学の用語だからである。そこで、ここで①と②の関係だが、②にだからがついている。②があるから①があると考えられる。つまり、②を解釈することで①も解釈できるということになる。まず、②を解釈することから始めよう。その前にヘーゲルの論理学のロシア語訳の用語でこれらを検証しておこう。ヘーゲルの大論理学のロシア語訳を日本語訳と対応させると以下のようになる。

A　有　бытие

B　無　ничто (небытие)

C　成　становление

1　有と無の統一　единство бытия и ничто (небытия)

括弧内はヴィゴツキーが使用した単語

これからもヘーゲルの論理学が流れ込んでいることが検証できよう。無はнечтоでヴィゴツキーはнебытиеで違っているが、ドイツ語でこう読んでいたということではあるまいか。本質的な違いではないだろう。生成はこうやってみると明らかにヘーゲル的なのだ。用語上、検証できたので、次に進もう。ヘーゲルの解釈から始めよう。まず生成であるが、ヘーゲル特有の意味をもつもので、生成一般ではない。ヴィゴツキーのいう生成を理解する上でもヘーゲルの生成を理解しておく必要がある（ヘーゲルをいう時は成、ヴィゴツキーをいう時は生成を使用する）。以下は『ヘーゲル用語事典』（以降、岩佐と略）からの引用である。

「成とは、わかりやすくいえば、事物が生まれると同時に、安定した形をとることもなく消滅していくことであり、かと思うとそこから新しいものが生成するという、まったく不安定で流動的な状態のことである」（岩佐、八〇頁）。

この記述では流動的な状態といういい方をしているが、ヘーゲルはこれを運動といういい方をしている。「両者の真理はこういう一方が他方の中でそのまま消滅するという運動、即ち、成である。いいかえると、この運動は、そこでは両者が区別されているが、しかし、また、そのまま解消してしまっているというような区別を通して行われるところの運動である」（『大論理学上巻の一』、七九頁）。ヘーゲルは『小論理学』八八補遺で哲学史において成の最初の具体的な思惟規定をしたのはヘラクレイトスの哲学だとして論究している。ヘラクレイトスは「すべては流れである」といい、存在の根本規定としたのである。これにたいしてパルメニデスは有は有、無は無とし有と無は絶対合流することはないとし、有と無を彼岸においたのである。有名な飛ぶ矢は飛ばぬというように運動を否定した。ヘラクレイトスは流れ（運動）が存在の根本形態であるから、発生と消滅を繰り返すとし、だから、有と無は統一しており、それが成なのだとしたのである。飛ぶ矢は飛びながら、飛ばぬとするのである。飛ばぬが、飛ぶ、その運動が成なのである。だから、この状態なのだから、有と無の統一なのだ。

これで、生成とは発生と消滅を繰り返す運動ということがわかった。だからその状態を有と無の統一ということもわかった。とすると②の文はどのように解釈することができるのか。このような解釈を踏まえると、これは、思想の言葉における発生と消滅、つまり、思想が言葉で発生したり、消滅したりする運動、思想と言葉の関係をみる命題にするということを表明したものと解せよう。思想と言葉はもちろん孤立して対象にすることはありうる。しかし、この命題でヴィゴツキーがいいたいことは、そうではなく、思想が言葉になり、言葉が思想になる流れ、運動を主眼にするという見方である。まさにヘーゲルが認めるヘラクレイトスの「すべては流れ」という見方を想起するといいように思う。②はこのように哲学的見地で述べたといえるものだ。さて、このように解釈すると、①も解けるように思う。ヴィゴツキーにとって表現する（выражается）は、思想と言葉を別々にしたいい方だといっているのではないだろうか。有は有、無は無、飛ぶ矢は飛ばぬ、といった静止、固定化のいい方と同じと解したのであろう（言葉を思考の道具のようにみる見方）。そうではなく、運動を表すいい方を取り入れる。それが遂行する（совершается）なのだ。このいい方があっていると示したかったのではあるまいか。このようなのが①である。

因みに、この学説と関係する文章の一つを上げておこう。それは第七章六の始めに出てくる次の文である。

「もし、外言が思想の言葉への転化、思想の物質化・客観化の過程であるとすれば、ここでは（内言―筆者）われわれは逆の過程、いわば外から内へ進む過程、ことば（речь）の思想への気化の過程をみることになろう」（思、四二二頁）。

これは、思想と言葉の往還過程を、水蒸気が液化し、水にかわり、水が気化して水蒸気に変化する過程を想起させる譬えとなって表しているのだろうと考える。思想が外言に転化しても言葉のなかに思想が保存され、内言に転化しても思想のなかに言葉が保存されるといいたいのであろう。このように考えると表現より、遂行のほうが運動を表すというのではないだろうか。このような粒子観は最初から最後まで貫かれている。一章の単位の譬え、第七章の雨雲と雨粒の譬えのようにである。

さて、最初の文章である「この後の研究のすべて、この観念の発展と解明にしたがわねばならない。その中心的観念は、つぎのような一般的公式に表現することができよう。思想と言葉との関係は物ではなくて過程である。この関係は思想から言葉へ、言葉から思想への運動であると」（思、三六六頁、以下同様）あった。この文章も以上の考察から解決されよう。ここで言われている「思想と言葉との関係は物ではなくて過程である」ということについてである。物という見方は静止的な捉え方をあらわし、つまり、有は有、無は無という見方である。有と無の統一は過程になるのは当然といえよう。

これが哲学的考察である。それをヴィゴツキーは「この関係は心理学的分析の見地からすれば、それ自身の本質的特徴において真の意味の発達とよび得るところの変化をとげる、一連の段階や相を経過するところの発達過程としてあらわれる」（傍線―筆者）とする。心理学的分析におきかえるのである。そうするとどうなるのか。それは、「一連の段階や相を経過するところの発達過程」としてあらわれるのだ。その発達過程は、年齢的な発達ではなく、機能的な発達なのである。思想の言葉への、言葉の思想への転化は、このようにして一連の相や段階の解明へと移行していくのである。これをヴィゴツキーは「思想から言葉への運動として思想と言葉の関係を研究しようとする分析の第一の課題は、この運動を形成する相（фаз）の研究、言葉に体現された思想が経過する一連の局面（план）の区別である」と述べ、研究者の前には「賢者が夢にも見なかった」（思、三六七頁）ようなものが多数あらわれると、シェイクスピアの言葉を引いて文学的に強調したのだった。では賢者が夢にも見なかった世界とはどのようなものか。つぎにそれらをみていくことにしよう。ついでにいえば、ヴィゴツキーにとってはこの世界は「月の裏側で」（思、四三〇頁）、心理学の未開拓、未知の世界だと理解しているから、余計こういう表現になったのではないか。

その世界をヴィゴツキーは述べる際、明確な範疇分けを説明していない。読者がそれを補って理解していくほかにない。どのような範疇分けが可能なのか。まず、考えられるのは、範疇分けを節わけ毎で行うことである。しかし、前述したようにそれはヴィゴツキーのものではない。かといって改めて節わけをするのは却って複雑にさせるだけである。この節わけをいかしながら、範疇分けを進めたいというのが筆者のここでいう再構成の目的である。そこで参考にするのが、一つは、哲学的分析、もう一つは、ヴィゴツキーの関連する他の文献を参考にするというものである。哲学的分析では、二でも述べたヘーゲルの論理学を外すわけにいかない。有と無の統一はヘーゲル論理学の用語なのだから、当然であろう。もう一つのヴィゴツキーの他の文献とは、一九三三年一二月に行った「意識の問題」の基調講演の覚書（以降、覚書と略、論集、三八 - 五四頁）である。このなかには『思考と言語』の草案と思える部分が多く含まれているのである。この二つを考慮して範疇分けをしたのが次頁の上の表（表7 - 2）である。

再構成の表（表7-2）

一欄	二欄	三欄	四欄
ヘーゲルの論理学	『思考と言語』第７章	六巻本の節	邦訳の節
有論	範疇分け（言語的思考）		
１　質	１　外言	２	二
１　有	相的側面		
２　定有	意味的側面		
３　向自有			
２　量	２　内言	３、４、５	三、四、五
３　限度	３　思想	５	六
	意欲・動機	５	六
	４　意識	＊＊＊	＊＊＊

左欄はヘーゲルの論理学のカテゴリー、二欄は第七章の範疇分け（言語的思想）、三欄は対応するロシア語版の節の番号、最後の欄は邦訳の節の番号である。説明する必要もないかもしれないが、一応、ヘーゲルのエンチクロペディアの有論はどうなっているか、『ヘーゲル論理学入門』（以降、鰺坂と略）から要点を抜き出しておこう。

「有論の第一段階である「質」において第一に有と無の弁証法つまり成について語ります。これはものごとが生成・流転する側面の論理化です。

第二に或るものと他のものとの弁証法つまり変化についてのべています。これは定有の面です。

第三に有限者と無現者の弁証法つまり変転のなかで自己にとどまるもの、あるいは他者へいって自己にとどまるもの（向自有）の運動についてです。

第二段階である「量」においては「止揚された質」としての量が論じられています。この段階は質的認識よりはよりすすんだ段階です。量論は「純量」と「定量」と「度」に分かれています。

第三の段階である「限度」においては、質と量との統一である限度（あるいは質量）が論じられています」（鰺坂、二四頁）。

この表（表7‐2）を説明しよう。この表の二欄は、一欄の有論を参照して構成した第七章の範疇分けを筆者が行ったものである。この範疇分けには上述の覚書を勘案している。この覚書は以下の項目からなっている。

「Ⅰ　序
Ⅱ　外部から提起された私たちの主要仮説
Ⅲ「内部からの」仮説、すなわち私たちの研究の視点から
Ⅳ「下からの」仮説
Ⅴ「内部で」
　1　狭義における記号論的分析
　2　外言から内言へ
　　A外言
　　B内言
　　C思想
Ⅵ　広範に遠くへ
結論」（覚書、三八‐五八頁）

この覚書のⅤ‐2とⅥを考慮して範疇分けとしたのが二欄なのである。その上で、第七章の節との対応をおこなったのがロシア語版は三欄、邦訳は四欄である。

ヘーゲルは有論で質、量、限度と始めにあいまいな漠とした有論で、一つ一つ抽象や限定をしていくというやり方で、有を質、量、限度と展開させている。そうするなら、ヴィゴツキーが最初は日常的な存在である外言、それは子どもと大人にも存在するという意味で原初的な存在で、それから、大人になるにし

たがい発達する内言、その奥に存在する思想、それらを改めてみなおす意識へと展開するのとでは、類似性を感じるのである。限定していくやり方がよく似ていると思えるのである。ヴィゴツキーが真似しているかどうかは分からないが、エンチクロペディアを読むことにより自然に身につけていたものかもしれない。しかし、こう読むことによりヴィゴツキーの構想がより鮮明に浮き立たせられるのではないかと思い推奨したいのである。先程、回りくどいが、工夫した読み方といったのはこの範疇分けのことである。この範疇分けを考慮してこの章を読んでいくと全体がよく見通せると思われるのである。では、「賢者が夢にもみなかった」とはどういうものなのだろうか。その光景を以下の節でみていくことにしよう（一と三は省略）。

ことばの意味的側面と音声的側面との統一（二）

この節は全体として外言について論じているとみてよい。外言のなかでヴィゴツキーは何を問題とするのか。第一に取り上げるのは、「われわれの分析は、ことばそのもののなかに二つの局面の区別にわれわれを導いた」（思、三六七頁、以下同様）というものである。この記述では言葉（スローヴォ）ではなく、ことば（レーチ）が使われている。二つの局面とは何か。「研究はことばの内面的意味的側面とことばの外面的音声的側面とは、たしかに真の統一を形成するにしても、それぞれの独自の運動法則をもつことを示した」。ここで内面的意味的側面と外面的音声的相的側面といっているのだが、とりあえず、ことばの意味的側面と音声的相的側面と単純化して使っておこう。外言でことばが発話された時、例えば、パパと発声された時、パパという音声とそれが包含する意味を伝達する。音声と意味の統一としての発声がある。音声には女の子の声、男の声、鳴き声、笑い声など様々な種類がある。これらを合わせ音声的相的側面と呼んでおこう。二つの局面というのはこの音声的相的側面と意味的側面ということである。これからの論述はこれら二つの局面の関係について進んでいく。

始めにそれぞれ独自の法則をもつという事実が説明される。二つの事実からである。一つの事実は、子どものことばの発達からである。

外的側面、相的側面の発達は、一つの単語、二つあるいは三つの単語、後には句、句の連結、後には複雑な文、一連の詳しい文、首尾一貫した話へと進む。他方、意味的側面の発達は、全体から、文からはじめ、後になって部分的意味単位、個々の単語の習得、一語文に表現された未分化な思想を相互に結びついた個々の単語の意味に分節化しながら、移行する。全体から部分へと進むのである。

これらの事実から、ヴィゴツキーは一つの結論を導く。その一つはことばの意味的側面と音声的相的側面の発達は最初と終わりをとらえるならば、対立的方向において行われる。つまり、ことばの意味的側面はその発達において全体から部分へ、文から単語へと進む。音声的相的側面は、部分から全体へ、単語から文へと進むのである。第二に、この事実だけからでも、意味的側面と音声的相的側面の運動の区別は確認できる。第三に、これらが区別されるからといって、それぞれの自立性・独立性を意味するものでない。反対に、ことばの二つの局面の内面的統一を明らかにする第一歩なのだとする。ヴィゴツキーはいう。「だから、ことばの意味的側面と音声的側面との反対方向の発達過程は、まさにその反対方向のゆえに、真の統一を形成する」(思、三六八頁)。

もう一つ重要な事実として上げられているのは、子どものより後期の発達段階（先の例は、幼児、ここでは学齢児）に属することである。その例とはピアジェが調査で明らかにしたものだ（この節では外国の研究者の成果が多く取り上げられるが、その一人）。子どもは「ので」「のに」「けれども」のような接続詞をともなう副文を、これらの文章形式に対応する意味的構造を習得する以前に、話しことばで使いこなしているという事実を明らかにしたものである。文法は論理に先行する。相的側面は意味的側面と一致しない事例になるのである。ヴィゴツキーはこの不一致についても、先の例と同様に、「この不一致は、先の例と同様、これらの統一を排除しないばかりか、反対にそれのみが複雑な論理的関係を表現する言葉と意味の内面的統一を可能にする」（思、三六九頁、以下同様）。

以上が二つの局面の不一致について発生的分析から明らかにした事実である。ヴィゴツキーはここから分析を大人の、発達した思想のなかでの意味的側面と相的側面の分析へと転換する。ヴィゴツキーはいう。「このことを明らかにするためにわれわれは発生的局面から機能的局面にわれわれの考察を移さねばならない」。「言語の機能的分析から直接に引き出される事実というのははるかに示唆的である」。このようにして、現代心理学的言語学が明らかにしている事実の考察へと転換するのである。

まずその中で一番目に上げられるのは、「文法上の主語・述語と心理学上の主語・述語との不一致」である。これはカール・フォスラーが明らかにした事実である。フォスラー（一八七二 - 一九四九）の著書には邦訳があり、『言語美学』小林英夫訳がある。その中には、「フォスラーは『ことば』を『もの』のように扱う実証主義者にクローチェの美学をもって対決し、音・形態・統辞のあらゆるレベルに美的創造のはたらきを認めた」（同書裏カバー）とある。

ヴィゴツキーはこの事実としてフォスラーのホーランドの史劇『エルンスト・シュワフスキー公爵』の序詞の分析を例にしている（ホーランドはドイツの詩人［一七八七 - 一八六二］）。この一節ではことばの心理的成分と文法的成分の不一致が分析され、言語現象の意味を解釈する上では文法的説明だけでは誤解が生じると説いたのである。序詞は次のものである。「おそろしい光景があなた方のまえに開けよう」（思、三六九 - 三七〇頁）である。これについて文法構造の観点からすれば、「おそろしい光景」が主語で、「開けよう」が述語になる。しかし、この句の心理的構造、詩人が言おうとする観点からすると「開けよう」が主語で、「おそろしい光景」が述語である。詩人はこれらの言葉によって聞き手のまえに起こることが悲劇であることを言おうとしている。だから「聞き手の意識に最初にのぼるのは、どのような光景があらわれるのかということである」。これが心理的主語である。この主語について言われている新しいことは、悲劇についてのことであり、それは心理的述語なのだ。フォスラーはこの分析で文法的主語・述語に対して心理的主語・述語の不一致を抽出したのである（フォスラー「言語における文法形式と心理形式」言語哲学論集、一九二三、一〇五 - 五一頁。フェール（『Understanding Vygotsky』一九九一）による。フェールはこの事実を古典的と評している）。

このような例をヴィゴツキーは実例を上げながら分析している。ヴィゴツキーはかなり込み入った形でこれを分析する。上の例は外言としての書き言葉の例であるが、ヴィゴツキーの例は外言としての話し言葉の場合である。文法上の主語・述語がこれまでいう相的側面、心理的主語・述語というのが、意味的側面を指しているものと思う。さて、ヴィゴツキーの例に戻ろう。かれが上げる例は、「時計が落ちた」という句である。ここでは時計が主語、「落ちた」は述語である。しかし、状況が異なると異なる思想を表現することがありうるというのである。

その一つの状況とは、わたし（自分）は時計がとまっているのに気づき、どうしてなのかとたずねる。これにたいして「時計が落ちた」と答える。この場合、時計が心理的主語であり、「落ちた」は心理的述語となる。「落ちた」は主語について語られているからである。この場合では文法的成分と心理的成分は一致する。もう一つの状況もありうる。わたし（自分）が机に向かって勉強していて、物が落ちる音を聞いたので、何が落ちたのかをたずねる。すると「時計が落ちた」という答えがある。この場合、落ちた音が最初に意識にあるから心理的主語は「落ちた」であり、「時計」は心理的述語である。意識には「時計」はあとから現れるからだ。この場合、「落ちたものは時計です」といえば、心理的主語・述語と文法的主語・述語とは一致するが、先の句のように「時計が落ちた」では一致しない。

ここから、ヴィゴツキーは直ちに一般化して論じ、「分析は複雑な句では文のどんな成分も心理的述語になることができる」とし、「そのばあいには論理的アクセント（強調）を自分におびる」とする（括弧内筆者追加）。その機能は、心理的述語をきわだたせることにあるからだとする。その上で次のヘルマン・パウルの文を引用する(注)。

「文法的カテゴリーは、ある程度まで心理学的カテゴリーの化石化したものである。だから、それはそれの意味的構成を明らかにする論理的アクセントの助けによって生き返らせることが必要である」（思、三七一頁）。

（注）ドイツの言語学者ヘルマン・パウル（一八四六‐一九二一）は青年文法学派の代表的人物で、史的言語学の創設者。

邦訳『言語史原理』（一八八〇、一九九三）がある。彼は、言語における心理的機能を強調した。ヴィゴツキーはそれゆえ、取り上げているのかもしれない。ヴィゴツキーのこの引用は同書からのようであるが、文の前半は見つけられたが、「だから」からの後の文は見つけることができなかった。ヴィゴツキーは別の版を使用しているのかもしれない。

パウルによると、同一の文法構造のなかに多様な思想が入り込むとする。だから、ヴィゴツキーは、ことばの文法構造と心理構造との一致はほとんどみられず、一致は滅多に実現しないとみた方がよいとする。音声論・形態論・語彙・意味論、さらにリズム・韻律・音楽において、言語一般の相的側面において、心理的なものは、文法的あるいは形式的カテゴリーの中に吸い込まれてしまう。文法的カテゴリーの方が優勢なのである。そうではあるが、結論としてはヴィゴツキーは、主語・述語・性の文法的形式的概念とならんで、それらの心理的概念の存在を認めなければならないとするのである。

これら三つの事例は、ことばの相的側面と意味的側面の不一致の例である。では、ヴィゴツキーはこの不一致がお互いを排除するものと捉えるのかというと、そうではない。それらの統一を前提にするものだと肯定的に捉える。ヴィゴツキーは「まさに、この不一致こそが言葉における思想の実現をじゃましないばかりか、思想から言葉への運動が実現されるための必要条件」（思、三七二頁）となりうるものだとする。不一致が新しい可能性を導き出すとして注目するのである。ヴィゴツキーに一貫してみられる観点である。さて、この不一致についてさらに追求する。この不一致がもたらす新しい可能性とは何か。形式上・文法上の構造の変化が、ことばの意味全体の深い変化をもたらすという例である。ヴィゴツキーはこれについて二例分析している。

その一つは、クルイロフは「とんぼとあり」の寓話で、ラ・フォンテーヌのこおろぎをとんぼに変え、

ラ・フォンテーヌ「こおろぎとあり」　　クルイロフ「とんぼとあり」

こおろぎ（仏・女性）→ とんぼ（露・女性）、　×こおろぎ（露・男性）

はね回るを残した（実際ははねたり、歌ったりしない）

図 7-1

ハイネ「まつとしゅろ」　　チュッチェフ

まつ（独・男性）→ すぎ（露・男性）　×まつ（露・女性）

女性にたいする愛を象徴的に意味する

図 7-2

それには本来適用できない形容語「はね回る」をあてているとしていることである（図7‐1）。

女性的な軽率さや無頓着さという意味を失わせないため、寓話の主人公に女性という文法的カテゴリーを保持せねばならなかった。文法上の性が実際上の意味を抑えてこおろぎをとんぼにかえさせた。文法的カテゴリーを優先させ、意味を保持させているのである。クルイロフの寓話は邦訳され、読むことができる（クルイロフ寓話集。その注によると、ラ・フォンテーヌの寓話は「蝉と蟻」となっている（同書、六五頁）。クルイロフの寓話は教訓くさくなく、文学性の高い作品になっていると評している）。

もう一つの例は、ハイネの詩「まつとしゅろ」の翻訳の場合、前者の例とは逆な場合になっている。チュッチェフ(注)の訳においてである。チュッチェフはまつをすぎにかえている。つまり、性をあわせた（図7‐2）。

レールモントフは几帳面に翻訳。まつをそのまま、まつに訳した。意味上のニュアンスを取り去り、この詩に別の意味―より抽象的な・一般的な意味―をあたえたとヴィゴツキーは評している。文法上の単なる一部分と思われる部分を変化させるだけで、ことばの意味的側面全体を変えることになると指摘するのである。

（注）チューチェフとなっているが、他の文献ではチュッチェフとなっているので、このよ

うにする。チュッチェフはヴィゴツキーが少年時代から愛し、暗唱した詩人であったと友人であるドプキンは伝えている。チュッチェフ（一八〇三 - 一八七三）は外交官でありながら、詩を作った。ネクラーソフに認められ、詩作家になる。哲学的な詩を作り、ソ連時代も愛好されたとある（『新版ロシア文学案内』、二七三 - 二七四頁）。これらの人たちのほかに、本章（六）に引用のあるフェートもこの詩の露語訳を行っている。彼は、まつをかし（露・男性）にしている。

外言（話し言葉や書き言葉）における意味的側面と相的側面の区別と不一致について分析を行ってきた。最初には発生的分析を、そのあと、機能的分析を行った。ヴィゴツキーは特に、不一致に着目する。この節ではこのことが目立つ。ただ区別されるというだけでは満足しない。さらに、深く立ち入って、その不一致をあぶり出す。そこにヴィゴツキーの捉え方をみるような気がする。平凡でない彼の思想を見出す（覚書の外言を参照。一致しないが、際立っているのに気づく）。これまでの分析を通して、意味的側面と相的側面が区別されるというだけには留まらない。ヴィゴツキーは、「ごく簡単な言語表現でも」ことばの意味的側面と相的側面との間には「不動・不変の関係をみるのではなく」（思、三七三頁、以下同様）、二つの間に「移行」「転化」「変形」を「みるようにさせたということができよう」と述べているのである。つまり、不一致が生じ、その解決のための運動が生じるといいたいのである。

こう結論づけたあと、再びもう一度発生に戻る。それは、先のピアジェの実験例の記述に単に戻るのではない。何のために発生に戻るのか。この節は外言を追求している部分である。外言にどう向かうのか。「意味づけられたことば」がどのように発生するのかを追求したいのである。だから、ヴィゴツキーはいう。「ことばの相的側面と意味的側面とが一致しないのならば、言語表現は一度に完全に発生することはできないだろう」と。一致していれば平行して発生する。一致しないのだから、「ことばの意味から音声への移行の複雑な過程」が存在するということなのだ。そのために必要なことは何か。ヴィゴツキーによれば、それは「意味づけられたことばの生きた過程ではこの段階的下降（意味から音声への移行―筆者）が可能となるためには、ことばの両側面を分化し、それらの相違とおのおの本性を自覚しなければならない」ということなのだ。子どもだけでない。大人もそうだ。両側面を分化させ、それらの相違とおのおのの自覚が必要なのである。そして始めて外言が発生するのだ。そのため、改めて発生に戻っている。そこで見出していることは何か。

はじめに、対象とことばとその音声構造の分離である。まずはじめになさねばならないこと、それはことばを対象から分離することである。ところがこのこと自身かなり困難なことなのだ。それをヴィゴツキーは次のようにいう。「はじめには、われわれは言葉の形式、言葉の意味の無自覚、それらの未分化に出あう。言葉とその音声構造は、子どもには物の部分として、あるいは、物の性質から切り離すことのできない一つの性質として知覚される。これは、多分、あらゆる原始的言語意識に固有な現象である」。

言葉を物の一性質と捉えるということである。その例として、フンボルトが天文学の学生の話を聞いていた普通の大人の質問、ヴィゴツキーが行った就学前の子どもとのやり取りが、上げられている。子どもとのやり取りの一例を抜き出しておこう。犬を牛と呼んだ時の話である。

「牛というのは、この犬です。この犬には角がはたしてあるでしょうか？」―「もちろん、犬―これが牛で、そういうふうに牛とよばれるんだから、角もなくてはいけないでしょう。牛とよばれるんだもの角もあるにきまっているさ。牛とよばれる犬には、小さな角がきっとあるよ」（思、三七四頁）。

意味づけられた言葉の発話には、言葉は対象から分離され、意味を操作でき、意味に合う言葉をえらぶことができなければならない。対象に縛られている幼児でも、大人とのコミュニケーションは可能で、意図は通じ合えるが、限定的である。だから、ヴィゴツキーが注目するのは、対象指示性から独立した意味、対象の指示や命名から独立した象徴の発生である。ところが、これらの独立には時間が掛かるとする。以下のようにそれをまとめている。

「発達の最初には、言葉の構造にはもっぱらそれの対象指示性のみが存在し、機能のうえでは指示的・命名的機能のみが存在する。対象指示性から独立した意味（例えば、兄弟―筆者）、対象の指示や命名とは独立した象徴（例えば―ハト）はあとになって発生し、われわれが先にそれを跡づけ、描いた道（「ことばによる子どものコミュニケーションが、かれのことばにおける言葉の意味の分化とその意味の自覚に直接に結びつく」―筆者）にそって発達する」（思、三七五頁）（傍線―筆者）（注）。

（注）最初と後と、徐々に分化していくとしている。このあたりは説明が簡素化しているが、これらの捉え方の背景には、ヘーゲルのトリアーデ（即自―対他―対自）が存在していると考えられる。

こうやって到達した子どもは、言葉の二局面―意味的側面と相的側面―の不一致を自覚するようになり、外言を操作できるようになるのだ。これは次のような文で表されている。

「子どもは最初は、言葉の意味と対象、言葉の意味と音声形式とを区別しない。発達の過程でこの分化は一般化の発達にしたがって進行し、発達の最後、われわれがすでに真の概念に出あうところには……ことばの諸局面の複雑な関係のすべてが発生している」（思、三七六頁、以下同様）。

この節ではことばの相的側面と意味的側面の不一致と統一について取り上げている。外言全体というよりはこの不一致と統一の視点から、外言をみているということになる。この節の最後にこれらの考察から明らかになることをまとめとして述べている。

一つは思想について。

「年とともに成長することばの二つの局面の分化は、意味の構文法の言葉の構文法への転化において思想が進む道の発達をもともなう。思想は文のなかの単語の一つに論理的アクセントの印をおし、それなしにはどんな文も理解しがたくなるところの心理的述語を抽出する」。

もう一つは外言についてである。

「話すことは、内的局面から外的局面への移行を要求し、理解は、ことばの外的局面から内的局面への逆の運動を前提にする」。

二つの局面の分化は、思想や外言に新たな影響を与えるのであるが。これ以上の説明は与えていない。話し言葉や書き言葉の問題は（五）や別の文献で述べられている。

内言の構文法（四）

本節に入る前、第三節の終わりで、ヴィゴツキーは以下のように述べた。

「いまや、われわれは、研究の基本的結果の叙述、ならびに……思想から言葉への運動のなかの第三の局面―内言の簡潔な特徴づけに移ることができる」（思、三九六頁）

つまり、これからは内言の局面、それも思想から言葉への運動の第三局面へ叙述を進めるという表明である。

その入口で三つの要点が述べられる。その一つは、内言の心理学的本性の研究は、内言が「ことばマイナス音」ではないということ、その二つ目は、その構造および機能のしかたにおいてまったく独自な言語機能とみなすべきであり、それが外言とは違った仕方で組織されているということ、三つ目は、内言は外言と一つの局面から他の局面への移行における不可分の動的統一をなして存在するということ、という三つである。つまり、外言とは異なる構造・機能であるということである。

では、内言の特質とは何か。まず、考察の対象となるのは構文論である。ヴィゴツキーはいう。「内言の第一のもっとも主要な特質は、まったく独自な構文法である」(思、三九七頁、以下同様)。「外言と比べたばあいの内言の外見上の断片性、不完全さ、省略のなかにある」。だが、これらの特徴はヴィゴツキーが始めて見出したのかというとそうではない。内言のこのような特徴は既に指摘されていたのである。

ワトソンのように、行動主義的観点からでも内言を注意深く研究した人なら、これらをその本質的な特徴として抽出していたのである。内言を外言の鏡のような反映とみる人たちはそうではなかったが。しかし、これらを承認する人たちも記述的確認的研究以上に研究する人はいないとする。かれらにおいては「内部分化に該当する多くの現象が、一からげに、一つの塊のなかに混合され・・・すべてが外見的には内言の断片性・不完全さとしてあらわれる」としている。その上で、ヴィゴツキーの立場を明らかにする。では、どのような立場なのか。その一つは、発生的順序をたどりながら、内言の本性を特徴づける現象に、この塊を解析すること、第二に、それに理由と説明を与えること、これらによって記述的確認的研究ではない、内言の本質の研究が可能になるというのである。

まず第一に上げられたのは構文論と先に述べたが、ヴィゴツキーは改めて次のように述べている。発生論的研究は、「この省略（先に述べた—筆者）—これを第一の自立的現象としてくわしくふれることにする—がどのようにして、どこから発生するのか」（思、三九八頁、以下同様）を示してくれるのだ。その省略とは、ヴィゴツキーによると「単語の省略や短縮へというような単純な傾向ではない」。「電報スタイルへという単純な移行でない」。その省略には独自な特徴をもつのである。それをヴィゴツキーはまとめて次のようにいう。「述語やそれに関係する文の部分は保持するかわりに主語やそれに関係する単語は省略するという方向における文や句の省略」という独自な傾向をなしたものなのである。これは、例外をしらない、法則性をもってあらわれるとする。ここで内言の構文法の特徴づけが行われる。「純粋絶対的な述語主義」を内言の基本的構文形式と仮定するというものである。内言の構文法とはいっても内言をみてみることはできない。だから、外言をよりどころにする挿入法（интерполяция）を使わざるをえない。それによって内言を推測しようという方法である。その方法でヴィゴツキーが取り上げるのは、外言における述語主義の観察される場面である。その例として日常生活の中での会話の場面が二例、小説の中の会話の場面は一例があげられる。詳しいことは訳書をみていただくとして、要点だけをまとめておこう。

第一は返答する場合、陳述される判断の主語が対話者にあらかじめわかっている場合である。「お茶はいかがですか」（思、三九九頁、以下同様）「はい、いりません」。「お兄さんはこの本をよみましたか」「はい、読みました」。「いいえ、私はお茶はいりません」とか、「はい、兄はこの本を読みました」とかはいわない。

第二は、同じく陳述される判断の主語が対話者に知られている状況であるが、第一の場合は二人の間で生じたものであるのにたいして、この場合は数人の人が停留所で電車を待っている状況である。「きた」

とか「B」（電車）。「私たちが待っているどこそこ行きの電車Bがきましたよ」とはいわない。この場合、純粋に述語的な文は、現実の会話において、主語およびそれに関係する単語が、話し相手の現にいる状況から直接に知られるがためにこそ生じるのである。もし、聞き手が、話し相手が頭においている主語ではなく、自分の頭にある別の主語に関係づけることが生じる場合、会話はとんちんかんになり、相互理解は成り立たない。

ヴィゴツキーは上記のような現実の生活場面での述語主義の生じる状況を再現しているが、さらに、小説の中の会話も分析している。それをみることにしよう。「このような省略された外言、一つの述語にそれをまとめてしまうことの明瞭な事例を、トルストイの小説のなかに見出す」。『アンナ・カレーニナ』で、キティとレーヴィンの愛の告白の場面。第4部13章。レーヴィンの愛を受け入れる場面である。ヴィゴツキーは『思考と言語』でしばしばトルストイを引用するが、常に好意的である。その場面の詳しい記述は訳書にあるので、それを見ていただくとして、その一コマだけを上げておく（思、四〇〇頁）。

「彼はこういって頭文字だけを書いてみせた。『い、あ、わ、そ、で、お、そ、え、い、そ、あ、い？』その意味はこうであった。（いつぞやはあなたは、わたし、そんなことは、できないと、おっしゃいましたが、それは、えいきゅうにという、いみでしたか、それとも、あのときはという、いみでしたか？）彼女がこの複雑な文句を解しようとは、とても望めないことであった。『わたくし、わかりましたわ』と彼女はあかくなった。（以下省略）」（アンナ・カレーニナ、四二一 - 四二三頁）。

ヴィゴツキーはこの場面を特別な意味を込めて取り上げている。なぜか。それは、「まさに、このようにして、彼自身（トルストイ―筆者）がエス・ア・ベルス、自分の将来の妻に愛を告白したのである」（思、四〇一頁、以下同様）と。エス・ア・ベルスとは、ソフィア・アンドレヴナ・ベルス、後に悪妻の名で呼ばれるトルストイの妻の旧姓なのだ。ヴィゴツキーのロマンチスト的性格が顔を出している一文ではないか。それはさておき、トルストイは別の作品で、きわめて深い心理的接触をもって生活している人々のあいだは「片言の省略されたことばだけによるこのような理解は例外ではなく、むしろ通則であることに注意を向けている」と評している。

このようにして、一、二の例は、陳述される判断の主語が対話者にあらかじめ分かっている場合であり、三の例は、対話者の主語が分かっており、さらに意識が同一の方向を向いている時、述語主義どころか、最初のスペルだけで理解が間違いなく行われるとするのである。

さて、この後、ヴィゴツキーの論述は別の角度から問題へと接近する。言語学の知見による記述になるのである。ヤクビンスキーの次の論文に依拠したものだ。ヤクビンスキー「対話のことばについて」（ロシアのことばI所収）である(注)。

（注）ヤクビンスキー（一八九二‐一九四五）はオポヤズの中心的メンバー。オポヤズとは詩的言語研究会のこと。一九一七年頃から三〇年頃までサンクトペテルブルクでシクロフスキーを代表として言語の詩的機能の研究をした文学研究の団体。次に登場するポリヴァノフ（一八九一‐一九三八）もこのオポヤズのメンバー。ポリヴァノフは日本語、中国語の研究者で、度々日本を訪れている。村山七郎氏は共同研究者。ポリヴァノフはマールのヤフェテ理論の批判者で、それがもとで銃殺刑となり、非業の最期を遂げる。ヴィゴツキーはこの点や次の節に登場する言語学者からみてもオポヤズに影響されていたことがうかがえる。

前節では外国の言語学者であったが、本節からはロシアの言語学者の研究を取り上げている。そこでヤクビンスキーの論文についてだが、この論文は以下の章からなっている。

Ⅰ章　ことばの機能的多様性
Ⅱ章　言語的発話の諸形式
Ⅲ章　直接的形式
Ⅳ章　自然的対話と人工的独語（モノローグ）について
Ⅴ章　話し言葉的独語と書き言葉的独語と比較した対話についてのコメント
Ⅵ章　ことばの知覚における統覚的モメント
Ⅶ章　日常的紋切型と対話
Ⅷ章　対話とオートマティズム

さて、ここで、元に戻ることにしよう。対話者の間での省略についてヤクビンスキーの研究をヴィゴツキーは論じている。ヤクビンスキーはこの省略の理由として「問題がどこにあるかをおたがいに知っている場合の憶測の理解およびそれに対応した遠回しの発言、対話者のもつ統覚群の共通性」（思、四〇一頁）を上げているのである。これらは、すべてヤクビンスキーの上述の論文のⅥ章ことばの知覚における統覚的モメントに出てくるものである（注）。

（注）統覚とは「ライプニッツでは知覚の反省的意識。カントでは、自我が感覚的多様性を自己のうちで結合させて統一すること。ヴントの心理学では、意識内容が明白となる注意作用の成果」（広辞苑）と多様に使われるが、視野のなかのはっきりした知覚とでもしておこう。一方、ポリヴァノフについても本論文からの重引である。ポリヴァノフの文献名は本論文に記載があり、それによると「日本語の音響的ジェスチャーのために」（『一般言語学論文集』一九六八、一九六ページ）である（ヤクビンスキーの論文は一九八六の『選集』所収のもので、その際、編者が補足しているものと思われる。したがって、ポリヴァノフの論文自体の年度は不明）。

外言での省略の成立についてのさまざまな場面を概観し、これらの分析は正しいと評したあと、「構文法の単純性、最小限の構文法的分節、凝縮した形での思想の表現、いちじるしく少ない単語の数」（思、四〇二頁、以下同様）、これらすべては、「外言にあらわれる述語主義的傾向を性格づける特徴」であるとする。この「述語主義的傾向」という性格づけは、ヤクビンスキーにはみられない。ヴィゴツキーによる命名である。だから、ヴィゴツキーはこれらをまとめて次のようにいう。

「対話者たちの頭に共通の主語が存在するばあいは、……構文法の最大限に省略された言語でも理解は完全に実現する」。

上述のような主語が対話者に共通な場合と、共通でない場合とが外言の省略の対極をなすとしてこの問題を締めくくっている。前者の例はキティのレーヴィンへの告発であり、後者は（訳書にある）聾唖者の裁判についてのプーシキンの戯狂詩であり、これが両極をなすのである。しかし、前者では理解が成立するが、後者ではいくらくわしくても理解は成立しない。このように主語が共通していればどのように省略がされようと理解が可能なのである。これで四を終わり、五へ移ろう。

内言の構造的特質（五）

四では外言の省略現象を研究した。五では内言の特質を述べる。その際、構造的特質についてである。内言をいくつかの層から成り立っていると考えるからである。内言の構文法が始めに述べられる。それをヴィゴツキーは丁寧に追求している。始めは内言の省略現象と呼んでいる。この現象をさらに明らかにす

表 7-3

書きことば	**話しことば**
対話者がいない	対話者がいる
くわしいことば	くわしくない
構文法的分節が最大になる	最大でない
片言や述語的判断はめったにない	片言による理解、述語的判断が可能
対話者はさまざまな状況にいる	決まった状況
共通の主語は存在しない	共通の主語が存在する
構文形式において最大に完全で複雑になる	複雑でない
思想の表現のため多数の単語を使用	使用しなくてよい

るために、一方で外言と書きことばとを、他方では外言と内言の比較を、内言の解明の前に行う。

「この現象は例外的状況においてだけでなく、内言が機能するときにはいつでもかならずあらわれる」（思、四〇三、以下同様）。「この現象の意義は、この点について外言と書きことば、他方では外言と内言とを比較してみるとき、決定的に明らかになる」。

まず始めに、話しことばと書きことばとの比較が行われる。それを表にまとめておこう（表7－3）。

書きことばは対話者のいない言語活動であるので、最大限くわしいことばとなり、そこでは構文的分節が最大限に達するのである。書きことばでは読み手はさまざまな状況にいたり、共通の主語が存在する可能性はない。だから、片言による理解、述語的判断が可能になることはめったにないのである。思想を伝えるのには、話しことばよりはるかに多くの言葉を必要となる。多数の単語の使用が必要になるのである。

トンプソンがいうように「文章では話しことばでは不自然と思われる単語・表現・構文が使われる」（思、四〇四頁、以下同様）。グリボエドフスキーは「書くように話す」というが、それはたくさんの単語を使って構文的に複雑に構成された書きことばのことばを話しことばで使ってみたときの滑稽さを言い表したことを念頭に入れているのだとしている（注）。

（注）トンプソンは調べたが不明であった。ヤクビンスキーの論文にトムソンが出ていて、このようなことを述べている。トムソンの誤植か？トムソンの文章は『一般言語学』オデッサ、一九〇六、三六五頁。六巻本では、ゲ・トムプソンとしているが、初版にはトンプソンだけである。また次のグリボエドフスキーも不明であった。

そこで、ヴィゴツキーは、眼を転じて、最近の（当時の）言語学の動向や分析に注目した記述へと進む。この部分では一九二〇年代のことばの機能的多様性の研究に注目しているのである。また、前節の四で引用したヤクビンスキーの論文に再び依拠しているのだ。「機能的観点、言表の条件や目的の観点から言語研究が研究者たちの関心の中心となった」と記しているが、当時（一九二〇年代）のヤクビンスキーらオポヤズの研究を指しているものと思われる。

ここから内言の構造的特質の説明に入るまで言語学の動向にふれるのであるが、その間に登場する言語学者を先に説明しておこう。六巻本の編者注などを参考にしている。

フンボルト（一七六七－一八三五）ドイツの言語学者、文芸評論家。ゲーテ、シラーの友人。言語類型論および言語哲学の先駆者で民族語と民族の精神のつながりを強調した。史的言語学派の創設者。邦訳も多く、『言語と精神』は有名。ポテブニャを介してヴィゴツキーに大きな影響を与えた。言語の内的形式でヴィゴツキーともつながる。

ポテブニャ（一八三五－一八九一）ロシアの言語学者。ロシア語ではポチェブニャであるが、ウクライナ語発音でポテブニャ。ハリコフ大学出身。文学理論（思考と言語、散文の理論、美的体験の心理学、詩学、言葉の内的形式の学説）で有名。史的言語学派の代表者。ヴィゴツキーに大きな影響を与えた。特に、芸術心理学。フォルマリストにも評価された。

タルド（一八四三 - 一九〇四）フランスの社会学者。個人を中心においた初めての社会 - 心理学的概念の著者。タルドによれば社会生活の基本法則は模倣にあるとした。

シチェルバ（一八四三 - 一九四四）ソビエトの言語学者、文芸学者。一般言語学、スラブ系言語、ロマンス系言語の専門家。レニングラード音韻学派の創設者。ボドアナ・デ・クルトネの弟子。フォルマニストの旗揚げの際のレニングラード大学の言語学の教授。

この部分で引用された文献名は以下のとおり。ヤクビンスキーの論文による。

フンボルト「人間的言語の有機体の差異について及び人類の知的発達へのこの差異の影響について」СПБ　一八五九
タルド「世論と群集」M．一九〇二
シチェルバ「東ラウジッツ人の方言」т．1、Пг．一九一五

ヤクビンスキーが自身の論文でフンボルトの言語機能の多様性についての論述を整理しているのだが、ヴィゴツキーはそれを利用している。ヴィゴツキーは、フンボルトが言語（レーチ）の多様性を認めていたことを追認する。詩と散文の言語（ヤズィーク）の違いについてである。フンボルトの思想は「機能的使命においてそれぞれ異なる言語（レーチ）形式は自己自身の語彙・文法・構文法をもつということにある」とまとめる。それに続いて、フンボルト、それからかれの理論を発展させたポテブニャの不十分さについて指摘する。この部分についてはヴィゴツキー自身の見解でヤクビンスキーには見られない。ヴィゴツキー

はいう。「この命題をそれのもつすべての原則的意義において評価せず、詩と散文の区別以上には散文内部の―教養に富んだ会話と事柄の伝達のみの日常的雑談との―区別にまでは進まなかった……」。そうではあったが、「最近になってこの思想は復活し、その意義は、言語学だけでなく、言語心理学にとっても重要な意味をもつ」としている。その上で、再びヤクビンスキーの論文に戻る。その際、ヴィゴツキーが注目するのは何か。それはことば（レーチ）の対話形式と独語（モノローグ）形式との根本的区別についてである。ヤクビンスキーはこれらの形式を詳しく論じている。けれど、ヴィゴツキーにとってこれらの形式を論じることではなく、話しことばの省略がどうして生じるかである。ここで利用されたのが、ヤクビンスキーが展開する対話形式と独語形式の区別なのである。だから、ヴィゴツキーはいう。「話しことばはたいていのばあい対話形式である」（思、四〇五頁、以下同様）。「書きことばと内言はことばの独語形式である」。

ここから話を転じて、対話や独語から話しことばや書きことば、内言における省略を論じていくことになる。その結果を表にしておこう（表7 - 4）。

音響的側面についてだけの理解からその典型例として、語調（イントネーション）だけでも言葉の意味の理解が可能になるというドストエフスキーの「作家の日記」の一文（思、四〇五 - 四〇六頁）が示されている。語調だけの理解の例としてこの箇所は好んで使用されるようだ（注）。

（注）本章（六）で言及することになるホルンフェルド『言葉の苦しみ』（一九〇六）、ヤクビンスキーの本論文（一九二三）、バフチン『マルクス主義と言語哲学』（一九二九）、ヴィゴツキー『思考と言語』（一九三四）である。六巻本によるとヴィ

表 7-4

対話	話しことば
話し相手による事柄の要点の知識を前提	多くの省略。一定の状況では述語的な判断
話し相手の視知覚、かれの表情、ジェスチャー、ことばの抑揚的側面の音響的知覚を前提	片言の理解、ヒントの伝達、補足にすぎないような会話が可能（タルド）（短縮化傾向がみられる）
語調のなかでの会話	会話全体が一つの単語でおこなわれる。著しい省略

ゴツキーは『芸術心理学』の執筆のため（一九一五〜一九二二）、ホルンフェルドのこの書物を研究したとあることからすると、ヤクビンスキーの引用より既に前にこの箇所が使われていることを知っていたことになる。バフチンの訳書の注でこの箇所は小沼文彦訳『ドストエフスキー全集』12筑摩書房と記されている。

ここで書きことばが話しことばと対比される。
書きことばの特徴は以下とおり。

二つのモメント（主語の知識と音調による思想の直接的伝達）を欠く
多数の単語を使用
言葉数の多い、正確な、くわしい言語形式である

まだ、独語（モノローグ）についての説明はない。そこにシチェルバの見解が侵入してわりこませる。これはヤクビンスキーの論文にあるものだ。シチェルバは対話がもっとも自然的な形式であると述べ、独語は人為的な形式であるとし、言語はその真の存在を対話のなかでのみあらわすとしたのである。だから、シチェルバは独語を退け、対話の絶対化を図ったのである。ヤクビンスキーも「同じ思想を表現し、対話は文化現象であるが、同時に独語よりはるかに自然現象であるといっている」(思、四〇七頁、以下同様)としている(確かにそうはいっているが、論文の最後では独語も認めている—筆者)。では、ヴィゴツキーの立場はどうか。

表7-5

対話	**独語**（モノローグ）
テンポの速さ	複雑な意志的行為、すなわち、熟慮・動機の闘い・選択などをともなう行為
簡単な観察で確認	書きことばの独語 （ヤクビンスキーは独語を集会、裁判などのことばとしている―筆者）
手当たり次第といえる発言	
答弁によって構成されることばであり、反応の連鎖	動員される単語の数が多い
構成上の単純さ	一定の構成上の複雑さ
	言語的事実を意識の明るい広場におき、注意を集中させる
	意識にあらわれる体験の決定者であり、源泉である

ここが見解の分かれるところかもしれないが、この部分では、彼は、心理学的見解として歴史的・発生的見地を採用している。「心理学的研究にとって独語がもっとも高次の、もっとも複雑な言語形式であり、対話よりも歴史的に後に発達したものであることは疑いのない事実である」と。このように独語も承認するのである。ヴィゴツキーにとっての独語は発生的に承認されるものなのだ。このように独語を歴史的・発生的に位置づけているのである。では、対話と独語はどう異なるのか。ヴィゴツキーの分析の結果を表にしておこう（表7-5）。

これで、ヤクビンスキーが分析した対話における省略の研究の概括は終わる。話しことばに省略がつきものだということをヤクビンスキーの研究によって跡付けようとしたのだと思われる。これが必要であったのかどうか疑問が残るのだが、それはさて置き、ヴィゴツキーは比較に戻るのであるが、その際、話しことば、書きことば、内言の比較が行われる。これを表にまとめておこう（表7-6）。もっとも詳しい言語形式が書きことば、その次が話しことばで述語主義や省略がときどき現れる。内言は完全な述語主義、さまざまな省略が現れる。内言のはじめとおわりは自己中心的ことばの進化のなか

表 7-6

話しことば	**書きことば**（この欄と左欄が外言）	**内言**
省略および述語主義への傾向は二つの場合に生じる（一つは状況が対話者双方に明らか）（もう一つは語調による表現）	述語主義的傾向を示さない もっとも詳しい言語形式 対話者双方に明らかな状況はない 完全な主語と述語とより構成 語調・表情・ジェスチャーの可能性はない 省略の可能性はない 理解は言葉との結合によって生まれる 頭の中での草稿は内言である	述語主義がつねに現れる 述語主義は基本的な唯一の形式

で確かめられるとしている。

五節は前半と後半にわかれている。ここまでは外言（話しことばと書きことば）と比較した内言の構文法の特徴を明らかにしているものである。ほとんど外言の種々な分析であるが。述語主義を特徴とする構文的構造はこれで終わり、内言そのものの分析がこれから行われる。「内言の述語主義は……内言の短縮性に外面的には総体的に表現される現象のすべてをつくしてはいない。……その奥に内言の多数の構造的特質がかくされている」（思、四一二‐四一三頁）と述べ、主要なものを次に上げていくとして考察を進める。

その第一は、「ことばの音声的モメントの縮少」「言語刺激の役割の最少化（頭文字）は、内言ではその限界にまで達し、ほとんど絶対的な形式において観察される」（思、四一三頁）。なぜなら、意識の方向性が同一で完全であるからなのだ。その例となるのが、『アンナ・カレーニナ』のキティとレーヴィンの告白の状況は内言の状況と同じ。単語の頭文字を通じた会話が内言で進行する。さらに、文字遊びもこれに似ている。昔、ロシアの貴族の間ではやった頭文字による複雑な句を見抜く遊びのこと。

そのほかに、フランスの心理学者ルメトルの内言研究（『子どもの内言の観察』一九〇五）。「Les montagnes de le Suisse sont belles」（「スイス

人—ことば（音声）—人
（他人）

キティ—頭文字—レーヴィン
（意識が共通）

自分—ことば（音声なし）—自分
（意識が共通）

図 7-3

の山は美しい」）という句を少年の一人が「L,m,d,l,S,s,b」という文字のならびで、山の線のぼんやりとした輪郭をうかべるように考えていたということをルメトルは明らかにしている。この二例からいえることは何であろうか。つまり、言語刺激の役割が、話しことばにおいてキティとレーヴィンの会話でみられるように意識が共通の方向を向いている場合、最少限に達する。内言において意識は自分自身に向いているから、言葉の音声面の縮少は、つねに起こるのである（図7 - 3）。

だから、ヴィゴツキーは内言の定義で重要なことを次に述べる。

「内言は正確な意味でほとんど言葉なしのことばである（Внутренняя речь есть……речь почти без слов）」（思、四一四頁）。

これは重要なことを述べている。内言の定義である。言葉なしのことばとは何を意味するのか。ヴィゴツキーがスローヴォ（言葉）とレーチ（ことば）を使い分けている重要な場面だ。これを解析しておく必要があろう。そこでだが、この文章の前には「内言においてはことばの音声面の縮少は、一般的規則として、たえず常におこるということをいいたかったにすぎない」（思、四一三 - 四一四頁）という文がある。そのあとにこの文章が続く。それから、「単語を一つの頭文字にまで縮少すること」（思、四一四頁、以下同様）とある。そうするとこの「言葉なしの」の言葉は、単語の音声的相的側面を指しているようにとれる。ヴィゴツキーはスローヴォ（言葉）を相的側面と意味的側面の統一と捉えている。その相的側面の脱落を指して言葉なしのといっているようにもとれる。もちろん意味的側面は残るわけで、そういう意味からレーチ（ことば）であるというのであろうか。他方で、これらの共通性は内言と話しことばの親近性を確信させるものとなると補充している。ヴィゴツキーの使うスローヴォ（言葉）とレーチ（ことば）は慎重に検討する余地が残る。本来のスローヴォ（言葉）ではない。変形されたスローヴォ（言葉）になっていている。そうではあってもスローヴォ（言葉）の痕跡（機能）を残していることから、レーチ（ことば）なのだということにしておこう。

改めてヴィゴツキーは内言の省略の源泉を整理する。その際、第一の源泉は、相的側面の縮少、第二の源泉が、述語主義であるとする。このことにより内言は、外言とは異なる様相をとるようになる。ヴィゴツキーはそれを「内言においては、一般に話しことばにおいてみるのとはまったく異なる、ことばの意味的側面と相的側面との関係に出合う」と述べる。相的側面が最大限に縮少された姿である。続けてヴィゴツキーはいう。「そこで最も重きをなすのは、言葉の意味である」と。このようにして、また内言の重要な定義が生まれる。

「内言は、主としてことばの意味を操作するのであって、音声を操作するのではない」。「この言葉の意味の音声面からの相対的独立性は、内言においてきわめて鮮明にあらわれる」。

内言とは主として意味を操作することばであるというのである。これに関係して第三の源泉が述べられる。第三の源泉とは「内言の特有な意味構造」なのである。ここから内言の意味論の追求へと論を展開していくのだが、この特質が順番からいって内言の構造的特質の第三になる。では、論にそって内言の意味的側面の独自性を述べていこう。ここでやっと内言そのものの特質になる。それには三つの基本的特質を抽出することができたとしている。それをまとめていこう。

第一の特質とは何か。それをヴィゴツキーは次のようにまとめている。

「内言では、意味の語義にたいする優越性―これは話しことばでは二、三のばあいに多少とも弱く表現された傾向として観察される―が数学的な極限にまで達し、絶対的形式であらわれる。ここでは、意味の語義にたいする、句の単語にたいする、文脈全体の句にたいする優越性は例外ではなく、不変の規則である」（思、四一七頁）。

第一の特質とは意味（смысл）の語義（значение）にたいする優越性という特質である。これは少し説明をする必要があろう。ヴィゴツキーは、意味と語義の区別についてフランスの心理学者ポーランの研究成果に依拠している。ポーランは「単語の意味と単語の語義とのあいだに区別をもうけることによって言語の心理学的分析に大きな貢献」（思、四一四‐四一五頁）をしたのである。ヴィゴツキーはポーラン「単語の意味とは何か」（一九二八、心理学雑誌、二五、二八九‐三二九ページ、仏語）に依拠したのであろう、とフェールやコズリンは述べている（注）。

（注）ロシアでは単語の意味と語義の区別はポーランよりまえ、フレーゲが行っていたが、ヴィゴツキーはそれを知らなかったといった指摘（ア・ア・レオンチェフ）がある。日本では神谷栄司が和訳を試みている。その成果を待ちたい。

単語（スローヴォ）の意味とは、ポーランによると「その単語によってわれわれの意識のなかに発生する心理学的事実の全体」（思、四一五頁、以下同様）である。他方、語義は「なんらかの話の文脈の中で単語が獲得する意味の領域のうちの一つ、それも、もっとも強固で統一した正確な領域」である。単純化すると、意味は「単語によって発生する心理学的事実の全体」であり、語義は「意味は変化しても、変化

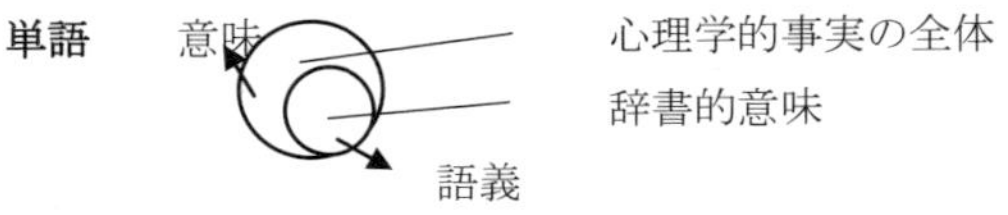

図 7-4

しない、不動・不変の箇所」を示すのである。図示すると上のようになる（図7－4）。
われわれは「犬」をみる。「犬」の心理的事実の全体とは、かわいい、こわい、ふさふさしている、など心理的体験をもつこれらすべてである。語義とは「ネコ目（食肉類）イヌ科の哺乳類。よく人になれ……広く飼育される家畜。大きさ・毛色・形もさまざまである」（広辞苑）。このように辞書にみられる意味を語義という。辞書にはかわいい、こわい、かみつくといった個人的体験の記述は含まない。意味になると個人的体験が含まれるのである。これを以前にも取り扱ったクルイロフの寓話「とんぼとあり」の結びの単語を例にして説明している。結びとは以下のような文である。

「のべつはしゃいでいたって?‥そりゃ結構なことだ。それじゃ踊りなさいよ！」（『クルイロフ寓話集』）この文の最後の単語「踊りなさいよ」（попляши）についてである。「踊る」の語義は「手・足をあげなどしてはねる。飛び上がる。はねあがる」（広辞苑）である。しかし、この寓話の文脈におけるこの単語はヴィゴツキーによると「はるかにより広い知的・情動的意味」を獲得するという。それは「すでに『楽しむと滅びる』」を同時に意味しているという。語義とは全くかけはなれたような意味となるのだ。文脈全体のなかで単語が受けとる意味によって単語は太ったのである。このような単語の豊富化をヴィゴツキーは語義のダイナミックスの基本法則と呼んでいる。一方、ヴィゴツキーはこの法則について考察し、二つの例があるとしている。一つの例は、さきのようにより多くのものを意味するものである。この例では語義の範囲が、新しい内容に満たされた一連の領域を

図 7-5

獲得するからである。もう一つは、より少ないものを意味するものである。この例では、単語の語義が限定され、その単語がある文脈のなかでのみ意味するものに縮まるからなのだ。ポーランは、単語の意味は「複雑で可動的なある程度個々の意識によって、また同一の意識でも状況によって、たえず変化する現象」（思、四一六頁、以下同様）と語っているとしている。「変化する」ものなのである。結局、「世界の理解および人格全体に依存する」ともしている。

さらに、ヴィゴツキーはポーランの主要な功績となるとするのが、意味（スムィスル）と単語（スローヴォ）の関係　を分析し、「意味と単語のあいだには、語義と単語のあいだよりはるかに大きな独立関係が存在することを示した点」であるとする（図7-5）。

これはどういうことか。単語は意味から分離し、単語だけが残るということが生じるのだ。また、意味は単語から独立し、意味だけが残る。ポーランは、意味は蒸発したのに単語だけが残った例を多数、見出している。その一つが、慣用句、たとえば、「ごきげんいかがですか」（「Как вы поживаете?」）。二つ目は嘘、たとえば、「こうの鳥がつれてきたのよ」（Аист приносит）。その他などである。ヴィゴツキーは単語についてのこのようなポーランの分析を使いながら、内言の意味論はこれを絶対的形式にまで拡張したものだとみなすのである。内言の意味論では「意味の語義にたいする、句の単語にたいする、文脈全体の句にたいする優越性は、例外ではなく、不変の規則」なのである。内言の意味論の第一はこれで終わりにしよう。第二の特質に移ろう。

第二の特質とは何か。それは、単語の連合・結合・融合の過程に関係するとしている。内言の意味論はどのようにこの単語の連合などと関係があるのだろうか。その前にヴィゴツキーの考察をみることにしよう。一つは膠着といわれる現象、もう一つは多少ともまれな結合様式というものである。前者からみていこう。膠着とは何か。「それぞれ明確な意味をもっている要素を、あとからあとから付け加えていくことによって派生語や複合語を作ること」（『新言語学辞典』一五頁）と説明される。フンボルトが使った。ヴィゴツキーは膠着についていくつかの国語では基本現象として観察されるとしている。日本語では膠着というのは、語幹に語尾をいろいろ付着させていく言葉として使われる（「使う」……「使わない」「使います」「使う」など）。

後者の、もう一つのまれな結合様式とはドイツ語の例があげられている。句全体から、あるいはいくつかの単語から一つの名詞が形成される場合である。これらの単語は複合語ではなく、一つの単語の意味に等しい。もう一つはデラウェア語の例である。アメリカ東部のインディアン部族のレナペの人々が使用していたが、現在は使用者はいないとウィキペディアにある。ヴィゴツキーがあげているデラウェア語「送り届ける」、「ボート」、「われわれに」という単語から作られる複合語についての記述があるが、ロシア語で書かれており、デラウェア語の表記がない。それで、それに代わるものとして上記の辞典であげられているアメリカ・インディアンのチヌーク語の例を引用しておく。これは膠着語の例としてあげられている。「膠着語の見本としてアメリカ・インディアンのチヌーク語から例を借り出す。ačimlúda ‘he will give it you’ を分解すると、a- ‘future’, -č- ‘he’, -i- ‘him’, -m- ‘thee’, -l- ‘to’, -ud- ‘give’, -a ‘future’ などの要素をつづりあわせたものである」（同書、一五頁）。これは複数の単語がくっつき、句ではなく、一つの単語を表す例になるのではないか。ヴィゴツキーのいう複合語のイメージはこれで分かろう。ヴィゴツキーのあげる例は、第一に複合語にはいる個々の単語は音声面が縮少され、単語の一部であったり、第二に、複合語は一つの単語としてあらわれるというものである（ヴィゴツキーはヴントの文献を参考にして記述しているようであるが、文献名はみられない）。

さて、ところで、ヴィゴツキーにとってこれらの単語の結合例は、内言の意味論にどのように関係するのか。それは明確には述べられていない。以下は筆者の推測である。単語の結合でみようとしたものは、意味の結合、膠着を言いたかったからだと思う。意味の結合も、内言のなかでは、単語がどんどん結合して複合語になり、複雑な単語を形成するように、意味もどんどん結合して、複雑な意味を形成するのだといいたいのだと推量する。意味の結合がこの特質で述べたかったことだといえるのではなかろうか。事実、このような意味の結合として単語を作りだしている。たとえば、山と海と漬物を結びつけ山海漬という単語を作りだす。しかし、語義通りの単語では創り出しえないものである。意味が結合するから、山の幸、海の幸の入った漬物という単語が通用するのである。第二の特質とはこのような内言の意味の結合というものなのだ。

第三の特質に移ろう。第三の特質とは内言の意味は凝塊 сгусток であるという性質であるという。これはどういうことか。ヴィゴツキーはいう。内言では「単語は、先行および後行の単語の意味を自分自身のなかに吸収し、ほとんど無限に自分の意味を拡大する」（思、四一九頁、以下同様）。第二の特質は意味の結合であったが、第三は意味の吸収である。あるいは吸い込みである。内言では、「単語は、外言におけるよりもはるかに多くの意味を積み込んでいる」。内言では、「巨大な意味内容が一つの単語の器に注ぎ込まれて得るのである」。それはゴーゴリの叙事詩『死せる魂』の題名のように「意味の集中した凝塊」である。ヴィゴツキーはここで外言について文学作品の題名を例に分析を行っている。それがゴーゴリの『死せる魂』なのだ。この言葉の最初の語義は「人口調査表からまだ消されていない、したがって生きている農奴と同じように売買の対象となり得る死んだ農奴」を意味した。「死んでいるのに、まだ生きていると見なされる農奴」である。この言葉は叙事詩の全体を通じてこの意味で使用されている。しかし、最後には、最初の語義と比較して、まったくちがったあるものを意味するようになる。ヴィゴツキーはいう。「死んでいながら生きているものとしての農奴ではなく、生きていながら精神的に死んでいるこの叙事詩の主人公ぜんぶを意味する」と。こういった例は文学作品の題名にみられるとし、「ドンキホーテ」、「ハムレット」、「エフゲーニ・オネーギン」、「アンナ・カレーニナ」をあげている。ヴィゴツキーはこの意味の凝塊を、別のことばで、意味の作用の法則とも呼んでいる。意味の作用の法則とは、「文字通りの意味（注入）と、それが転移して今日通用している意味を同時に理解する」（思、四一八頁）というものである（訳を変更している）。この意味の作用の法則のもっとも純粋な形であらわされているのは先の文学作品の題名だとしているのだ。これが内言の意味論の第三の特質である。これで第三の特質を終わろう。

これまでのことを少し振り返り、整理しておこう。これまでは内言の構文法では、その音声面の縮少および述語主義を、内言の意味論では、上述してきた三つの特質（意味の語義にたいする優越性、意味の結合、意味の凝塊）を述べた。さらに、ヴィゴツキーは、内言の不可解性（непонятность）をあげている。この単語の字義通りにとれば「理解できないこと」ということである。本人には理解できているわけだから、他者からみてという意味であろう。他者からみて「理解困難」というのがこの不可解性であろう。ヴィゴツキーはこれについて明確な説明をしていない。観察者によって知られたこととか、ワトソンが録音機にかけても理解できないといっていることとか自明のこととして進めている。この内言の不可解性について追求し、その原因として二つのモメントを抽出する。その一つとは、このことばは一般化を予定せず、「自分へのことば」であり、外言とは異なる内的条件のなかで進行し、まったく異なる機能を遂行することばであるということから由来するというのである。内言は「自分へのことば」というヴィゴツキーの見解は内言をみるうえで大事なことである。異なる機能とは、このことを指している。だから、不可解性というよりも、可解性、つまり、分かり易さの方が驚かされるのだと。第二のモメントというのは、「内言のなかの単語の意味（значение—これまでは語義と訳していた語。しかし、ここでは単語の語義というよりは、смысл の意味で使っていると訳者は捉えているからであろう。значение は意味としても使われるということ—筆者）は、……つねに個人的な意味（значение）である」（思、四二一頁、以下同様）。「本質的にいって、多様な意味内容の一つの単語への注入は、つねに個人的な翻訳し難い意味、すなわち慣用句（イディオム）である」。「それは音節省略、脱漏とともに『慣用句法』（イディオマティズム）に満ちた内言の次元でのみ理解される」。

ここで少し説明しておこう。音節省略とは、Middleサイズを M と省略したり、最近では若者の間で「きもちわるい」を「きもい」、「むずかしい」を「むずい」といったり、音節を省略して使用するいい方である。ロシア語では、接続詞や小詞の最後の母音の省略、たとえば、чтобы が чтоб になったり、бы が б になるのがこれに当たる。語彙の省略では Я домой（家にかえる）も иду の省略である。脱漏とは、音や音結合がぬけおちるもので、ロシア語の例では、話しことばで когда が када に、может быть が мож быть になるものである。語彙では状況がはっきりしている場合の Мне чёрный（黒いパンください）で хлеб の脱漏もこの例になる（dic.academic.ru を利用した）。慣用句とは、二つ以上の単語を結びつけ、それらの単語から想像もできない意味を作っている句である。日本語では「腰が低い」など、ロシア語では спустя рукава（そでをおろす＝いい加減に）など多数あげられる。

これらは外言で通用しているものであるが、内言のなかのことばにも援用され、内言は外言に翻訳できないほど変形されたことば、もっぱら慣用句から成り立つことばで満たされているというのである。だから、内言の意味は個人的意味にほかならないのである。二つ目の慣用句性とはこのようなものだ。この慣用句の説明には、もう一つの例が引用されている。内部的方言といういい方が使われている。この例はトルストイの『幼年時代』『少年時代』『青年時代』から取り出されている（トルストイ全集第1巻）。同一の生活を営んでいる人々のあいだには、単語の条件的意味、特別の方言、特別の隠語があらわれるということを示しているとする。イルチェニエフ兄弟（トルストイの兄弟のこと—主人公の名前がニコレンカ・イルチェニエフであることからヴィゴツキーはこう呼んでいるのであろう—筆者）の間ではこのような方言をもった。「蟻の兄弟」という遊びを考え出し遊んだとある（同書、四一七頁）。内部的方言の例になろう。町の子どももそれをもっている。一定の条件のなかでは特別の意味を獲得するのだ。これは外言の例だが、ヴィゴツキーは内言でもこのようなことが多く発生し、内部的方言という用語を使い、きっと発生するとしている。慣用句、内部的方言といった意味の特異性が内言の個人的意味なのである。それらは外言にも現れるとしても外言とは異なる機能なのである。

これで内言の構造的特質の考察は終わる。ヴィゴツキーは最後にそれらの特質を以下のようにまとめ

表 7-7

述語主義	述語主義	構文論
ことばの相的側面の縮少	ことばの音声的モメントの縮少	音声論
単語の意味の語義にたいする優越性	単語の意味の語義にたいする優越性	意味論
意味論的単位の膠着	（意味の結合）	〃
意味作用	（意味の凝塊）	〃
ことばの慣用句への傾向	（自分へのことば）（個人的意味）	形態論
外言においても見られること	外言にも見られる	〃

ている。このまとめをみると、若干、表現の仕方に違いがみられる。その違いもみてもらうため、両方を記載しておこう。左欄がまとめの表記（思、四二一頁）、中欄は記述してきた表記。同じ場合もあるが、両方を記述しておく。右の欄は筆者の捉え方である（表７－７）。

内言の構造的特質をあげると上述のようになる。左欄が最後にヴィゴツキーがまとめた特徴である。通常、この特徴づけが内言の特徴としてあげられている。真中の欄は分析した表記である。若干の違いがあることに留意されたい。なぜそうなったのかは不明。口述筆記のため、推敲されなかったからかもしれない。これらの結果、ヴィゴツキーは重要なことを表明する。つまり、内言は独自なことばであるというテーゼである。彼は、だから、次のように締めくくる。「内言はまったく特別の、自主的、自律的な独自の言語（レーチ）機能であるということの正しさに、ほとんど疑いも残っていない」（思、四二三頁）。表の右欄に記したように、内言の構文論、音声論、意味論、形態論と言語学に固有な部門が該当することでこのことを示すことができよう。これが、ロシア語のレーチの複雑さを巧みに操ることにより（ソシュールのランガージュもパロールもロシア語でレーチと訳されている—筆者）ヴィゴツキーは外言とは異なる機能をもつ内言を定式化した結果なのだ。

思想および動機と言葉（六）

六ではあらためてこれから何をするかについて指示を与えている。ヴィゴツキーは次のようにいう。「いまやわれわれは分析全体の序言に述べておいた内言の定義ならびにそれと外言の対比に戻ることができる」（思、四二二頁、以下同様）。

あらためて、内言の定義が述べられる。五の終わりにも述べたわけだからくどいと思うかもしれないが、しかし、この数行の中身は深いものをもっている。それゆえ、ヴィゴツキーに沿ってまとめておこう。

1 「内言はまったく特別の機能であり、ある意味では外言に対立するものである」。

2 「内言は外言に先行するものとして、外言の内部的側面としてみる人に同意することはできなかった」。内言は特別の機能をもったことばであること、それは外言に先行するものでないことが述べられる。そのあと重要なことが指摘される。

3 「もし、外言が思想の言葉への転化、思想の物質化・客観化の過程であるとすれば、ここでは（内言）逆の過程、いわば外から内へ進む過程、ことばの思想への気化の過程をみることになろう」。

これには以下のような性格づけがつけられている。

(a) 「だが（気化しても）ことばはその内面的形式においても消えてなくなるものでない」（思、四二三頁、以下同様）。

(b) 「意識は決して蒸発せず、純粋な精神に溶け込むものでない」。

内面的形式として残るので、精神に溶け込むものでない。砂糖は水に溶けるが、それは分子のなかに入り込むだけで砂糖の粒子は残っているようなイメージだろうか。

あらためて次のことが繰り返される。

4　「内言は、やはりことばであり、言葉と結びついた思想である」。

内言は、ことばであり、思想であるとする。ここでは、内言は思想に移行している。しかし、また、次のようにもいう。

(a)「思想が外言の言葉のなかに具現するものとすれば、その言葉は思想を生み出す内言のなかでは消滅する」。

以前、内言は次のように述べられていた。

「内言は正確な意味においてほとんど単語なしのことばである」（思、四一四頁）。

そこで次のことが出てくる。

(b)「内言は大部分、純粋な意味による思考であり、詩人のことばによれば、われわれは『上顎はすぐに疲れる』」（思、四二三頁、以下同様）。

内言は、意味による思考なのだ。そこから、内言の以下のような位置づけが生まれる。

5　「内言は、……言語的思考のより公式的な変わらぬ両極―言葉と思想―とのあいだをちらつく動的な変わりやすい流動的モメントである」。

言葉と思想は変わらぬ両極である。ヴィゴツキーの学説「思想は言葉で表現されるのではなく、言葉で遂行されるのである」にあるように両極に位置づく。内言は、遂行される言葉と思想の平面に移し変えられると、「動的な変わりやすい流動的モメント」になるのである。ここでいう流動的モメントは何を示しているのであろうか。それは後で述べることにしよう。これで内言の定義と外言の対比は終わり、次の局面へと移る。

内言がこれからは言葉と思想の関連で述べられていく。流動的モメントとしてである。ヴィゴツキーは内言の真の意義が明らかにされていないと述べ、次の局面へと歩を進める。その局面とは思想の局面である。ヴィゴツキーはいう。

「言語的思考のこの新しい局面というのは思想そのものである」。

言語的思考とは言葉と思想が一体となった思考であり、言葉である。それは統一体である。しかし、ヴィゴツキーは言葉と思考はそもそも別の道を通って統一された統一体とみなす。言葉は言葉、思想は思想独自の道が存在するのである。

では、思想とは何か。ヴィゴツキーは次のように説明する。これは以前（思、三六六頁）で述べられていた。

「あらゆる思想が何かと何かを結びつけようとするものであり、運動・切断・展開をおこない、何かと何かとのあいだに関係を樹立するということ、一言でいえば、なんらかの機能、しごとを遂行し、なんらかの問題を解くものであることを述べた」（思、四二三頁、以下同様）。

思想とは、この表現からすると、結果としての思考としても、操作または行為としての思考としても使っているようだ。前半、「何かと何かを結びつけ」とは総合、運動、切断、展開を行い、「何かと何かとのあいだの関係を樹立」とは総合である。後半は、問題解決（結果）である。この場面では、結果も操作も指すものとなっている。これが思想の第一である。このように規定したあと、次のようにも述べている。「思想の流れおよび運動は、ことばの展開とは直接的に一致しない」。「思想の単位とことばの単位とは一致しない」。「二つの過程は統一をあらわしても、同一ではない」。

以上のように思想の運動とことばの運動は別々なのである。それぞれの運動をもっているのだ。だから、同一ではない。しかし、統一なのである。同一と統一のこの使い分けにはヘーゲルの用語を感じないわけにはいかない。ヘーゲルの本質論である。同一はA＝Aであろうが、統一は、対立物の統一といわれるように、Aと非Aでありながら、一体となるところにみられるものである。電極のプラスとマイナスは同一ではないが、統一なのである。だから、ヴィゴツキーは次のようにその違いを述べるのである。「それらは、互いに複雑な移動、複雑な変態によって結びつきはするが、直線を重ねあわせたときのように、一つが他を覆いかくすというようなことはない」。

思想の流れと言葉（ここでは、ことば）の流れは、統一はしているが、同一ではないとするのである。

ヴィゴツキーはここで視点を変え、思想と言葉の複雑な関係を示すのは、思考活動が不成功に終わり、言葉にならなかったようなときがよい例であるとして、その例を文学に求める。その例となるのはグレプ・ウスペンスキーのある主人公の観察の場面についてである。この場面は、「ドフトエフスキーの言うように、言葉にならなかったようなときである」と同様、ホルンフェルドの『言葉の苦しみ』からの引用であると六巻本の注にある（『言葉の苦しみ』一四ページ）。ウスペンスキーの小説の場面については『思考と言語』の本文をみてもらうとして、要点だけを述べるに止めよう（同じ引用は『子どもの想像力と創造』のなかにもある）。

（注）ウスペンスキー（一八四三‐一九〇二）はナロードニキ。ネクラーソフに作品を認められた。「土地の力」「百姓と百姓の仕事」などがある。ナロードニキの崩壊後、精神を病み、生涯の最後を病院で過ごす。しかし、レーニンはウスペンスキーを認め、何回も自分の書物に引用したとヴィキペディア（ロシア語）にある。

書名は記されていないので不明であるが、その作品の主人公の観察の場面である（注）。その場面とは、シベリア流刑囚の歩行者が自分のもっている多くの思想を表現する言葉を発見できないまま力なく苦しみ、神が概念をあたえたもうようにと聖者に祈りをあげ、表現しがたい苦しみにおかれているところだ。ヴィゴツキーが、この場面を取り上げるのは、詩人や思想家と同じように、一般の人間でも同じような体験をするということからである。

（注）レイフは『ある無精者の観察』からと記している（レイフ、一二五頁）。

「そこでいちばん本当のことが、まだすこしも言われていないんだ。どうしてなんだろう。どうして、たとえば、……だが、ここでかれは立ちどまりはっきり言った―だれが、おまえに魂（душ）を与えたのか？」「われわれは見ようとした。だが、流刑囚はふたたび元気を失って口ごもり、ものあたりに手をさげほとんど死物狂いで叫んだ」（思、四二四頁）

流刑囚が主人公に向かって思い浮かんでいることを語ろうとするが、言葉が出てこない。言葉が出てこない苦しさを口ごもり、身体をふるわせる。

ヴィゴツキーはこの場面を分析し、次のようにまとめている。「このばあい、思想と言葉を分かつ境界、思考と言葉とを分離する、話者にとって渡ることのできないルビコンは明瞭にあらわれている」（思、四二五頁）。

思想と言葉が同じ流れ、運動であれば、このような例はみられない。それぞれ独自の構造をもち、それぞれの流れをもつから、このようなことが生じるとする（注）。

（注）ここで、ホルンフェルドの『言葉の苦しみ』について述べておこう。ホルンフェルドはポテブニャの弟子。ハリコフ大学でポテブニャに文学理論や詩学を学んでいる。ヴィゴツキーの引用のドフトエフスキーもウスペンスキーもこの書物から借りてきているのだが、『芸術心理学』の執筆中にこの書物を研究したと六巻本の注にある。かれはどのような意図から言葉の苦しみを追求したのか。ヴィキペディア（ロシア語）の「ホルンフェルド」からである。

「ホルンフェルドはつねに創造心理学に結びつけた。この問題に充てられているのがかれの論文である。彼にとって言葉の苦しみとは、思考の苦しみ、芸術家と素材との昔から存在し、苦しい闘いの過程、記号と意味の同じ二律背反から生じる過程を示すものである（『言葉の苦しみ』一九〇六）。創造的心理学への関心はすべてのポテブニャ主義者にとって特徴的なのだが、ホルンフェルドにはそれが特に顕著である」。思考活動の不成功（思想と言葉の不一致）を源泉とする思想の言葉への生成の過程の苦しみ、思想と言葉の分離の例として『言葉の苦しみ』からかれの創造心理学の位置づけとは違った借用をしたのだと思われる。

ヴィゴツキーは以上のように思想と言葉の分離を述べた上で、思想とは何かについて話を戻す。これだけでは思想を説明したことにならないからだ。思想の第二は、その現れをポドテキストのなかにみるのである。ポドテキストはスタニスラフスキー・システムで利用されているものである。ヴィゴツキーの考察に入る前に、ポドテキストとは何かについて辞書の説明を見ておこう。

①ロシア語辞典（研究社）「（テキストの底に秘められた）言外の意味（芝居では俳優のイントネーション・間のとり方・ゼスチャーでこれを観客に伝える）」

②ロシア語簡略辞典「何らかの文学的テクスト、発話の内的、隠された意味（смысл）である。ポドテクストによって話す。チェーホフによって文学や演劇でポドテクストの概念が生み出された」。

『思考と言語』の英訳では六巻本、コズリン訳ともsubtextを充てている。

subtext

③新英和辞典（研究社）「文学作品のテキストの背後の意味」

④ジーニアス英和大辞典「1文学作品などに内包された意味（主題）、（主題への）伏線　2言外の意味（テーマ）　3（演劇）脚本の劇人物の性格づけ、（俳優の）性格演技」

これらを総合すると、ポドテキストとは、文学的テクストや発話の内的、隠された意味（テーマ、意図、狙い）ということである。日本語訳をどうするかだが、言外の意味というのが多い。ロシア語、英和辞典ともそれを取っている。『思考と言語』では内面的意義としている。名訳なのかもしれないが、理解しにくいので内的、潜在的意味ではどうだろうか。潜在的のなかに言外を含められるように思えるのである。日本語表記だが、訳書のポドテキストではなく、ロシア語発音を生かしポドテクストを使っていくことにしたい（注）。

（注）スタニスラフスキーのポドテクスト論は『俳優の仕事第二部』上巻Ⅲ2話とその法則で述べられている（千田是也訳）。

そこでは日本語訳として「台詞の裏にあるもの」としている。第一部ではポドテキスト、また別の個所ではもっとも深い意味と訳している場合もある。『俳優の仕事第一部』の出版は一九三八年で、二部はそれ以降。『思考と言語』は一九三四年。ヴィゴツキーは出版以前に知っており、注目していたということであろう。

さて、ここで、ヴィゴツキーに戻ることにしよう。ヴィゴツキーはスタニスラフスキー・システムで使われているポドテクストに注目する。このシステムではポドテクストを劇の中で再現しようとしていると評している。その上でここでのポドテクストを「すべての発言の背後にある思想や願望」（思、四二五頁、以下同様）と解釈している。スタニスラフスキーの演劇では、台詞をいうのではなく、常に、このポドテクストをいうことになるのである。ヴィゴツキーのいう思想とは、通常の思想というよりも、ポドテクスト的思想ということになる。ヴィゴツキーはその一例をグリボエドフの『知恵の悲しみ』の第Ⅰの場面のなかの一場面から分析している（この場面は最後にも登場するので、邦訳についてはその時触れることにする）。主人公チャツキーが元恋人ソフィアに話しかける句である。

——信じるものに幸せあり。世間も暖かくしてくれよう。

この句のポドテクストは何か。スタニスラフスキーは一つ、ヴィゴツキーは二つ見出している。

①スタニスラフスキーが明らかにする思想とは「この話をやめよう」。

②ヴィゴツキーが明らかにする一つ目の思想とは「私はあなたを信じない。あなたは、私をなだめるためにそんな慰めの言葉を言うのだ」。

③ヴィゴツキーが明らかにする二つ目の思想とは「あなたは、あなたがどれほど私を苦しめているのか、わからないのか。私はあなたを信じたい。それはどんなに私にとって幸せなことだろう」。

この句のポドテクストとして上げられている思想というのは、これらの例からすると、句の意図というものでないだろうか。句の背後にある意図を思想といっていると思われる。それなら、ポドテクストに上手く当てはまるといえよう。参考のためこの句のロシア語と英訳を載せておこう。

Блажен, кто верует. Тепло ему на свете.
Blessed is the one who believes, for believing warms heart.（六巻本の英訳）
Thrice blessed who believes. Believing warms the heart.（コズリン訳）

以上は文学の例であるが、生きた人間の句も同じように捉えることができる。「生きた人間にとって語られる生きた句は、その言葉に現されないポドテキスト、その裏にかくされた思想をもっている」。

他方、同一の句はさまざまな思想の表現に役立つし、また、同一の思想がさまざまな句において表現されるともする。その例として心理的主語・述語と文法的主語・述語の不一致を上げている。「時計が落ちた」という答えの裏の思想についてである（「どうして時計がとまっているの?」という質問への答え）。思想……「時計が落ち、時計がこわれたのは、私の責任でない」。

別の句……「私は人の物に手をふれるようなことはありません。私はほこりを取っていたのです」。

スタニスラフスキーの例は同一の句がさまざまな思想を表すという例であったが、この例は同一の思想がさまざまな句で表現されるという例である。ヴィゴツキーは思想が「言いわけ」にある場合について述べ、それならば、このような句のどれによってでも表現できるだろうし、この場合には意味について種々な句が表現されるだろうという。思想は「言いわけ」で使われており、ここでの思想は意図を示しているといえよう。このような不一致は日本語においてもみられる。「リコーダを忘れた」という子どもの言いわけはそのような例ではあるまいか（ポドテクスト「吹けないのが恥ずかしい」）。だから、ヴィゴツキーはいう。「思想は言語表現に直接一致するものではない」（思、四二六頁、以下同様）と。常にポドテクストなのである。

思想の第三の特徴に移ることにしよう。思想はかたまりとでもいえるものだというのである。「思想はことばがそうであるように、個々の言葉からできているものではない」。ヴィゴツキーが上げる例からみていこう。

例……青いジャンパーではだしの男の子をみた。

思想は一つの行為のなかでみる。ことばのうえでは個々の単語に分解する。この例から、思想はつねに「ある全体をなし、その延長や容量において個々の単語よりも大」であるのだ。

例……弁士は一つの思想を数分間にわたって展開する。

この場合も、その思想はかれの頭のなかに全体として含まれる。これらの例からヴィゴツキーは思想の特徴を抽出する。「思想のなかでは同時に存在するものが、ことばのなかでは継時的に展開する」と。つまり、思想は全体的、同時的であるのに対して、言葉は個別的、継時的な特徴をもつというのである。

第四に、思想は言葉の雨を降り注ぐ雨雲にたとえることができる。

これは思想の何をたとえたものか。

雨雲のなかでは空気中の熱で粒子がぶつかり合い、その粒子が冷やされ雨粒となり、落下するように、思想のなかでの動きが、言葉になって表出するというのは、ヴィゴツキーの物質化と気化の粒子論のたとえと同様、ヴィゴツキーらしい捉え方かもしれない。第一章のたとえが最後まで貫いているのか。ヴィゴツキーは思想の考察をこれで終え、あらためて思想と言葉の関係に話を進めている。それをつぎのように定式化する。

「それゆえに、ことばへの移行過程は、思想の分解とそれらの言葉における再生のきわめて複雑な過程である」。

それを言い換えると以下のようになる。

「だから、思想は言葉とだけでなく、思想が表現される意味とも一致せず、思想から言葉への道は意味を横切って存在するのである」。

ヴィゴツキーはまた以下のようにもいう。

「われわれのことばにはつねにうしろの思想、隠されたポドテキストが存在する」。

「思想から言葉への直接的移行は不可能であり、つねに複雑な道の敷設が必要になる」。

これらはどういうことか。これまでの叙述を敷衍すると、以下のようになろう。思想が生じた。思想が運動し、分離される。それがすぐに言葉にはならない。言葉の意味と合体しなければ次に進めない。それに進むだけでも難工事だ。意味がみつかれば、そのもとになる言葉をみつけることができる。意味に沿う言葉も多種多様だ。その中からこれぞという言葉を見出し、合体するとやっと発話になる。これも相的側面の難工事を伴う。だから、実践的には一瞬に行っているが、理論的には複雑なので、ヴィゴツキーは複雑な道と名付けたのであろう。

さて、思想から言葉への移行はこのような複雑な道だとすると、困難が存在する。ウスペンスキーの小説の登場人物も思考活動の不成功のなげきであったが、今度はヴィゴツキーがそれを直に感じているのは詩人だとして、詩人に眼を向ける。『芸術心理学』の研究で携わってきた詩人とここで再会する（注）。

①言葉の不完全さのなげきをうたうチュッチェフの詩（思、四二六頁）

②思想の表現のむずかしさにたいする悲しみをうたうフェートの詩（思、四二七頁）

（注）①と②の詩の作者名はコズリン訳（二五一ページ）によった。六巻本の二つの詩につけられた注には混乱がみられるからである。それによれば①をフェート、②をグミリョフにしている。その①の注にはボロシノフ『マルクス主義と言語哲学』からの重引とされている。しかし、同書（桑野隆訳）第二部第三章注（1）には「『話された思考はいつわりである』（チュッチェフ）。『ああ、言葉をもたず話すことができたならば』（フェート）。これらの言明は観念論的ロマン主義に典型的なものである。」とある。これからすると②はフェートの詩となる。これはコズリンの訳注と合致する。ゆえに、コズリン訳の作者名を採用した。『思考と言語』の別の個所にチュッチェフのこの詩を引用し（四三一頁）、観念論的学説に起因するという点では、バフチンと合致するが、フェートの詩についてはくい違いを示している。チュッチェフ、フェートについては『新版ロシア文学案内』二七三-二七五頁を参照。

ヴィゴツキーはこの複雑さを嘆き、悲しんでいるばかりではない。新しい道を切り拓く詩人にも注目する。その詩人について次のように位置づけ、華をかざしている。

「これらのなげきを克服するために、言葉を溶かし、言葉の新しい意味を通じて、思想から新しい道を作りだそうとする試みが生まれた」（思、四二七頁）。

その詩人とは、有名な、ザーウミ（超意味）を生み出す源流をつくった未来派の詩人フレブニコフである(注)。

(注)フレブニコフ(一八八五 - 一九二二)はカザン大学で数学や物理学を学んだ理系出身という経歴をもつ。ロシア未来派の創始者・指導者。先端的な言語実験を行う。代表作、詩「笑いの呪文」「鶴」など。都市文明とテクノロジーよりも自然回帰を呼びかけた。(同上書を参考にした。)

このフレブニコフについてヴィゴツキーはメモを残していることをヴィゴツキー研究者ザヴェルシネーワは解明している。一九四三年頃には未来派は衰退していたわけであるが、その言語実験には好意的であったことがうかがえる。『思考と言語』の文の元になったと思われる下書きである。長くなるが貴重なので訳出しておく(自由への道、НЛО)。

「『思想は意味と一致しないがゆえに、思想から言葉への道は、意味を介して横切るのであるがゆえに、そして、ことばは寓意である＊、—まさに、それゆえに：—(1)ことばの不完全さのなげき、思想の表現のむずかしさ—貧弱な心の飛翔は終わりをつげる、ある無力なけだるさとともに＊＊：(2)これらのなげきを克服するために—言葉を溶かし、言葉の新しい意味を通じて思想から言葉への新しい道をつくりだそうとする試み(フレブニコフ自身このしごとをある谷から他の谷への道路を敷設することと比較して＊＊＊、ニューヨークを通らずにモスクワからキエフへ直行する(より大きな)道について話し、自分を言語の交通技師とよんだ—〝言語は……知能の単位の織物、概念の織物である〟)：(3)これらのなげきを克服するために—これらの道の曲がり角のシミュレーションやパステルナークの表現の難しさの表現など』(〝ルリヤの報告に関するテーゼ〟、家族の文書庫)」＊＊＊＊(傍線—ヴィゴツキー)。

以下はザヴェルシネーワの注である。

＊このテーゼはポテブニャの定式化に文字通り一致している。

＊＊フェートの詩「いかにいきいきした美しさをくりかえすのは困難か」からの引用。

***類似の観念は彼の同時代人アンドレイ・プラトーノフにも存在している。
****下書きは『思考と言語』最終章の類似の断片にそれをほぼ正確に繰り返しているのだが、そこにはパステルナークの引用もないし、言及もされていないのが注目されよう。

ザヴェルシネーワのコメントによると、フレブニコフの例についてはどのようにして詩や造語が新しい可能性、人間の新しい自由を明らかにするかについてであるとし、これについてはヴィゴツキー自身により素晴らしく上手に述べられているとしている。

再びヴィゴツキーに戻ろう。そのような困難をのり越え、言葉が誕生する。それをヴィゴツキーは度々繰り返す命題で確認する。

「実験は思想は言葉で表現されるのではなく、言葉で行われるのだということを教えている」（思、四二七頁、以下同様）と。

この行程はうまくいかないことも生じる。ウスペンスキーの主人公は成功しなかった。成功したかという問いに否定的に答えなければならないとしている。いつも成功するとはいえないのだ。ヴィゴツキーは思想から言葉への移行をまとめている。それを抜き出しておこう。

「思想は外面的に記号によって媒介されるだけでなく、内面的にも意味によって媒介される」。
「意識の直接的交通は、物理的にだけでなく、心理学的に不可能である。この道ははじめは意味による、後には言葉による思想の内面的媒介のなかにある」。
「それゆえ、思想は決して言葉の直接的意味に等しくはない」。
「意味は、思想の言語的表現への道において思想を媒介する」。

はじめ　ひと ―― 意味 ―― ひと
（意識）　　　（意識）

あと　ひと ―― 思想 ―― 意味 ―― 言葉 ―― 人
（意識）　　　（意識）

図 7-6

「すなわち、思想から言葉への道は、真直ぐではない、内面的に媒介されたみちである」。これらをまとめて図示すると上のようになるだろう（図7‐6）。

思想からの言葉への移行は直接おこなわれるのではなく、意味によって内面的に媒介されるのである。

ヴィゴツキーは内言の奥には思想があるということで思想を明らかにした。思想の正体について追求してきたのである。しかし、思想で最終段階ではないといって論を先に進める。その最終段階は、他の思想ではない。異種の精神機能なのだ。それは動機に関係した意識領域（cфера）から生まれる。「思想の背後には情動的・意識的傾向がある」とし、最終段階の正体をあばき出す。「これのみが、思考の分析における最後の『なぜ』に解答をあたえることができる」と述べる。この際、ヴィゴツキーは、動機の構造などの先行研究の分析はしていない。むしろ、その解明の仕方に力点をおいて実践的に明らかにすることが先になっている。形象的定義を与えるだけにとどまっている。

「思想の動機は雲を動かす風にたとえなければならないだろう」。

「他人の思想の真の完全な理解は、われわれが、その活動力、情動的‐意志的裏面を明らかにしたときにのみ可能である」（思、四二八頁）。

その方法とは、先にも述べたポドテクストのやり方なのである。このやり方が有効であるとする。ポドテクストとは、スタニスラフスキー・システムでどう利用されているかはすでに思想の取り出し方で述べた。このシステムではポドテクストに台詞の心理的、情動‐意志的基礎の意味を与えている。ここで、ヴィゴツキーは発言の背後に予想される意志的課題を明らかにすることで利用される場合に注目する。スタニスラフスキーは、意志的課題となるものとして各台詞に対応した願望（хотение 旧訳では意欲）を書き出している。ヴィゴツキーはこの方法に注目したのであろう。スタニスラフスキーの脚本に書きつけられたポドテクストを引用している（思、四二八‐四二九頁、以下同様）。グリボエドフ『知恵の悲しみ』からチャツキーらの台詞の本文とそのポドテクストである（注）。

（注）邦訳『ロシア文学全集第三十五巻古典文学集』二六七頁。『歴史の中のロシア文学』に詳しい説明がある。この脚本を現時点では筆者は見つけられていない。六巻本にもこれについての記載はない。

この脚本について見方を少し説明しておきたい。上の欄が本文である。下の欄は、平行して書かれている願望となっている。この下の欄について、ヴィゴツキーはスタニスラフスキーのポドテクストには「思想や願望を明らかにする試み」と評しているように、この二種類が記されている。それについてこの個所で見分け方が記されていないので、述べておきたい。下の欄の！の符号がついた句が思想、それ以外は願望である。しかし、訳書では、願望が明確化されるような訳は取っていない。それを意識するように筆者が訳し直したものをロシア語とともに記しておく。それで違いが明確化できるように思う。その際括弧のなかにある思想と願望の用語は筆者が記入したものである。つまり、この脚本には思想と願望が書きこまれており、ヴィゴツキーはそれを利用しているのだと思われる（六巻本、三五七‐三五八ページ）。

脚本の本文―台詞　　　　　　　平行して書かれた願望

ソフィア

ああ、チャツキー、わたしはあなたにあえてほんとうにうれしい。　狼狽をかくすのを欲している（願望）。

Хочет скрыть замешательство.

チャツキー

どうかご無事で、うれしいだって。　嘲笑によって恥じさせるのを欲している（願望）。

しかし、誰が心からそんなに喜んでいるのですか？　はずかしくないのか！（思想）

Хочет усовестить насмешкой.

Как вам не стыдно!

（省略）

チャツキー

そうだとしておこう、　この話は打切ろう！（思想）

信じるものに、幸せあり、　Прекратим этот разговор!

世間も暖かくしてくれよう。

発言やテクストの背後に隠された願望や動機の領域はこうやって解明されるのだとするのである。言語的思考の最後のもっとも秘められた内部的局面である感情・動機的領域を明らかにする時、心理学的分析は徹底しておこなわれたことになるとする。

最後にヴィゴツキーは発言の心理学的分析について締めくくっている。対話において思想の理解も、その思想を表現させる動機（мотив）の理解なしには、十分な理解ではない。これと同じく、発言の心理学的分析においても、「言語的思考の最後のもっとも秘められた内部的局面、つまり、その動機」（思、四二九頁）を明らかにする時にのみ、徹底して分析をおこなうことになると締めくくるのである。（この結論は『思考と言語』第一章の「情動過程と知的過程の統一である意味システム」（思、二六頁）の構想と結びついているといえよう。）

これで、六は終わるのだが、終わるにあたってヴィゴツキーが触れてはいないが、筆者が感じる点を付け加えておきたい。恐らくヴィゴツキー自身は意識しているが、心理学的分析に含められないとして避けたのではないかと思われることである。思想から言葉への生成の困難さにおける社会的背景についてである。ウスペンスキーの小説に出てくる流刑囚、知恵の悲しみのチャツキー、未来派の言語実験のフレブニコフ、それぞれ質は違うが、取り囲まれている環境の複雑さのなかにいる人たちの言葉と思想が対象になっているのである。そこに思想による言葉の生成の複雑さ、困難さの原因を見出したから、そういう境遇にある人たちの言葉を分析しているのでないだろうか。つまり、他方で、歴史的・社会的背景が思想と言葉の関係に影響するという問題の視点を述べたかったのではないかと思われるということである。

結び（七）……意識の問題

七は、最初に、「思想による言葉の生成（有と無の統一）ということをわれわれは語ることができる」という七章二で述べられた指導的観念についての事例分析の結果をまとめる。それは次のような言明で確認できる。「これでわれわれの分析は終わる。この分析の結果、われわれがどのようなところに導かれた

外言⟶意味⟶内言⟶思想⟶動機

図 7-7

かを一瞥してみることができる」（思、四二九頁、以下同様）と始めているのである。その結果はどのようにまとめられているのか。

「言語的思考は複雑な動的全一体として、われわれの前にあらわれた」。「そこでは、思考と言葉との間の関係は、一連の内部的局面を通過する運動として、ある局面から他の局面への移動としてあらわれた」。「そこでは、思考と言葉との関係は、一連の内部的局面を通過する運動として、ある局面から他の局面への移動としてあらわれた」。

ここでいう「通過する運動」「他の局面への移動」、まさにここでいう「運動」「移動」が生成（成）なのである。

「われわれは、もっとも外部的な局面からもっとも内部的な局面にまでわれわれの分析をおこなった」（思、四三〇頁、以下同様）。

これはどういうことか。これは上の図のような過程の分析をおこなったことを述べている（図7－7）。

だから、次のようにいう。「言語的思考の生きたドラマでは、運動は逆方向に―なんらかの思想を生み出す動機から思想そのものの形成、内言における媒介、ついで外言の意味へ、最後に言葉へと―進む」。

実際の言葉への運動は、上述の分析とは逆の方向へと進む（図7－8）。

しかし、このような道が唯一ではない。多種多様な順・逆運動、ある局面から他の局面への順逆移動が可能であるとしている。そうはいっても今日もっとも一般的な形において知られている

動機 ⟶ 思想 ⟶ 内言 ⟶ 意味 ⟶ 外言

図 7-8

のは、この道のどんな点で切り取っても両方向への運動が可能であるということであるとしている。例えば、動機から思想を通って内言へ、内言から思想へ、内言から外言へなどである。以上のような運動が思想における言葉の生成なのである。だから、ヴィゴツキーはいう。「われわれが関心をもったのは基本的に肝心なことだけ―動的過程としての、思想から言葉への道としての、思想の言葉における成立と具象化としての、思想と言葉とのあいだの関係であった」と。運動・流れを思想から言葉に見出しているというのがヴィゴツキーの主張。内言の流動的モメントとはこのように思想と言葉の間を動的に動いている媒介体であるという機能を示したかったのではないか。

　これらの総括の上で、思想と言葉の関係を捉える当時の心理学理論が反歴史主義であると批判し、歴史主義（発生主義―筆者）のみがそれらの正しい理解を与え、歴史心理学のみが思想と言葉の正しい理解に導くとヴィゴツキーはまとめる。

「歴史心理学のみが、内言の歴史的理論のみが、われわれをこの複雑にして宏大な問題にかんする正しい理解に導くことができるのだ」（思、四三二頁、以下同様）。「われわれは、思想と言葉との関係は、思想の言葉における誕生の生きた過程であるということをみた」。歴史心理学の道を進んできて、得た結論はこのことである。

　さて、思考と言葉の第七章の結びは二つのことであるとア・エヌ・レオンチェフ、ルリヤは述べている。それを踏まえる形でまとめとしよう。その一つは、思想と言葉の結合は、最初からのものではなく、永遠にあたえられた結合でもないと述べ、「はじめに言葉ありき」という福音書の文言についてゲーテがファウストで「はじめに行為ありき」と答えたことに言及したことに関係する。ヴィゴツキーはこのことを自分のいくつかの書物の最後に度々あげている。ファウストの場面とはどういうものか。再現しておこう。この場面とは、ファウストI部ファウストの書斎での一こまである。長くなるが省略しながら引用しよう（ファウスト、三二頁）。

「それはどこよりも新約聖書のうちに
一ばんとうとく美しく燃えている。
原本をひらいて、
すなおな心でひとつ
神聖な本文を
好きなドイツ語に訳してみたくてならない。
（一巻の書をひらき、翻訳にとりかかる）
こう書いてある。『初めに語《ことば》ありき』
……略……
わしは別に翻訳をしなければならない。
こう書いてある。『初めに意《こころ》ありき』
……略……
だが、こう書きくだしているうちに、もう
これでならぬという感じがおこる。
安んじて、こう書く。『はじめに行いありき』」

ファウストの文は以上のようになっている。ヴィゴツキーはこの文に関してグーツマンが「はじめに行為ありき」とはじめにを強調したのに賛成し、かれは正しいと述べ、「言葉は最初にあるものではない」と記したのである。その上で次のような文学的な文で締めくくっている。

「最初にあるものは行為である。言葉は発達の最初よりもむしろ最後を形成するものである。言葉は、行為に桂冠を戴かせる最後のものである」（思、四三一-四三二頁）。

第一の結論とは、思想と言葉ははじめから結びついていたのではなく、系統発生でも、歴史的発達、個体発生からも別々であり、かつ最初には行為であって、言葉ではないというものなのである。ルリヤはこれについて以下のようにコメントしている（六巻本、解説より、四七六ページ）。

「言葉の意味（ズナチェーニエ）は発達するということ、それは実践活動から相対的に遅れて抽出されること、そのあと自立性を獲得することを主張しながら、ヴィゴツキーは、ゲーテが福音書の『はじめに言葉ありき』という文言に対立させた『はじめに行為ありき』というゲーテのテーゼを全く別な形で解釈させることを可能にしている。ヴィゴツキーは、それに新しい意味（スムィスル）を与えるように強調した詩人のテーゼを反復するのである。『はじめには行為ありき』。これは、実践から生み出されたものではあるが、言葉はそれを改造するということを意味しているのだ。『言葉は、行為に桂冠をさずける最後のものである』と」。

ルリヤの解説は的を射ていると思われる。初めは実践活動であろうが、言葉はそれから発生し、それに止まらず逆に実践に反作用する。行為に桂冠を戴かせるのは言葉なのだと。これが第一の結論である。

もう一つの結論は『思考と言語』第一章で予言していた言葉と意識の問題である（ここで一章と七章が結びつく）。ヴィゴツキーは第七章の最後の部分で「研究の後に開かれた見通しについて述べないではいられない」とし、意識の問題との関連について言及しているものである。つまり、結論を先回りしていえば、言葉は人間の意識の小宇宙であるという何とも雄大なダイナミックな見方の提示なのである。これに関係する過程を抜き出しておこう。

「だが、言葉の本性のなかの一側面ではあるが、これのもつ意義は、思考それ自体の限界を越えたより一般的な問題—言葉と意識との問題—のなかでのみ完全に研究され得るところの側面にふれることになった」（思、四三三頁、以下同様）。

「われわれは、感覚から思考への弁証法的移行を、実験的に研究し、思考において現実は、感覚とは違った仕方で反映されること、言葉の基本的特徴は現実の一般的反映であるということを示そうと努めた」。

「もし、感覚し思考する意識が、現実の反映において異なった方法をもつとすれば、それは異なったタイプの意識である。それゆえ、思考とことばは人間の意識の本性を理解する鍵である」。

このように思考とことばの問題は人間の意識の本性を理解する鍵であると強調される。続けて、こうもいう。ここから、急に言語（ヤズィーク）が使われる。言葉と同じであろう。

「『言語が意識と同様に古くからあるもの』であり、『言語は実際的な、他人のために存在する（対他—筆者）、したがってまた私自身のためにも存在する（対自—筆者）意識である』としたら、もし、『物質の呪い、空気の運動層の呪い（外言—筆者）が最初から純粋な意識（赤ちゃん—筆者）の上にのしかかっている』ものとしたら、思想だけでなく、意識全体が、その発達において、言葉の発達と結びついていることは明らかである」。

このように述べ、言葉は意識の二、三の機能のなかではなく、意識全体のなかで中心的役割を演ずるものであると位置づけている。そして、最後に、極めつけの言葉で締めくくる。

「言葉は、意識の小世界である。意味づけられた（осмысленное）言葉は、人間の意識の小宇宙である」（思、四三四頁）。

これをいかに解釈するか。ルリヤはこの部分を次のようにまとめている（六巻本、解説より、四七六ページ）。

「言葉はどのように構成されようとも、それが発達のどの段階であろうとも、それは常に現実を反映する。発達の段階ではこの現実の反映は全く別のものになる。現実は言葉を介して屈折し、言葉は現実を屈折させるもっとも重要なファクターになる。言葉は現実の反映を媒介するもっとも重要な過程である。このことは、ヴィゴツキーが『思考と言語』を締めくくるに際して最後のフレーズを言わしめる根拠を与えている。つまり『意味づけられた言葉は人間の意識の小宇宙である』と」。

宇宙はあらゆるものを包む複雑でありながら、あらゆるものを生み出すダイナミックな運動体である。言葉を宇宙に擬えるとは、言葉も宇宙のような複雑な運動体と捉えているからであろう。それだけ言葉に強大な力を認めようとするヴィゴツキーの迫力を感じざるを得ない表現だ。これだけでもヴィゴツキー心理学は行動心理学や深層心理学と立場を異にしているといえよう。ヴィゴツキーのこの流れと関係して意識の問題について別の文献から二点追加しておきたい。

その一つは、頂上の心理学といういいかたの心理学についてである。表層心理学や深層心理学に対峙してヴィゴツキーの目指す心理学について述べた部分である（覚書、五三頁、以下同様）

「心理学における私たちの言葉は、表層心理学からは、はずれている。表層心理学では、意識における現象と存在は同等ではない。しかし、私たちは深層心理学とも対立している。私たちの心理学は、頂上の心理学である（人格の「深層」ではなく「頂上」が決定する）」。

「私たちの心理学は、以前には論理的記憶を、結び目をつくることとして理解しようとしたが、今日では意味的記銘として理解しようと試みている。無意識は発達しない。深層心理学は、もろもろのことが過去にそうであったようにあり続けると主張している。——このことはきわめて偉大な発見である。夢は月のように反射光によって輝く」。

続けて次のようにも述べる。

「それは、私たちが発達をどのように理解しているかということから明らかである。生まれつきもっているものの変容としてか？新形成物としてなのか？その場合は、もっとも遅く形成されたものがもっとも重要なものなのだ！『最初に行為があった（否、行為が最初にあった）のであり、最後に言葉が現れた。そしてこのことがもっとも重要なことだ。』（ヴィゴツキー）上述のことの意味はどのようなものか。『私にはこれを意識したことで十分だ。』すなわち今は問題が提起されたことで十分である」（傍線はヴィゴツキー。『ファウスト』の文章であるので「出来事」を「行為」と訳しなおしている—筆者）。

意識は頂上の心理学になるのである（アクメイズムの影響か、「アクメ的心理学」という名称も手帳に残されている（ヴィゴツキーの手帳から、九四ページ））。

もう一つはヴィゴツキーが自身の手帳に「意識の研究の問題によせて」（一九三二）というメモを残し、意識の研究の書物を構想していたことである（ヴィゴツキーの手帳から、九三ページ）。『思考と言語』の前から意識に本格的に関心が向いていたことを示すメモである。

思考と言語は意識の小宇宙だったのだ。以上、この結びは、次への宣言文でもあるのである。以上二つ（細かくいえば三つ）が七章の結論である。

改めて、『思考と言語』の最後の次の文章で締め括りたい。

「言葉は、意識の小世界である。意味づけられた言葉は人間の意識の小宇宙である」。

付録

一　ヴィゴツキーとの出会い・なぜヴィゴツキーか・ヴィゴツキーの魅力

二〇一二年一二月一五日神戸大学大学院人間発達環境学研究科主催公開シンポジウム発達研究の展望―その2―「『ヴィゴツキー理論』と教育・保育実践」に出掛けた筆者が話したヴィゴツキーとの出会いが面白いという評判なので、それについて書いてほしいという依頼があった。それに、なぜ、ヴィゴツキーか、ヴィゴツキーの魅力も加えてほしいというものであった。ここでは、それに従い執筆するものである。

1　ヴィゴツキーとの出会い・再会

一九六一年大学（神戸）入学した筆者が入部したサークルは新聞会。その会は新聞発行する関係で高度な知的水準を保つ集団であるがゆえに、高校卒業早々の水準ではとても付いていけないほど、社会評論、文芸評論など総合雑誌を隈なく読み、評論する集団であった。学部進学に伴い辞めることになるが、友人にも恵まれた。その中の一人から紹介されたのが『ソビエト教育科学』。この雑誌は新聞会で養われた批判精神を満たしてくれる論文を載せていた。一九六二年から発行され、一九六七に廃刊。五年間、二八冊の発行である。ある時、その雑誌に小川太郎がヴィゴツキーのピアジェ批判を紹介した。なぜ、この論文を読んだのか、定かではないが、多分、教育学部の教授であったからかもしれない。ヴィゴツキーの『思考と言語』を購入し、第二章を読む。その時、読んだのはこの章までで、そのあとの章は読んでいない。その証拠に、その部分は青インクで線が引かれ、他は鉛筆の線でそれとの区別ができる。小川の論文に触発されてのことで、ヴィゴツキー自身にではない。随分後になって杉山明男から聞いた話だが、小川はヴィゴツキーを高く評価していたそうである。とはいえ、ヴィゴツキーとの最初の出会いは『思考と言語』第二章、ピアジェの心理学における子どもの言語と思考の問題である。その頃、読書とは第一章から読み進めなければならないという観念から序文、第一章を読んだので、目的が果せたとそれで止めたのだと思う。それだけ、小川の論文は面白かったのかもしれない。

読み方において初めから読まなければならないという観念を打ち壊されたのは、大学院（北海道大学）に入学し、『思考と言語』をゼミで読む時であった。一九六七年頃だったように思う。その時はブルーナーの英訳が出たり、第六章、生活的概念と科学的概念の比較研究を引用し、生活の論理と科学の論理の関係が論じられたりで、ヴィゴツキーは注目されるようになっていた。第一回目が始まって、筆者を仰天させるようなことが生じた。その一つは、第四章から読み始めるというのだ。読み方の観念が崩されたのである。これは筆者の常識を覆すというものだった。その後、本書を学生たちと数回読むことになるが、このやり方を踏襲している。しかし、このような大胆な読み方ができるということは、本書を読みこなしていた人物がいたということで、その人が鈴木秀一だったということを後から気づくのである。その二つ目は、こちらの方が深刻かもしれないが、それまで理解していたソビエト心理学では全く通じないという衝撃である。条件反射から始まる心理学、スミルノフ監『心理学』などがソビエト心理学だという固定観念に捕らわれていたのである。そのギャップは大きくて、それ以来ヴィゴツキーのファンになっていくのである。当時は四章、五章は難しかった。その後、自分の追求はダヴィドフの内容的一般化論に移るので、しばらくヴィゴツキーから離れることになる。

再会を果たす機会がやってきた。そのきっかけになる三つの事件があった。一つには最大の事件、一九九一年ソビエトの崩壊。筆者にとっての影響は、ロシア語演習の崩壊である。神戸大学に赴任して杉山明男から引き継いだ外書購読（ロシア語）の希望者がゼロになってしまうのである。同様なことが京都大学でも生じた。それまでは1～2名受講者がいて、演習は成り立っていた。ロシア語離れが進行すれば、教育学、心理学の分野を原書から研究する人材は育たないという危機感に襲われる。それはそれで時代だから仕方ないのだが、ヴィゴツキーの遺産も消滅してしまうのではないかと思った。彼には体制を超えた普遍性があると直感していたからである。第二に、ダヴィドフの論文の中に、ヴィゴツキーの論文で読んだことのない文章が載せられていたことの発見である。原典（復刻版）に当たるとその部分は存在しない。さらに別の原典（初版）に当たるとその文章が存在する。そこで、彼の復刻論文には削除があるのではという疑念が生まれた。論文名は「学齢期における教授・学習と知的発達の問題」。一九五六年版に削除があり、三四年のオリジナルから訳出しておきたいと思うようになる。その後、共訳者の神谷栄司、三学出版の尽力により『「発達の最近接領域」の理論』（二〇〇三）として実現し、その文章は日の目をみることになる。第三は、佐藤学の論文に出会ったことも衝撃であった。この論文はヴィゴツキーの従来からの解釈を逆転させるものであった。受容の誤り、経験重視の解釈とどんでん返しの解釈が提示されたのである。柴田、中村ら従来からのヴィゴツキー研究者は矢継ぎ早に批判したが、皮肉にも世間はそうは受け取らず、逆に、ヴィゴツキー・ブームの火付け役となり、ヴィゴツキー「革命」とでもいえる現象が教育実践に現われるのである。協同の学びとしてである。それだけ大きな影響を与えた佐藤であるが、さて、本当にヴィゴツキーのどの文章からそう解釈しているのか、それを見つけたい、それができれば、佐藤の解釈は正しいと結論しようとしたのが、きっかけの三つ目である。

神谷栄司にヴィゴツキーの研究会を立ち上げたいがと手紙を送ると、賛同の返事がきて、神谷を含む四名で一九九九年一一月三日ヴィゴツキー学協会の立ち上げを神戸で挙行できた。その後のことは『ヴィゴツキー学』で載せているので省くとして、アメリカに発したヴィゴツキー・ブームの風を追い風にして、今では、ヴィゴツキーの主要著作、論文は邦訳され、読むことができるようになっていることをファンの一人としては望外の歓びである。(二〇〇〇年以降ヴィゴツキー著の訳書一三冊。アマゾンより。)

2　なぜ、ヴィゴツキーなのか

次に、なぜ、ヴィゴツキーなのかについて述べてみたい。まだまだ分かっていない彼の広大な理論ではあるが、次の四点を述べておきたい。

ヴィゴツキーの主要なテーマである異種の機能の関連、特に、思考と言語の関係である。思考を操作とみる見方はピアジェをはじめ、ルビンシュテインなどがとる捉え方であるが、そうすると思考は内的な過程にどんどんはまり込んでしまい、外部とは離れていく。外化などというがくっ付けただけで、内的必然性を欠く。ヴィゴツキーはことばと結びついているので、思考は必然的に外界と結びつく。外界と結びつかない思考は成長がないが、外界と結びついた思考は成長する。ことばはその外界との結びつきの窓口である。この点で思考のヴィゴツキー理論は展望を開示させる。

ヴィゴツキーは思考とことばの単位として意義を取り出す。ことば以前は意味であるが、ことば以後は語義に変わっていく。語義は成長し続け、やがては概念に成長する。生活的概念が成長するが、学校教育が始まると科学的(理論的)概念がやってきて、語義は成長する。ヴィゴツキーのいう一般化の構造である。ことばと結びつく思考はこれ以降も外界の産物を取り込み成長し続けるのである。他方で、意義は個人的意味を併せもっている。語義は客観的であるとすれば、こちらは主観的である。犬の語義は客観的な意味のほかに、個人にとっての意味、かわいいとか、怖いとか、個人的な意味を備えている。この意味は内言のなかで成長していく。それは情動へと橋渡しするのである。思考と言語の問題は普遍的な問題、異種機能の問題は現代的課題でもある。ことばに関係する人たち、特に日本語教育、外国語教育の方々が関心をもたれるのは、意識的にことばを学習するとはどのようなことかという課題にヴィゴツキーはヒントを与えているからではないだろうか。

第二に、これも異種機能の問題だが、発達と教育の問題である。ヴィゴツキー理論では、教授・学習は発達の普遍的形式、発達の最近接領域（ZPD）にその特色が顕著に現われている。ヴィゴツキーにとっては発達の中に必然的に教授・学習を取り込むように捉えられている。一つには、媒介を介した発達として、その際、記号、特にことばによる媒介が設定されている。この結果、リテラシー教育はヴィゴツキー発達論にとって必要不可欠な条件として組み入れられる。発展途上国でヴィゴツキーに関心が高いのや、アメリカの貧民層のリテラシー教育にヴィゴツキー理論が活用されたりしている。発達導出へのリテラシー教育は現代でも見逃せない。ZPDについてはあまりにも有名である。協同の学び、LPP概念など、その理論に触発された実践が多く現われている。これはどちらかといえば、大人や学齢児である。ヴィゴツキーは遊びがZPDを創造すると述べている。ZPDは隠された大人の場面である遊びにも活用される。幼児教育にとっても重要なのである。

第三に、異種機能間の関係の問題として最大の関門は知能と情動の関係である。それへの橋掛りを付けようとしたのが情動の学説（邦訳『情動の理論』）である。ヴィゴツキーは自身の情動論を展開する前に、亡くなった。イリエンコフは、情動のような複雑な問題はスピノザのシステムが必要であると彼は再々述べたとする。まさにスピノザを現代に甦らせることが情動への道である。スピノザ的ヴィゴツキーは興味津々だ。

最後、新形成物発達論も現代に光を投げかける。危機的年齢期を包み込む新形成物発達論は未解明な部分は多いが、現代の発達の問題解決にヒント含んでいるように思える。このようにヴィゴツキーは過去の人というのではなく、現代への普遍性を内在させているというのが筆者の見方だ。

3　ヴィゴツキーの魅力

最後に、ヴィゴツキーの魅力について私見を述べて終わることにしよう。ロシア語のヴィゴツコベジェーニエ

(vygotskology)、われわれの用語ではヴィゴツキー学ということに関係している。それはどうしてか。ヴィゴツキーは心理学者か、教育学者か、哲学者か、文学者かと問うと、すべてである。ロシアでは偉大な心理学者として扱われているが、心理学者として書かれたヴィゴツキー伝はどこか物足りなさを感じる。彼の思想を継承したであろう雑誌『クリトゥールノ・イストリーチェスカヤ　プシホロギヤ』に載る論文をみても興味はもう一つ。心理学者として彼を解釈し、心理学にはまる部分を取り出し、ヴィゴツキー心理学としてしまうからではないだろうか。私見では彼を心理学者としてだけでなく、教育学者、哲学者、文学者のすべてだとして解釈したいのである。ロシア語でいえばヴィゴツコベジェーニエ、われわれの用語ではヴィゴツキー学の学者（これは同語反復かもしれないが）という以外にないように思う。ヴィゴツキーを研究していると、今のように細分化した学問分野では扱いきれない。彼の魅力が消えてしまうのである。既存の学問分野を越え出て、他の分野を包み込む複数の学問で扱わざるを得ない。そこにできる広大な平野がヴィゴツキーワールドなのである。だから、第一に、そのワールドから種々のアイディアや見解、理論を汲み出し、実らせる可能性に満ちている。第二に、異種の分野の人々が交わり、共同できること。そんなところが、興味の尽きない魅力の一つなのではないだろうか。

＊文中の敬称は全て省略。ヴィゴツキーは一八九六～一九三四。三七歳で夭逝。旧ソ連の心理学、教育学、文学、障害学の研究者。

（『教育科学論集』第16号、二〇一三）

引用文献一覧

一

ヴィゴツキー、エリ・エス『思考と言語』柴田義松訳、明治図書、二〇〇一（思と略）

同『文化的‐歴史的精神発達の理論』柴田義松監訳、学文社、二〇〇五（精神と略）

同「心理学における道具主義的方法」『心理学の危機』所収、柴田義松・藤本卓・森岡修一訳、明治図書、一九八七（危機と略）

同「心理システム」『ヴィゴツキー学』第9巻所収、伊藤美和子・神谷栄司・竹内伸宜・竹岡志朗・土井捷三・西本有逸訳、二〇〇八

同「人間の具体心理学」『ヴィゴツキー学』第10巻所収、伊藤美和子・神谷栄司・竹岡志朗・土井捷三・西本有逸訳、二〇〇九

エトキント、ア「文芸学者ヴィゴツキー」『現代思想』№4、武田昭久訳、一九九七

レオンチェフ、ア・ア『ヴィゴツキーの生涯』菅田洋一郎監訳、広瀬信雄訳、新読書社、二〇〇三（生涯と略）

レオンチェフ、ア・エヌ「序文―エリ・エス・ヴィゴツキーの創造の道程」『心理学の危機』所収、前掲（危機と略）

ヘーゲル『小論理学上』岩波文庫、松村一人訳、一九六二（小論理学上と略）

ヴィゴツカヤ、ゲ・エリ、リファノワ、テ・エム『レフ・ヴィゴツキー：人生・活動・横顔』モスクワ、一九九六（ロシア語）

ヘーゲル『著作集』1巻（エンチクロペディア第一部『小論理学』ストルプネル訳）、モスクワ、一九二九

二

ヴィゴツキー、エリ・エス『思考と言語』前掲（思と略）

同「心理システム」前掲

同『「発達の最近接領域」の理論』土井捷三・神谷栄司訳、三学出版、二〇〇三（発達と略）

エリコニン、デ・べ『児童心理学』駒林邦男訳、明治図書、一九六四（児童と略）

レオンチェフ、ア・ア『ヴィゴツキーの生涯』前掲（生涯と略）

レオンチェフ、ア・エヌ「序文―エリ・エス・ヴィゴツキーの創造の道程」『心理学の危機』所収、前掲（危機と略）

宮城音弥編『岩波心理学小辞典』岩波書店、一九七九（心理学小辞典と略）
新村出編『広辞苑』岩波書店、5版　（広辞苑と略）
「プラハ学派」ウィキペディア
（ロシア語）
ヴィゴツキー、エリ・エス「思考と言語」『心理学研究選集』所収、モスクワ、一九五六（五六年本と略）
同「思考と言語」『著作集』第2巻所収、モスクワ、一九八二（六巻本の第2巻と略）

三
ヴィゴツキー、エリ・エス『思考と言語』前掲（思と略）
同「心理学の危機の歴史的意味」『心理学の危機』所収、前掲（危機と略）
同「一歳の危機」『新児童心理学講義』所収、柴田義松・訳者代表・宮坂琇子・土井捷三・神谷栄司訳、新読書社、二〇〇二
同「現代障害学の基本問題」『障害児発達・教育論集』所収、柴田義松・宮坂琇子訳、新読書社、二〇〇六（障害と略）
ゲーテ「ファウスト」高橋健二訳『世界文学全集』第6巻、河出書房新社、一九六六（ファウストと略）
ピアジェ『児童の自己中心性』大伴茂訳、同文社、一九五四（中心と略）
同『判断と推理の発達心理学』滝沢武久・岸田秀訳、国土社、一九七七（推理と略）
波多野完治『ピアジェ児童心理学』国土社、一九七二
平光昭光「ヴィゴツキーのピアジェ批判（一九三四）に対するピアジェの『若干の意見』」『金沢大学教育学部紀要』第三六号、一九八七（平光訳と略）
宮城音弥編『岩波心理学小辞典』前掲（心理学小辞典と略）
新村出編『広辞苑』前掲（広辞苑と略）
（ロシア語）
ヴィゴツキー、エリ・エス「少年・少女期の心理学」『著作集』第4巻所収、一九八四（六巻本の第4巻と略）
同「クララ・ウイリアム、シュテルン『子どものことば』第四版、ライプチヒ、一九二八」『自然科学とマルクス主義』第三号、

一九二九（書評と略）
ピアジェ、ジェ『子どものことばと思考』モスクワ、一九三二

四

ヴィゴツキー、エリ・エス『思考と言語』前掲（思と略）
同「子どもの文化的発達の問題」『ヴィゴツキー心理学論集』所収、柴田義松・宮坂琇子訳、学文社、二〇〇八（論集と略）
同『文化的‐歴史的精神発達の理論』前掲（精神と略）
ケーラー『類人猿の知恵試験』宮孝一訳、岩波書店、一九六二（類人猿と略）
ビューラー、カール『幼児の精神発達』原田茂訳、協同出版、一九七二（ビューラーと略）
ワトソン『行動主義の心理学』安田一郎訳、河出書房新社、一九八七（ワトソンと略）
宮城音弥編『岩波心理学小辞典』前掲（心理学小辞典と略）
（ロシア語）
ワトソン、デ『行動の科学としての心理学』モスクワ、一九二六

五

ヴィゴツキー、エリ・エス『思考と言語』前掲（思と略）
同『思春期の心理学』柴田義松・森岡修一・中村和夫訳、新読書社、二〇〇四（思春期と略）
矢田部達郎『思考心理学Ⅰ』培風館、一九六七
宮城音弥編『岩波心理学小辞典』前掲（心理学小辞典と略）
（ロシア語）
サハロフ、エリ・エス「概念研究の方法」『心理学』第Ⅲ巻1号、一九三〇

六

ヴィゴツキー、エリ・エス『思考と言語』前掲（思と略）

同「人間の具体心理学」前掲
ピアジェ「児童心理学と歴史の教授」『ピアジェの教育学』所収、原田耕平・岡野雅雄・江森英世訳、三和書籍、二〇〇五
同『判断と推理の発達心理学』前掲
同『子どもの因果関係の認識』岸田秀訳、明治図書、一九七一
レーニン『哲学ノート』国民文庫1、大月書店（哲学ノートと略）
ヘーゲル『小論理学下』岩波文庫、松村一人訳、一九六二（小論理学下と略）
岩佐茂・島崎隆・高田純編『ヘーゲル用語事典』未来社、一九九一（岩佐と略）
（ロシア語）
ヴィゴツキー、エリ・エス「思考と言語」『著作集』第2巻所収、前掲（六巻本と略）
同『思考と言語』国立社会 - 経済出版、モスクワ、一九三四（初版本と略）
シフ、ジェ・イ『学童の科学的概念の発達』国立教授 - 教育出版、モスクワ、一九三五（シフと略）
トルストイ『教育論文集』モスクワ、一九〇三、一九八九
『現代百科事典』二〇〇〇
『哲学辞典』一九八三

七

ヴィゴツキー、エリ・エス『思考と言語』前掲（思と略）
同「意識の問題」『ヴィゴツキー心理学論集』所収、柴田義松・宮坂琇子訳、学文社、二〇〇八（覚書と略）
クルイロフ、イ・ア『クルイロフ寓話集』内海周平訳、岩波文庫、二〇〇九（クルイロフ寓話集と略）
グリボエドフ、ア・エス「知恵の悲しみ」米川正夫訳、『ロシア文学全集第三五巻古典文学集』日本ブック・クラブ、一九七一
ゲーテ「ファウスト」高橋健二訳、前掲（ファウストと略）
スタニスラフスキー、カ・エス『俳優の仕事第二部』上巻、千田是也訳、理論社、一九七一
トルストイ「アンナ・カレーニナ」中村白葉訳『世界文学全集』第21巻、河出書房新社、一九六七（アンナ・カレーニナと略）

同「幼年・少年・青年」中村白葉訳『トルストイ全集』第1巻、河出書房新社、一九七三（トルストイ全集第1巻と略）
ヘーゲル『大論理学上巻の一』武市健人訳、岩波書店、一九七九
同『小論理学上』松村一人訳、前掲（小論理学上と略）
フォスラー『言語美学』小林英夫訳、みすず書房、一九八六
レイフ、イーゴリ『ヴィゴツキーの思想と運命』広瀬信雄訳、ミネルヴァ書房、二〇一五（レイフと略）
鰺坂真・有尾善繁・鈴木茂編『ヘーゲル論理学入門』有斐閣新書、一九七八（鰺坂と略）
岩佐茂・島崎隆・高田純編『ヘーゲル用語事典』前掲（岩佐と略）
藤沼貴・小野理子・安岡治子『新版ロシア文学案内』岩波文庫、二〇〇〇
安井稔編『新言語学辞典　改訂増補版』研究社、一九七五
『広辞苑』、前掲（広辞苑と略）

（ロシア語）

ヴィゴツキー、エリ・エス『著作集』第2巻、前掲（六巻本と略）
同『思考と言語』、一九三四、前掲（初版本と略）
同「ヴィゴツキーの手帳から」『モスクワ大学紀要』心理学、№2、一九七七（ヴィゴツキーの手帳からと略）
ザヴェルシネーワ、イェ・ユ「自由への道」『НЛО』№85、二〇〇七（自由への道、НЛОと略）
ヘーゲル『論理の科学（大論理学）』、一九九七
同『哲学科学のエンチクロペディア』第1巻（小論理学）、一九七五
「ホルンフェルド」ヴィキペディア
ホルンフェルド、ア・ゲ『言葉の苦しみ』、サンクトペテルブルク、一九〇六
ヤクビンスキー、エリ・ペ「対話のことば」『ロシアのことば』I、一九二三、選集、一九八六

（英語）

Vygotsky,L.S, Thought and Speech.The collected works of L.S.Vgotsky.Vol.1,1987（六巻本と略）
Vygotsky,Lev, Thought and Language.byAlex Kozulin.The MIT Press,1986（コズリン訳と略）
Van der Veer,R.&Valsiner,J.Understanding Vygotsky.1991

あとがき

神戸大学を退職する前年、二〇〇四年、二人の学生が研究室を訪ねてきた。ヴィゴツキーを読みたいので、ヴィゴツキーゼミをしてほしいというものだった。どんな本を読みたいのかと尋ねると『精神発達の理論』だという。二〇〇四年には新訳は出ておらず、旧訳だった。いいよと返事をして、始めた。ヴィゴツキーが関心をもたれているのを実感したときだった。これまでは筆者が案を出し、進めていたが、学生からの声で始めたのは初めてだったからだ。旧訳には適切でない訳語があり、柴田先生に新訳を出すように要請もした。二〇〇五年新訳が出版された。

今から二年前、二〇一四年、この書物を出版したいと思うきっかけとなる出来事があった。ヴィゴツキー学協会は夏に研究集会を開催しているが、この年『思考と言語』出版八〇年を記念して、『思考と言語』セミナーを開催しようということになった。四名のメンバーが分担して同書の章を要約し、解説しようという企画であった。蓋を開けてみると、ヴィゴツキー学協会始まって以来の多数の参加者があった。そのとき、ヴィゴツキーへの関心が強くあり、それも『思考と言語』へのものが強いというものを実感した。他方で、このセミナーで解説できたことは、ほんの一部でまだ話し足りないことが残った。三分の二は残っているなあという感想をもった。ふと、本にして残すという案が浮かんだのである。それをより強く押した理由がもうひとつある。同書に登場する文献が一九九一年ソ連の崩壊以降入手できるようになったことである。本書にも書いたが、ナショナル図書館がほぼすべてを所蔵していた。さらにグーグル検索サイトの充実である。このサイトのおかげで同書に登場する基本文献を読むことができた。トルストイ、ピアジェ、ブロイラー、フロイト、スタニスラフスキー、ヤクビンスキー、ほぼ眼を通すことができた。これがなかったら本書は出来上がっていなかったと思う。こういったことを自分だけで留めておくのではなく、広く他の方々とシェアーできるように残しておきたいと思ったことが二つ目である。

神谷栄司さんにこの話をし、三学出版に引き受けてくれるか尋ねてくれないかと頼んだ。神谷さんは快く橋渡しをしてくれて、編集代表の中桐信胤さんから快い返事をいただいた。それから二年やっとこのような書物になり、上梓できる運びとなった。付録一にも書いているように『思考と言語』との付き合いは古い。しかし、読むと書くとでは大違いで、執筆の過程で新しく学ぶことが多数あった。古くて新しいのが古典といわれるが、同書はそれに値する。これからも思いがけない発見が続くものと思う。そういう意味では、まえがきにも書いたが、通過点であることをお断りしておきたいと思う。

本書は付録一を除いてすべて書き下ろしである。付録一の出典は以下の通り。

「ヴィゴツキーとの出会い・なぜ、ヴィゴツキーか・ヴィゴツキーの魅力」『教育科学論集』No.16神戸大学大学院人間発達環境学研究科教育科学コース、二〇一三

『思考と言語』の章で、本書で省略した章がある。それについて筆者がすでに論じた論文があるので、それを記しこの節の埋め合わせにしておきたいと思う。

省略した箇所	対応する論文
第六章三	「あとがき」『「発達の最近接領域」の理論』所収、神谷栄司との共著、三学出版

発達と教授との相互関係　「ヴィゴツキー理論とリテラシーの形成」『教育方法36』所収、図書文化

第六章六
概念の一般性と一般化の構造　『人格形成的機能を高める教科構成論の研究』第10章第2節、風間書房

第七章三
内言と自己中心的ことば　「内言論を再考する―自己中心的言語の内言化と対話」『ヴィゴツキー学』第6巻

まえがきにも書いたが、ヴィゴツキー理論で学位論文が書かれ、アカデミズムでも認められるようになって着実に定着してきているのは喜ばしい。しかし、ロシア語という制約でこれ以上広まるのは難しいかもしれない。それを克服するためには正確で信頼される邦訳が必要であろう。筆者もヴィゴツキー学協会のメンバーとともに、それに資するためにこれからも翻訳に力を入れたいと思っている。

本書を書くにあたり、ヴィゴツキー学協会のメンバーに種々な点でお世話になった。発足当時からのメンバーである神谷栄司さんには、既に上述したように筆者の意志を三学出版に橋渡ししていただいた。翻訳書三冊も氏の力なくしては進めなかった。西本有逸さんには「ヴィゴツキーの手帳から」という神戸大学にはない京都教育大学所蔵の文献のコピーでご協力いただいた。本書七結びでそれを生かしている。伊藤美和子さんには在ロ中、ロシアの研究者にヴィゴツキーとヘーゲルの関係についての筆者の質問項目を質していただいた。竹内伸宜さんにはいつも発表の機会に動物心理学の話題を提供していただき、ヴィゴ

ツキーの比較心理学の理解の手助けになった。竹岡志朗さんにはＩＴでお世話になり、特に、ロシアのサイトにあるホルンフェルドの『言葉の苦しみ』の電子データの取得でご協力いただいた。これにより、『芸術心理学』においてと同様、『思考と言語』においても同書を再利用していることが判明した。本書はこのようなメンバーの力なくしては出来上がらなかったということで記して謝意を表しておきたい。

さらに、故神戸大学名誉教授杉山明男先生が筆者の学生のとき、ロシア語を教えるという先輩からの情報を得、その自主講義に出席し、興味を覚え、そのご、ロシア語購読を受け、現在までも続けられた。同じ職場になってからも励ましていただいた。故北海道大学名誉教授鈴木秀一先生にも励ましていただいた。『ヴィゴツキー学』の発行について、常に暖かい励ましをいただいた。先生は昨年二月亡くなられたが、本書を書いていることを伝えていて、出来上がったら寄贈したいと思っていた。本書一の読み方については付録一でも述べているように鈴木先生の読み方を踏襲しているのである。今はその願いは叶わないとしても両先生に本書を捧げるとともに、その学恩に感謝を申し上げたい。

最後になったが、快く出版をお引き受けいただき、二年間の長きにわたり励ましていただいた経験豊富で書籍づくりで評判のよい三学出版中桐信胤氏に謝意を申し上げる次第である。

今年はヴィゴツキー生誕一二〇周年にあたる。本国ロシアでヴィゴツキーにゆかりのある都市、ゴメリ、モスクワで記念の行事が予定されていると聞く。本書もその一環に加えるべく脱稿できたことを悦びに思う。

ヴィゴツキー生誕一二〇周年に当たって

二〇一六年八月

土井捷三

わ行

人名索引

た行

な行

は行

や行

ら行

事項索引

土井捷三（どい　しょうぞう）
1943年に生まれる
1972年北海道大学大学院教育学研究科博士課程を単位取得退学し、
信州大学、神戸大学、園田学園女子大学を経て、現在、神戸大学名誉教授、
学術博士
主な著書・訳書
『教科指導の基礎』梓出版社、1986年
『人格形成的機能を高める教科構成論の研究』風間書房、1993年
『教育方法の科学』梓出版社、1999年
ダヴィドフ『教科構成の原理』共訳、明治図書、1975年
ヴィゴツキー『新・児童心理学講義』共訳、新読書社、2002年
ヴィゴツキー『「発達の最近接領域」の理論』共訳、三学出版、2003年
ヴィゴツキー『情動の理論』共訳、三学出版、2006年
ヴィゴツキー『「人格発達」の理論』監訳、三学出版、2012年

ヴィゴツキー『思考と言語』入門
――ヴィゴツキーとの出会いへの道案内

2016年12月15日初版発行
2021年10月20日2刷発行

著　者　土井捷三
発行者　中桐十糸子
発行所　三学出版有限会社

〒520-0835　滋賀県大津市別保3丁目3-57 別保ビル3階
TEL077-536-5403　FAX077-536-5404
https://sangakusyuppan.com/

fe.16.12.15 DTP nn
印刷製本　モリモト印刷株式会社